文春文庫

そして誰もゆとらなくなった

朝井リョウ

目次

そして誰もゆとらなくなった

はじめに

ゆとりとか言っていられない年齢になった。

第一弾『時をかけるゆとり』の単行本（単行本時の題名は『学生時代にやらなくてもいい20のこと』）を上梓したのが二〇一二年の六月。当時、ピカピカの新入社員だった私は、あらゆる場面で「ゆとり世代なんですよォ〜」を印籠《いんろう》として掲げることで様々な危機を乗り越えていた。いや、乗り越えられていない危機から見逃されようとしていた。あのころは〝ゆとり〟という、どこか人を油断させるような響きが、社会に出たての二十そこそこの人間に物理的にもマッチしていたのだ。そう考えるとさとり世代と呼ばれる方々は大変だ。なんせ、悟っていなければならないのだから。Z世代なんて、なんかカッコよく決めポーズでもしていないといけない感じである。こっちはゆとっていればそれでよかったからね〜！

あれから十年以上が経過し、今や先述した印籠を掲げてみたところで「だからって……何？」と冷たく見つめ返されるだけとなった。もう社会人十年目超えたよね？　下の世代も育ってきてるよね？〝できない自虐〟みたいなので笑ってもらえる期間、とうに過ぎてるからね？　と、こうなるわけである。それどころか、同世代の間でももう自分たちのことをゆとり世代だからどうだとか言わなくなって久しい。というわけで、三作目はこんな物悲しいタイトルになりました。図書館だと帯がつかないから小説と間違われちゃったりするんだろうなァ。間違えて借りた方ごめんなさいね〜！

さて、本編に入る前に共有しておきたいことがある。

ひとつは、書いてある人やものを探り当てようとしないこと。情報はぼかして書いてあるものの、探り当てようと思えば探り当てられるものもあるかと思う。こういう話を書くことができるのは、本人に知られていないというところが大きい。ええ、最低なことを言っていますよ。端的《たんてき》に言えば本人にバレないところで皆で楽しもうよ、ということですからね。

つまり皆様には、共犯者という気持ちで読んでいただきたいのだ。おもしろい話というのは、大抵、何かが間違っている。そのため、「これは間違っていると思います」と手を挙げられたところで、私はあなたとじっと見つめ合うことしかできない。返せる言葉など何一つないのだから。

ではそろそろ始めましょう。二十のエピソード、お楽しみいただけますように。

肛門科医とのその後

前作『風と共にゆとりぬ』収録の「肛門記」に記した通り、私は痔瘻《じろう》という病気を患い、手術をし、十日間ほど入院した。今はもう病院に通わなくてもいい状態をキープしているものの、術後しばらくは定期的に診察台によじ登り神秘の丸窓を開陳する日々を送っていた。朝起きてカーテンを開け、健康に気を配った朝食を摂《と》り、スタイリストをしている友人に選んでもらった服を着て、目的地までの街並みを陽射しを浴びながら進み、薄暗い密室で下半身を露出する——やがて訪れる運命を思うと、身支度をしながらフッと気が遠くなりかけるような日々だった。

前作のエッセイから今作までの空白期間を繋ぐためにも、まずは通院していた当時のエピソードを記したい。これがほんとの『時をかけるゆとり』、なんつってなんつって〜!

退院した病院に赴《おもむ》くとき、人はなぜか部活のOB、OGみたいな顔になる。

実際、私は退院したあとその病院に差し入れを持っていったし、それどころか自著も持っていった。入院専用のフロアには患者共有の本棚があり、「退院したら本を持っていくので、置いてください！」と言っていたのだ。自宅で余らせていた自著をごっそり手渡したのだが、その場で先生が「本当に持ってきてくれたんだ、ありがとね〜」とぱらぱら表紙をめくった結果、それはいつかの私がこしらえた、お世話になった人々へのサイン本の書き損じ集だったことが発覚した。家にある自著の山がミスサインの墓場であることをすっかり忘れていたのだ。差し出した贈り物に思い切り『〇〇様　お世話になりました』と別の人物の記名がされているというのは「たらい回しです！」と雄弁に語っていることと同義であり、数ある間違いの中でも最悪の部類だろう。私は「また次来たときに持ってきますね！」とか言いながら光の速さで本を回収し、帰宅後無表情で捨てた。ちなみにこのミスは人生で二度目であり、自分の人でなしっぷりに悲しくなった。

通ううち、入院前は全く聞き取れなかった先生の話もどんどん理解できるようになっていった。先生によると術後の経過は良好らしい。処方される薬の種類は徐々に減り、通院の間隔も順調に空いていった。ある日、笑顔で「次で卒業かもしれませんね」と言われたときは、少し寂しくさえなったものだ。病院通いというものは時間も体力も想像以上に奪われる大変面倒な作業だが、定期的に訪れる街が一つ増えることに伴う楽しみも少なからずあったのだ。せっかくならと病院の前後に立ち寄る店を調べたり、その地域で働く友人と久しぶりに会えたり……それまで滅多に行くことのなかった街が見慣れた景色となっていく過程は、悪いものばかりではなかった。完治、という言葉では取り逃してしまう細々《こまごま》とした感慨が、卒業、という言葉にはしっかりと含まれていたのだ。

ただ私は、先生のその粋な言葉選びをユーモア溢れる肛門を以て裏切り続けていた。卒業直前の状況にはなるのだが最後の一単位が取得できない、みたいな状態をしぶとく保ち続けていたのだ。二ヶ月ごとに絶妙に炎症が治まっていない肛門を披露し続ける私に、先生は「薬はちゃんと飲んでるよね？」と戸惑い気味だった。飲んでいます、飲んでいます、とバカのひとつ覚えみたいに返答し続けていたある日、突然質問の内容が変わった。

「ところで朝井くん、天ぷらは好き？」

おや？

回答するより早く、私はデジャ・ビュを感じていた。

医者から突如、食事に誘われる。

この感覚を、私は知っている――。

「好きです」

私は即答した。

「じゃあ、今度一緒に食べに行かない？」

来た。

私は「行きます」と即答した。【医者から食事に誘われたときは余計なことを考えずついていくべき（のちのち面白くなるから）】。前作の読者なら身に覚えがあるだろう、これは今までの経験から私が会得したたった一つの真理である。しかも今回のお誘いは夜だ。担当の肛門科医と二人きりでディナーなんて、その時点で既にしっとりとおもしろい。

いただいた名刺をもとにやりとりをし、先生の都合がつく日に病院で改めて待ち合わせた。その日の診療を終えた先生は白衣ではなくスーツをお召しになっており、私は（いつもと違う、センセイの姿……）とドギマギした。気になっている相手のフォーマルな姿を見てさらに意識するようになってしまったというような話は主に恋愛が絡むシーンでよく聞くが、主治医と患者という関係性においても当てはまるらしい。

「今日はお忙しいのにすみません、ありがとうございます」

タクシーに乗り込み、私はまず礼を述べた。「いいのいいの、天ぷら楽しみだねえ」

先生は穏やかな表情でそう言いながら、運転手に道を指示する。

六十歳を超えた白髪の肛門科医は常にニコニコ笑顔である。思えば、肛門の披露なしにこうして会うのは、今日が初めてだ。肉体関係なしに会ってくれるなんて……今日は密室に直行じゃないんですね、センセ？

「先生は、天ぷら、お好きなんですか？」

私の問いに、先生が口を開く。

「そうそう、今から行く店のご主人とは三十年来の付き合いでね、その人は昔××××の中に店を持っていたんだけど色々あって次は○○の中に店を持って、だけど――」

私は先生の隣で、ダムの水が放流される映像を思い出していた。

喋る。診察のときと変わらない相変わらずの早口でとにかく喋る。私は店に着くまでに、料理長の人生をざっと把握してしまった。

店は、病院からそう遠くない場所にあった。美しく磨かれたカウンターの向こう側で、見知らぬ痔瘻持ちに人生をざっと把握されてしまった料理長が忙しく動き回っている。

さて。私は、これまでで最も堂々とした気持ちで、椅子の座面にドーナツクッションを置いた。

いつもならば、外出先でドーナツクッションを取り出すときは「ハイここに痔の人いまーす！」と自ら喧伝《けんでん》しているようで、どうしたって羞恥心《しゅうちしん》が顔を出す。だけどこのときのドーナツクッションはむしろ、先生に対して「私、お尻を大切に扱っていますよ！」とアピールできるアイテムに成り代わっていた。

「あ、クッション持ち歩いてるんだね、偉いじゃない」

「そうなんですっ」私は鼻の穴を膨らませる。今までびしゃびしゃになるくらい冷笑を浴びせられ続けていたクッションも、これで自己肯定感が上がるだろう。「早く良くなりたいのでっ！　手術と入院では本当にお世話になりましたっ」

「ううん全然、これからもきちんと治していこうね」

「はいっ」

「……」

アレッ⁉

意外と話すことない⁉

突如巨大な不安にブチ当たった私だったが、丁度そのタイミングで料理長から「どうぞ」と様々な調味料が差し出された。いま思えば、私と先生はこれまで、人間対人間としての会話を交わしたことがない。現地集合、即脱衣、現地解散という、紛《まご》うことなき〝体（肛門）だけの関係〟だったのである。私は、いざ一人の人間として対峙した途端、先生への接し方を見失ってしまった。

「それでは、コースを始めますね」

私に人生をざっと把握された料理長が、会話を繋いでくれる。こういうとき、テーブルの上の景色がどんどん変わるコースはありがたい。

決め打ちで誘っていただいたお店というだけあって、天ぷらはとてもおいしかった。旬の食材をシンプルに塩やレモンでいただくのはまさに大人の楽しみ方といった感じで、普段のソースやマヨネーズに埋もれるような食生活では味わえない旨味がそこにあった。特殊な油を使っているらしく、どんな食材でも全くしつこくなくさくさく食べられる。

先生は健康のためお酒も飲まれないようだ。私も健康のため――ではなく「アルコール、全部苦くない？」と思ってしまう舌の持ち主なので、普段から飲酒はしない。かしこまった店でお酒を頼まないことに関して気を遣わなくていいというのも、ありがたかった。

「あのう」

やがて私は、年上の方と話をするときの鉄板のお題を差し出すことにした。

「医者って、どうやったらなれるんですか？　そもそも先生はどうして医者になろうと思ったんですか？」

これだ。〝医者〟の部分を対面している相手の職業に置き換えて考えてみてほしいのだが、この質問はつまり、その人に自身の青春期、または人生の中でも奮闘した期間について語ってもらうことに等しい。そうなるとあっという間に一、二時間は過ぎるものだ。また、今回のように質問する側が年少者である場合、この若輩者に人生についてのお話を聞かせてください、みたいなニュアンスが自動的に醸《かも》し出されるため、相手も尋ねられて嫌な気はしないはずなのだ。実際、医者の世界というものに触れる機会はなかなかなく、医学生時代の話等にはとても興味があった。普段ならばすぐ脱衣の流れになるため聞けない話を、この機会に是非！

話は少し変わるが、私は学生時代から、年上の男性編集者と食事に行くという機会が何度もあった。そのたび【かしこまった場面に重宝されるような素敵な雰囲気の店】で、【明らかに年下の私が上座にいる】という状況に陥ることにずっと違和感を抱いていた。

周りから見たら明らかに変だろうし、事実、店員さんが明らかに（上座に若造が座ってるけど、下座にいる人のほうが年齢も上だし服装もしっかりしているな……!?）と、料理を出す順番を決めかねている場面に何度も遭遇《そうぐう》してきた。下座に座らせてほしいと申し出てみても、万が一同業者がその店にいた場合「あの編集者、作家を下座に座らせとるゾ〜！」みたいなことになるらしく、一度も聞き入れてもらえなかった。今では何かしら仕事の話をしているのだろうなと思ってもらえるくらい私の見た目も社会人らしくなっているだろうが（ですよね？）、デビューして一、二年のころなどはどこからどう見ても激細大学生だったため、まさか小説家と編集者とは思われていなかったはずだ。一時は、特に相手が年配の男性編集者であるときは【男娼と買い手】だと思われてみようとして、お手洗いのために編集者が席を立ったときに周囲の客や店員さんに向けて（このコーヒーを飲み終えたあと、私は……）みたいな顔をしていた。それって具体的にどんな顔ですかと問われればキッと睨み返すほかないのだが、そんなふうに魔が差してしまうほど不思議な組み合わせだったと思う。当時担当してくださっていた男性編集者の皆様、この場を借りて謝罪いたします。ごめんなさい。遅い。

話は戻って、医学生の青春期エピソードは、やはり聞いたことのないような内容ばかりでとても面白かった。意地の悪い教授のせいで十四の死体に囲まれた状態で人骨をスケッチさせられ恐怖の限界に達した挙句深夜三時に棟から逃げ出したエピソード等、私大の文系に通っていた身からするとあまりに縁遠い話ばかりで本当に新鮮だった。ドラマなどからの知識で研修医とは体力勝負の日々だと知ってはいたものの、実際の体験談はやはり想像を超えるような壮絶さで、体が最も動くはずの年代をほぼオン・ザ・ドーナツクッション状態で過ごしている自分を省みてしまった。先生は今でも毎日びっしり診察があり、週末は講演のため全国を駆け回っているという。

ざく切りの旬の食材、上質なストールのようにこっそり本体を包んでいる衣、塩とレモンの風味が引き立てる素材独自の甘味……そんな上質な料理と共に味わう話の数々は、余計に粒立って聞こえた気がした。

「お酒を控えて、体にいいものを食べて健康を大切にしないと。昔のように無理が利かなくなったからね」

ドーナツクッションどころかドーナツの爆食いを趣味としている私はもう、「そうですよね……」と頷くほかなかった。今日のお店だって、若者が好きな揚げ物と健康的な食べ物の折衷案《せっちゅう》を考えてくださったのかもしれない。揚げ物とはいえ、良質な油で様々な種類の野菜や海鮮を食べられるこの店は、ガツンと満腹になるような劇薬的なインパクトはないにしてもじゅうぶんな満足感を得られる。健康的でヘルシーなのに美味しくて満足感があるだなんて、なんて素晴らしいチョイスなのだろう。

「では、もうあと数品なのですが」

図《はか》らずも私に人生をざっと把握されている料理長が、カウンターの向こう側から皿を差し出してきた。

「揚げじゃがバターです」

ゴクリ――。

私と先生の喉が、同時に鳴った。

真っ白い皿に、堆《うずたか》く積まれているのは揚げられたジャガイモ。少し厚めにスライスされた十枚ほどのジャガイモの間には、これまた少し厚めにスライスされたバターがその都度挟まっている。熱々のジャガイモの間にあるバターが溶け、今にも倒れそうになっている塔に、ぽたりぽたりと茶色い液体がかかる。

「醤油《しょうゆ》をかけて、熱いうちにお召し上がりください」

私と先生は、すごい勢いで糖質と脂肪を摂取した。ガツンと満腹になるような劇薬的なインパクトに、頭がビリビリと痺《しび》れた。突如現れたこの世の全背徳感を凝縮したようなその料理は、変なホルモンがビュービュー分泌されたのかと思うほどおいしかった。

お互いに何事もなかったかのように皿を下げてもらったあたりで、私は、ふと、あることに気がついた。

薬、忘れた。

夜にはまだ二種類の薬を飲むように言われているのに、私はそれを持ってくるのを忘れてしまっていた。粘膜を丈夫にする薬だからちゃんと飲むようにね――今まさに隣にいる人からそう言われていたのに！　間違って他の人のためにサインした本を渡してしまったとき、自分の忘れっぽさにあんなにも辟易《へきえき》したのに！　これまでの善良な患者アピールが台無しである。薬を飲まないことに気づきませんようにと祈りながら、私は、これでまた卒業から一歩遠ざかってしまった、とやるせない気持ちになった。

「ごちそうさまでした。本当にありがとうございました！」

タクシーに乗る先生を見送ったあと、夜の東京でひとり、私はさきほどの状況をボンヤリと反芻した。診察中に医者に誘われて実際に食事に行ったのは、数年ぶり二度目の経験である。

前作で眼科医と食事に行ったエピソードを書いたとき、私は締めの部分で〝隙《すき》〟という言葉を使った。上京して数年経ち、人間を疑い警戒することを覚えた結果、自分から隙がなくなってしまった気がする、という内容だ。実際、東京での生活が長引くにつれて、昔のように、「アレッ何で私は今こんなことに？」なんて状況に陥る機会はどんどん減っている。

このようなエッセイを書いていると、「どうしておもしろい出来事が起きるんですか？」「わざとおもしろい出来事が起きるようにしているんですか？」と聞かれることもあるが、違うのだ。おもしろいというのは私にとって、様々な邪念が一切入ってこないくらい、素直に、そして真剣に生きているときに滲《にじ》み出る〝おかしみ〟のことなのだ。そのおかしみは、隙、と表現することもできる。

どういうことかというと、例えば学校の先生や上司がおもしろいことをしようと一発ギャグを繰り出したとしよう。受け手はきっと笑わない。むしろ関係性によっては、受け手は、「笑ってやるもんか」くらいのことを思うかもしれない。一発ギャグをするときのその人も、素直さや真剣さというよりは、「笑わせてやろう」という邪念に包まれている。では、学校の先生や上司が絶対に乗りたい電車に向かって全速力で走っている姿を見つけたとする。私たちはきっと笑う。膨らんだ鼻や乱れた髪の毛は、どんな関係性であっても全部おもしろいからだ。その姿は、「絶対に電車に乗りたい」という素直さと真剣さ、そしてその真っ直ぐな気持ちを抱いているときにしか放たれない滑稽《こっけい》さ、おかしみに満ちている。

私の思う〝おもしろい〟というのは、真剣味と背中合わせの滑稽さなのである。〝おもしろいことをしよう〟から生まれるものではない。ただ悲しいのは、年齢や経験を重ねると、素直さや真剣さを上回る危機察知能力が身についてしまうというところだ。人生経験からリスクヘッジ能力ばかりが醸成《じょうせい》され、「あれはやめておこう」「これもやめておこう」と、平穏さに逃げ込むようになる。それでは、私の思う〝おもしろい〟出来事は遠ざかっていくばかりだ。

先生の乗ったタクシーが去った後も、私は考えていた。さくらももこさんの『もものかんづめ』『さるのこしかけ』『たいのおかしら』みたいにおかしみに満ちたエッセイ三部作を出すのが夢だけれど、三冊目はいつ出せるかなあ、と。相手を笑わせるためにわざと生み出した〝おもしろい〟ではないエピソードは、年齢を重ねるにつれて明らかに溜まりづらくなっていた。

でも、と、私は気を引き締める。解決策としては〝真剣に生きる〟しかないのだから、あまり余計なことは考えずにいよう。それがいい。というか、そうするしかない。私は少し軽くなった心と共に、家路に就いた。

天ぷら屋に、ドーナツクッションを忘れて。

帰宅後、先生からのメールでそのことに気づいたとき、私は自分の病名は〝痔瘻〟ではなく〝忘れんぼ〟なのでは？　と思った。同時に、【肛門科医と食事に行った店にドーナツクッションを忘れる】という、いかにもことわざや故事成語になりそうな現象を表すフレーズがこの世に存在していないことにも気づいた。「ミイラ取りがミイラになる」はそれっぽいけど違うし、「頭隠して尻隠さず」「虎穴に入らずんば虎子を得ず」は尻とか穴とかの字面《じづら》の雰囲気がそれっぽいだけだし……適切なフレーズを見つけた読者の方がいらっしゃいましたら、ぜひ文藝春秋宛に投書をお願いいたします。

腹と修羅

修羅（しゅら）とは。醜い争いや果てしのない闘い、また激しい感情のあらわれなどのたとえ。

もう時効だろうと思うので、あの忌《い》まわしい記憶をここに遺《のこ》すこととする。尚この章には、まともな読者ならば「それはさすがにどうかと思う」「またそんな汚い話して……」「それが〃おもしろい〃と思っているんですか？」等と口を尖らせたくなる記述が頻出する可能性が高い。そのため、高い倫理観を持っている、減点方式で本を読む傾向にある、不快指数を感じ取るアンテナが高いほうだと自覚のある読者は、この章を飛ばしていただいたほうが双方にとって賢明だと思う。このように前置きしたため、「不快な気持ちになった」と言われたところで、私はぼんやりと空を見つめることしかできません。これは、くう、と読むほうの〃空〃です。

というわけで、「あ、私まともな読者じゃないんで〜！」とヘラヘラしている方々だけ、次に進んでいただければと思います。

こんにちは、倫理観の欠けた皆さん。

改めてそう言われると腹が立つかと思いますが、今回は腹が立つどころかぶっ壊れるお話なので、こんなところで立ち止まらないでください。え？　またそういう話かよって？　その気持ちもわかります。でもね、私の人生の時間の大半は腹ぶっ壊れ小噺《こばなし》に占領されているんです。だからこれも仕方のないこと。ただ今回は、そんな小噺の中でも想い出深いものを御用意いたしました。今回の小噺は、以前、人に話して大丈夫なものかジャッジするために『トイレの輪～トイレの話、聞かせてください～』（佐藤満《さとうみつ》春《はる》　集英社文庫）という、タイトルで既に二度もトイレが顔を出す奇特な本の中で披露したことがあります。当時お話を聞いてくださった佐藤満春氏の反応は、「すごくぐっとくる話です

画像1　ぐっときている佐藤満春さんと、頭を抱える著者

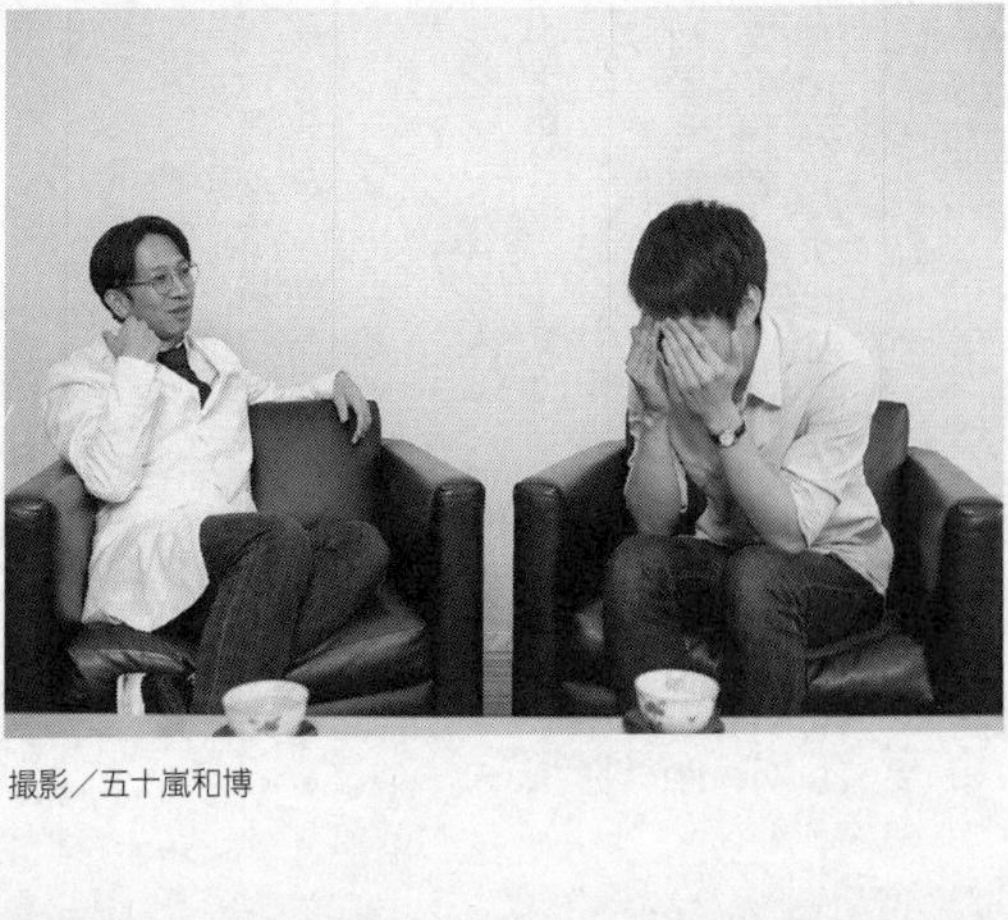

撮影／五十嵐和博

ね」というものでした（画像1参照）。胸ではなく、喉元にぐっとせり上がるものがあったのだとしたら申し訳なかったなと思っています。

では、始めます。

あれは、私が会社員だったころの話。

その日の私は、朝から気合いが入っていた。というのも、夜には、大変お世話になった上司の送別会が予定されていたからだ。私はその上司のことを本当に尊敬していた。絶対に仕事を溜めないため毎日デスクの上がきれいであること、いつどんな質問をしても必ず丁寧に対応してくれること（機嫌が悪い瞬間というものが本当になかった）、私のような下っ端が担当する業務を手伝ってくれながらも「この作業が好きだからやってるだけ、むしろ勝手にひとりでやるの禁止」等とこちらが引け目を感じないよう茶目っ気のある物言いに終始するところ――本当に学ぶべきところが多い人だったし、その人を悪く言う声を社内からも社外からも聞いたことがなかった。私はその上司に完全に甘えていて、勝手に精神的な支えとしていた。

だが思い出してほしい。先程私は、送別会、と書いた。

その上司から転勤を知らされたとき、私はあまりに動揺して、一瞬、電話の取り方を忘れてしまった。かかってきた電話を反射的にパッと手に取り、受話器を耳に当てたたま、電話取ったときってなんて言うんだっけ、と頭が真っ白になったのだ。上司の転勤くらいで大げさな、と思われるかもしれないが、私はそれくらいその人のことを慕っていたのである。

送別会の日はあっというまにやってきた。当時、部署の中で最も年次の低い社員であった私は、一次会ではひたすらお酒を作り続けるマシンと化し、誰かとまともに会話をすることはできなかった。だけどそれは予想の範囲内だ、焦ることはない。お世話になった上司とゆっくり会話できるのは二次会以降だと、私はもともと心得ていた。

「二次会行かれる方、こちらです～」

夜も深くなり、二次会に流れるメンバーを誘導しながら、私は自分が少し緊張し始めたことがわかった。一次会の店は部署として行きつけの店だったということもあり、予約やオーダー等も店の人が勝手知ったる様子で全て取りまとめてくれていたのだが、二次会はそうはいかない。もろもろ仕切るのは下っ端の仕事だ。それはつまり、私のせいで、せっかくの送別会なのにこんな感じなのか～と空気を盛り下げてしまう可能性があるということだ。

「こちらです～」

絶対に道に迷うことがないように、とにかくこのイイ感じの雰囲気に水を差すことがないように――私は気持ちを引き締めながらも、ムクムクと膨らむ緊張を感じ取っていた。お店に着いたらまず荷物を置く場所を相談して、ドリンクをオーダーして、簡単につまめるものをテーブルに揃えたら頃合いを見計らって転勤する上司の隣に行って……

とにかく流れを止めないようにして、そのあとこれまでの感謝などをきちんと伝えよう！　大丈夫、きっとできるはず！

自分をそう励ましながら、お店に到着したそのときだった。

私は、便意の目覚めを感じ取った。

思えば、その条件はかなり揃っていた。

まず一次会で、食事だけでなく飲酒をしていたこと。私にとってお酒は、消化のリズムを崩すという意味で天敵なのである。加えて、二次会は自分が仕切らねばならないということで緊張が募っていたこと。緊張感というのは便意の大好物である。さらに、お世話になった上司とゆっくり話せるのは今日が最後かもしれないというプレッシャーを感じ取っていたこと。緊張感と似ているかもしれないが、「このタイミングを逃してはならない」という瞬間にこそ、便意はやってくる（新幹線の乗車&下車のタイミング等を、便意は舌なめずりをして待っている）。

全員が着席しドリンクを頼んだあたりで、私は、今のうちに一度トイレに行っておいたほうがいいと判断した。下っ端として場が整うまでにやるべきことがまだ山ほどあるが、今ここで無理をしてしまうと、場を整えるどころか店全体を地獄に叩き落とすことになりかねない。振り返ってみれば、ここで早期撤退を決断した自分には最大級の賛辞を送りたい。

「ちょっとトイレに行ってきます」

私は誰にともなく小声でそう言い残し、席を離れた。すると、かろうじて分散されていた意識が、私の下腹部に全集中した。その瞬間、私の脳が「あらま、こんなにもギリギリの状態だったなんてねえ！」と、現状を強く認識するに至ってしまった。

この現象、本当にどうにかならないものだろうか。トイレに行くと決めた瞬間、それまでちょっぴり顔を出すみたいなレベルだった〝トイレに行きたいという気持ち〟が、ドンドコ太鼓を鳴らしながらハチマキを巻いて踊り始めるのである。心身がその方針転換を全面的に受け入れるといった意味で仕方のない現象なのだろうか。私はいつも通り、ちょっと待っててね今トイレに向かってるからね〜と便意をなだめつつ、トイレに突進した。

男子トイレにあるたった一つの個室のドアは、閉まっていた。

中に人がいる——そう判断するやいなや、私は便意をもっと優しくあやし始めた。だいじょうぶでちゅよ〜、ちょっと待ってれば個室に入れまちゅからね！　そんなに焦ることないでちゅよ〜ほらもうそろそろ、トイレットペーパーの音とか水が流れる音とかが聞こえてきまちゅよ！　そしたらもうすぐでちゅからね〜。開かぬなら、開くまで待とう、トイレの個室！　なんてね〜。

私の渾身《こんしん》のあやしも虚《むな》しく、ドアは一向に開く気配を見せない。それどころか、ウォシュレットの音など、中で作業が進んでいるヒントすら提供されない。このノーヒントの無音状態が一番怖いのだ。ゴールが見えない状況というものが、便意を最も喜ばせる。

案の定、便意はどんどん自我を持っていった。イメージでいえば、火のついた松明《たいまつ》を掲げ、体内のど真ん中にあるうんこの周りをグルグルと駆け回っているような感覚である。もう、どんなあやしも届かない。私の体内で、うんこを祀《まつ》る奇祭が始まったのである。

どうしよう。ここに来てもう五分は経過している。二次会では幹事のようなポジションなのだから、長く席を外すべきではないだろう。早く戻らないと。でも戻れる状態じゃない、早く早く早く――こういう焦りはますます、体内の奇祭を盛り上げてしまう。

私は最終手段に出た。それは、ノックと声掛けである。私は年に何度か、本当にもうどうしようもないとき、ノックだけでなく「すみません、体調が悪いので、少し急いでいただけるとありがたいです……」等と土下座感丸出しの声色で中の人に呼びかけることがある。開かぬなら、開かせてみよう、トイレの個室、である。

私はドアに近寄った。そして軽く握った右手をドアに添えた瞬間、気づいた。

中で誰かが吐いている。

確かに、酔いつぶれる人が出てきてもおかしくないような深い時間ではあった。でも、だからといってたった一つしかない個室を占領するなんて！

ダメだ。

私は店を飛び出した。もはや、幹事的な立場なのに、とか、長く席を離れるべきではないとか、そんなことを考えている余裕は全くなくなっていた。私は、私自身の尊厳のために、夜の銀座をひた走った。

そう、送別会の会場は銀座エリアだった。都内在住の皆さんならピンと来るのではないだろうか。銀座エリアにはコンビニや気軽に入れるチェーン店など、トイレを貸してくれそうな雰囲気の店が少ない。銀座という街が手を組んで、排泄から距離を置いているのである。頼みの綱の百貨店も、時間帯的に全て閉まっていた。どこか駅まで辿り着ければトイレを使えるかもしれないが、当時の私は携帯をテーブルに置いてきてしまっており、どの方向に走れば駅に近づけるのかも把握できていなかった。

排泄にNOを掲げる街を爆走するうち、私は、目に映る景色がスローで見えるようになっていることに気づいた。感覚的には、映画の予告編の終盤、主人公が道行く人にぶつかりながらも必死にどこかへ駆けていく、そんな雰囲気だ。所謂《いわゆる》、ゾーンというやつである。無事うんこゾーンに突入した私は、感覚的にはとてもファンタジックな状態だったものの、現実的には、鬼のような形相で、かつ、肛門への影響を最小限にするためものすごい摺《す》り足で高速移動していた。

あめゆじゅ　とてちてけんじゃ
あめゆじゅ　とてちてけんじゃ
はらぎゅる　たすけとくれや

はらぎゅる　たすけとくれや――

もう限界だった。私は明確に、肛門括約筋が白旗を上げたのがわかった。これ以上足を動かしたらいよいよもう、最悪の事態が起きる。

仕方ない。

私は、目の前にあったおしゃれな店の扉に手をかけた。

開かぬなら、殺してしまえ、大人のモラル――。

いらっしゃいませ何名様ですか、の「ら」くらいで私は店員の視界から消え失せたはずだ。それくらいのスピードで、私はトイレに駆け込んだ。今思えばそのお店が、入口のそばに本当にトイレがあるという構造かつ偶然にも個室が空いているという状態で本当に本当によかった。なぜならば、下半身の衣服を下ろしたその瞬間、アイツはウォータースライダーの出口でポーズを決める奴みたいな感じで出てきたからである。

間一髪。あのとき私は全身で、その言葉の意味を体現した。辞書の「間一髪」の隣には、銀座でパンツを下ろす私のイラストを添えてください。

「お客様！　お客様!?」

ドアの向こうからは、明らかに怒っている店員の声が聞こえていた。私は「ごめんなさい！　ごめんなさい！」と大声で謝りながら、お尻を拭き、水を流した。そして立ち上がり、愕然とした。

便器の周辺を、尋常でないほど汚してしまっていたのである。

本当にこんなことを書いて申し訳ない。お金を払って気分が悪くなる場面なんて読みたくねえよと思うだろうが、私だってこんなことを書いて得た金銭でふかふかの布団とかを買っていいわけがないと思っている。だけど、ここは今後の展開上、必要な描写なのだ。また、この描写からどれほどギリギリの状態だったか伝わったのではないだろうか。多分、私が店に入る決意をしたときくらいに、身体はもうGOサインを出してしまっていたのだ。その時点で、アイツはウォータースライダーを滑り始めていたのである。

「お客様！　困ります！　お客様！」

「ごめんなさい！　本当にごめんなさい！」

私はほぼ泣きながら便器を掃除した。家なき子みたいだった。どうにか個室内にあるもので便器を綺麗にしながら、とにかく自分が情けなくて仕方なかった。どうして私はこうなんだろう。どうしていつもうんこに振り回される人生なんだろう。何が作家だよ。勝手に使ったトイレ汚して怒られながら掃除して、何が直木賞だよ!!!

「ごめんなさい。申し訳ないです。本当に申し訳ございませんでした」

掃除を終え、扉を開けた私はただひたすらに謝った。そうするしかなかったし、心の底から申し訳ない気持ちでいっぱいだった。「勝手に何なんですか？　ほんとにこれだから嫌なんだよ若い人は。非常識だろ！」店員は私が想像していた以上にガチギレしており、私は自分ひとりの非常識な行動によって世代まるごと嫌悪されたことを心から恥じた。開かぬなら殺してしまえとか言っている場合ではなかったのだ。開かぬなら、入った店の人にきちんと事情を話して許可を得てから使用させていただこう、トイレの個室、である（字余り）。

しかし、話はここで終わらない。

二次会の店に、戻らなきゃ。

この時点で、テーブルを離れて二十分以上は経過していたはずだ。二次会参加者からすれば私は突如消え失せたような状態になっているわけで、おそらく今は私の直属の上司がオーダーを取りまとめる等の作業を行ってくれているのだろう。それに、携帯も持たずに出てきてしまった。もしかしたら迷惑どころか心配までかけてしまっているかもしれない。

いま、何時だろう。私は慌てて腕時計を確認した。

そのときだ。

シャツの袖にいるアイツと、目が合った。

ギャー！！！！！　と叫ばなかっただけマシだと思ってほしい。想像していただきたい。一応最大のピンチは免れたと一息ついていたら、眼前にその対象が再登場したわけである。手法でいえばホラー映画のそれである。それをうんこにかまされたのだ。この屈辱たるや。

私は雷に打たれたような衝撃を銀座の街に分散させた後、やけに冷静になった。あの、広範囲に及んでいた便器の汚れが、ズボンを下ろした瞬間の爆発力が、リアリティをもって蘇ってくる。ズボンを下ろす際ウォータースライダーの出口に近づかざるを得ない袖口やシャツの裾、そしてズボンそのものが汚れていないと考えるほうが不自然なのかもしれない。

私はゆっくりと、自分の姿を確認した。アイツは、袖口だけでなく、私の衣服の至るところで「やあ」とこちらに向かって手を振っていた。

終わった。私は絶望した。望みが絶たれるとはまさにこのことだった。どうしよう。このままでは、尊敬する上司の送別会にうんこを持ち込んでしまうことになる。果たしてそんな部下がこの世のどこにいるのだろうか。東京は銀座にいた。

私の中で絶望がその濃度をじわじわと上げていく。立場的には、今すぐにでも二次会の会場へ戻るべきだということはわかっている。だけど私が動けば、うんこも漏れなくついてくるのだ(漏れたのに!!!)。こんなことがあっていいのか。ひょっとしたら今日を最後に何年も会えなくなるかもしれない、とても大好きな上司。会って感謝を伝えたい、色んな場面で業務を助けてくれた尊敬する人。それだけ大切な人だからこそ、送別会の会場にうんこを持ち込むなんて絶対にしたくない。大好きだからこそ、近づけない

──現代のシザーハンズ誕生の瞬間である。

感じるな、考えろ。私はその場に立ち尽くしたまま、脳をフル回転させた。今は絶望に感じ入ったって仕方がない。とにかく最善策をひねり出すのだ。今からコンビニを見

つけたとして、ワイシャツは買えるかもしれないが、ズボンは売ってないだろう。むしろ、どちらかというとズボンのほうが汚れているのだ。どうする。考えろ、感じるな。そういえば、二次会の店は照明がわりと暗かった。グレーのズボンについたブラウンの汚れは、視認されないかもしれない。だけど白いシャツはどうにも誤魔化せないだろう。というかまず、今の自分は臭うはずだ。目を誤魔化せても鼻は誤魔化せない。そもそもこの数十分の不在を一体どのように説明すればいいのか——。

ふう。私は深呼吸をした。

嘘ついて帰ろ。

これがほんとのクソ野郎である。だけどあのときの私は、それしか思いつかなかった。正直なことを言えば、完全に心が折れていた。当時の状況もそうだし、勝手にトイレを使ったことで見知らぬ大人をガチギレさせてしまったこと等がじわじわと自己肯定感を低下させていた。今から色々取り繕えたとして、お酒も進んでますます盛り上がっているだろう二次会の空気に混ざれる気がしなかったのだ。

小説家という職業は、嘘をつくと決めたときの肝の据《す》わり方には定評がある。私は「急用が出来た」という信じられないほど低レベルな言い訳のみを引っ提げて、二次会の店に戻った。「どうしたの」「どこに行ってたの」優しい上司たちの質問を全て曖昧《あいまい》な笑みで受け流し、自分の荷物をふんだくると、私は代わりに幹事役を担ってくれていた先輩に「たいへん申し訳ないのですが、どうしてもすぐに家に戻らなくてはならなくなって」とあまりに空洞すぎて突っつくのが怖くなるような帰宅理由を伝えた。その先輩は本当に本当にいい人で、それ以上は何も聞かずに「大丈夫？」と私を心配してくれた。今思い出しても心が痛い。下っ端の作業を全て押し付けてしまった先輩、あのときは本当にごめんなさい。急用ができたというか、糞尿が出たんです。

店を出る直前、私は送別会の主役である上司に一言挨拶をしに行った。急に帰宅する無礼を許してほしいこと、後日改めて感謝の言葉を伝えさせてほしいこと——その上司も周囲にいた人も、明らかに様子のおかしい私に面食らったのか、私が伝えた以上のことを質問してこなかった。皆様あのときは本当に申し訳ございませんでした。

私の謎の言動により明らかに盛り下がった空気の中、気を利かせてくれた別の上司が、口を開いた。

「じゃあ、写真だけでも撮ったら？」

私は「本当にすみません、すみません」とぼそぼそ口にしながら、転勤してしまう上司の隣に鎮座し、どうにか笑顔を作った。近距離だと臭いに気づかれてしまう可能性があったので、とにかく早くこの場から立ち去らねばと思っていた。結局、幹事役を代わりに担ってくれた先輩が写真も撮ってくれた。私はロボットのように「本当にすみません」と繰り返した後、逃げるようにその店を出た。

全部ありのまま話していたら笑い話になっていたのかもしれない。案外、汚いなーふざけんなよー、と、みんな笑ってくれたのかもしれない。でも当時の私の自己肯定感は地面を突き破りマントルに到達せんばかりの低下具合だった。自分で自分を取り戻すことがどうしてもできなかったのだ。

電車に乗れる精神状態ではなかった。不特定多数の目線が飛び交う場所に自身を配置することが、当時の私にはできなかった。タクシーを止められる場所まで移動すると、私は座席などに汚れが着いてしまわないよう体を浮かせながらのそのそと乗車し、目的地を伝えるより早く「窓を開けてもいいですか」と尋ねた。臭いを感知させてはならないという、せめてもの配慮である。

窓の外を、街の灯りが流れていく。目に映る誰もが皆、立派な社会人に見える。街を彩るひとつひとつの光に、うんこに狂わされてきたこれまでの人生の数々のシーンが、スライドショーのように映し出されていく。

トイレを借りるため山梨の民家に突撃したことに始まり、とある野外フェスでは、これだけは絶対に聴きたいと思っていたお目当ての曲を仮設トイレの中で聴く羽目になったこと。最後の台詞がとってもいいから、と友人に薦められた映画を観に行ったとき、「最後の台詞だけは絶対に聴き逃してはいけない」と思いすぎた結果緊張と共に便意が高まり、ちょうどラストシーンで離席したこと。その後、「映画オススメしてくれてありがとう。観に行ったんだけど、最後の台詞だけ見逃しちゃったから教えてくれない？」とバカみたいな連絡をして呆れられたこと。友人四人で富士山に登ったのに、トイレの数が少ないという状況が怖すぎて、私だけひとり爆速で下山したこと。とある年の仕事はじめの日、通勤電車の中でアイツが祭りを始め、駅の汚い個室の中でコンビニで買ったパンツに穿き替えたこと。旅行などでひたすら同行者に迷惑をかけること。必殺ノック&声掛けをしたら個室の中から舌打ちが聞こえてきた日のこと。今日、見知らぬ大人をガチギレさせてしまったこと。大好きな人の送別会を、嘘をついて早退していること。

どうして私はこうなんだろう。何でいつも、こうなってしまうんだろう。

私は帰りのタクシーで泣いた。空気椅子のような状態を保つため太ももをプルプル震わせながら、静かに泣いた。二十四歳の冬だった。タクシーの運転手は何も聞いてこなかった。開けた窓から吹き込んでくる寒々とした風は、涙の道筋をきりっと冷たく際立たせた。

翌朝目を覚ますと、最も迷惑をかけただろう先輩からメッセージが届いていた。

【昨日はお疲れ様。用事は大丈夫だった？】

なんとも優しい一言に、私は胸がいっぱいになった。きっと用事が嘘だなんてこと、この人はわかっているだろうに。あれからきっと三次会などの手配も私の代わりにしてくださったはずだ。本当にありがとうございますありがとうございます。

【帰り際に○○さんと撮った写真、送っておくね】

メッセージには、一枚の画像が添付されていた。それは、私が店を出る直前、上司が機転を利かせてくれたおかげで撮れた、転勤する上司との貴重なツーショットだった。ああ、なんとありがたい。そもそも私からこの先輩にも上司にも謝罪の連絡をしなければならないはずなのに、こうして写真まで送ってもらってしまった——私は小声で「ありがとうございます」と呟きながら、サムネイルをタップし、画像を拡大した。

そして、カッと目を見開いた。

写真の中の私は、なんとなしにピースサインをしていた。つまり写真には、私の袖口が映っていた。

大好きな人との記念写真に、うんこ映しとる！

私は携帯を裏返すと、そのまま膝を抱えて体をたたんだ。クリーニング屋に行くために動き出すことができたのは、その後しばらく経ってからだった。

作家による本気の余興
～人体交換マジック編～

★会議

前作で、同業者である柚木麻子《ゆずきあさこ》さんと、二人の共通の担当税理士の結婚式にて余興を行った顚末《てんまつ》を記した。そのうえで今作の目次を見て眉を顰《ひそ》めた方も多いだろう。余興しすぎ。余興が好きな人間にろくなやつはいないのに（主語が大きいため炎上）。

断っておくが、私は余興そのものが好きというよりも、金銭や実利が絡まない場で本気になることが好きなのだ。余興とは、メリットがないと何事にも本気になれない哀しき大人たちに「本気で何かに……取り組んだ！」という謎の充足感を宿してくれる貴重な場なのである。効率や生産性といったものばかり求められる殺伐《さつばつ》とした現代社会に「ただただ……本気で！」というどこか倒錯《とうさく》した気持ちをもう一度思い出させてくれる、心のオアシスなのである。

違う。新郎新婦を祝う場だ。

誰かに指摘される前に自分で訂正いたしました。驚くべき成長です。

さて、大学時代に所属していたサークル内で、もう何組目かもわからない夫婦が誕生した。

新郎であるX氏は同期の代表を務めており、何代も上の先輩にも何代も下の後輩にも信頼されている人物だ。基本の表情が笑顔であるため、生きているだけでその場の空気が和むという非常に貴重な人材である。なお私は、学生時代、彼がアパートに泊まりにきたときにカビの生えたお茶をサーブしてしまい、貴重な真顔を拝んだことがある。

そんなX氏の配偶者となるYさんはとてもしっかりしており、私たちの一つ下の代のリーダー的存在だった。どれくらいしっかり者かというと、X氏に、「プロポーズは、サプライズのフラッシュモブで行うこと」と予《あらかじ》め発注をかけたくらいだ。つまりX氏は、サプライズをされる、ということを知っている相手を驚かさなければならなかったわけで、その苦労は想像に余りある。試行錯誤の末、X氏は発注通りに納品することに成功し、クライアントであるYさんもその仕事ぶりに合格点を出したらしく、二人の取引はその後も無事継続されることとなった。

そんなプロポーズを経ての、結婚式である。私たち同期はこれまでのX氏の道のりを知っているため、X氏の式の余興は本当に頑張ろうねと、頼まれてもいないのにだいぶ早い段階で互いを鼓《こ》舞《ぶ》し合っていた。幸いにも、ダンスサークルの面々とはこれまでダンスショーのような形で何度か余興を経験していたため、場数だけは踏んでいる。今回はその中でも最高のものにしようねと、士気を高め合っていたのだ。頼まれていないのに。勝手に。

そんなとき、X氏から連絡があった。

「Yから、式中のサプライズを発注されました」

二度目の発注！　下請けとして腕の見せ所である。

私たちは慌てて都内の店に集合し、会議を開催した。これまでの余興史上最高のショーにしようと団結していたものの、その中でサプライズがあることを知っている人を驚かさなければならなくなったのだ。ハードルの高さにメンバーがみな目眩《めまい》を覚える中、X氏がその口火を切った。

「実は一つ、考えてることがあって」

私たちが耳をすませると、彼はこう続けた。

「マジックをしようかなと。びっくりするでしょ、手品って」

先方が求めてるサプライズってそういう意味かな⁉

その場にいる全員が心の中でそう斉唱したが、独り思いつめた結果〝サプライズ〟の語源にまで遡ってしまったX氏を嗤《わら》う者など存在しなかった。うん、アイデア出しってひとりでやっても袋小路だよね。大丈夫、今日からは心強い仲間《わたしたち》がそばにいるから――。

というわけで、我々の唯一の特技・ダンス、新郎の限界の提案・マジック、新婦の好きなもの等を組み合わせられる案を、みんなで話し合った。散々話し合った。色んな案が生まれては消え、脳は疲弊し、時間が過ぎていった。

その結果、『踊っている最中に、場内に飾られている複数の風船をX氏が突如吹き矢で割り散らかし、風船の中に隠されていたYの大好きなリラックマが露わになる』という妙案に全員が飛びつくという異常事態が発生した。

疲れていたのだと思う。今振り返れば、それまで陽気に舞っていた新郎が突如吹き矢を構え、その先から弛緩した熊が出てくるなんて怖すぎる。ただ当時の私たちは、それいいじゃんそれいいじゃんとテンションを上げながらも、「しかし素人の吹き矢はさすがに危険が伴うため、X氏は吹き矢を口に当て息を噴き出すポーズだけを取り、実際は場内に設置した各風船の近くに待機しているメンバーが針か何かで風船を割る、というのはどうか」等という危機管理能力を発揮する冷静さも併せ持っていた。怖い。

そのタイミングで、仕事で遅れていたメンバーの一人が店に到着した。

「今どんな感じ？」

仕事先から駆けつけてくれた友人は、いかにも数分前まで社会人をしていたという引き締まった表情をしている。私はビールを一口飲むと、その場を代表し、これまでの成果を発表した。

「今んとこ最有力なのは、吹き矢」

「吹き矢⁉」

友人の大声に、他のテーブルの人たちがこちらにちらりと視線を向ける。「大きな声を出しなさんな」友人用のビールを追加で頼みながら、私は説明を続けた。

「Yはやっぱりサプライズを求めているわけで、今までの余興みたいにただ踊って花束渡すみたいなのじゃダメだよね、と。だから途中でXが吹き矢を——」

自分の口から言葉を発しながら、私は、（自分は何を言っているのだろう……？）と思った。遅れてきた友人も（こいつは何を言っているのだろう……？）という顔をしていた。吹き矢で割った風船から熊が出てくるって、何だろう。カメラが潜入するタイプの怖い村の儀式とかだろうか。遅れてきた友人による「これまでに出た案がそれ？　本気で考えたの？　何時から集まってるんだっけ？」という嫌なタイプの詰められ方に、みんな、黙るしかなかった。

空気を変えようと、遅れてきた友人に「ほら、この生ハムおいしいよ」と勧めてみたところ、さっきからずっと生ハムだと思って食べていたものがピンクサーモンだったというゾッとするほどくだらない事件も重なり、チームの雰囲気はますます悪くなっていった。

話し合いは難航した。もう、苦労続きのX氏のために、とか、新郎新婦のために、とか、そういう献身的な思いでは何の案も出てこなくなっていた。

もう、こうなったら——私は、ゆっくりと口を開いた。

「みんな。考え方を変えてみない？」

さながらビジネスミーティングである。先方からの発注に応えるために、一度、私たちの発想の根っこを見直してみない――？

「いっそ、余興という場を借りて、いま自分がやりたいことをやるっていうのはどう？」

淀んでいた空気が、一瞬、パッと明るくなる。

記憶の奥底に埋葬していた柚木さんとの余興の経験が、初めて活かされた瞬間だった。あのとき私たちは替え歌を披露したわけだが、もはや新郎新婦を祝おうという気持ちよりも替え歌スキルを高めたいという向上心が上回っていた。ただ、だからこそ二人ともストイックに練習し、作品としての完成度を高められたともいえる。小説だってそうだ。読者のために書きましたという作品より、著者のエゴのみで書かれた作品のほうが輝くケースは多い。

「というわけで、みんな、人生で実は一度はやってみたかったことを一個ずつ言っていこうよ。余興という場を借りてできるかもしれないよ。ちなみに私のやりたいことはでんじろう先生の理科の実験と超能力体験です」

はい、と、私は向かいに座っていた女子メンバーにバトンタッチをする。場内に満ちる（こいつ、でんじろうのやつやってみたかったんだ……）という空気を払拭するように、彼女はパッと顔を上げた。

「私、実は」

ゴクリ。私たちは唾を呑み込む。

「一年くらい、フラダンス留学をしてみたいの」

私は「違う！」とテーブルを叩いた。やってみたいことってそういうことじゃないよ！　もう〝一年くらい〟って言っちゃってんじゃん！　ていうかフラダンス留学って何⁉

それからその場にいる全員が〝実はやってみたかったこと〟を発表していったが、フラダンス留学を超える回答を得ることはできなかった。人知れず面白みのある欲望を露わにしてしまった友人は、その後も追加のドリンクを頼む時間などに「あのさ、フラダンス留学はいつからしてみたかったの？」「人前で言ってみたのは、初めて？」等、追加で質問されたりしていた。

紆余曲折《うよきよくせつ》あったけどやっぱ吹き矢で、みたいな、いま振り返るといよいよ正気とは思えない結論に落ち着きかけていたとき、私は一人、当初X氏が言っていたことを思い出していた。

マジック。

その案を聞いた当初は「サプライズという単語そのものにがんじがらめになっている状態〜！」と一笑に付した感じだったが、自分の欲望を叶えるためという出発点で考えた場合、私には思い当たる節があった。

私は、ずっと、大掛かりなマジックショーをやってみたかったのだ。

「みんな、聞いて」

風船の中に仕込む熊は手作りにすべきではないのかという薄気味悪い話し合いを進め

る仲間たちがこちらを向く。私は、自身の中に眠る、大掛かりなマジックショーへの異常な執着をカミングアウトした。

流れる怪しげな音楽、訳知り顔のアシスタントが、人ひとりが丸ごと入れるボックスに体をゆらめかせながら入っていく。そして、もったいぶって取り出《い》だされた剣が、アシスタントの入っているボックスに突き刺されていく！　聞こえる悲鳴！　どよめく観客！　怪しげに微笑むマジシャン！　たっぷりと焦らしたあとに開かれるボックスの扉……中は空洞！　少し離れた場所で両手を広げ生還をアピールするアシスタント！　輝くスポットライト、割れんばかりの拍手、恭《うやうや》しく一礼――

やりたい！　すごくやりたい！

早く帰りたかったのだろう、私の熱弁にみんな即洗脳されてくれた。「いいね（よくない）」「できる気がする。ダンスやってたし（関係ない）」「なかなか挑戦するタイミングもないしね（なくていい）」

本音と建前が錯綜《さくそう》する中、不思議と、「やりたくない」という感情は誰からも匂ってこなかった。もしかすると、人類には潜在的に、大掛かりなマジックショーをしてみたいという欲望が備わっているのかもしれない。睡眠欲、食欲、性欲、物欲、マジックショー欲。うん、しっくりくる。

なにはともあれ、こうして、人の結婚式を間借りしてマジックショーを行うことが決定した。

早速調べてみると、人間の生理的欲求に関する分野のはずなのに、大掛かりなマジックショーを行うための道具をレンタルしている業者は大変少なかった。私たちの調査が甘かっただけかもしれないが、当時、都内で素人向けのマジック道具レンタルを請け負っている業者が一つもなかったことは驚きだった。全国の起業家の皆さん、ここに金脈アリ、です★

結局、人体交換マジック用の道具を一式、とある地方の業者からレンタルすることとなった。やってみたいマジックは沢山あったが、道具が貸し出されているのは【鎖に縛られている人間Aと、鎖に縛られていない人間Bが、一瞬で交代する】というもののみだった。人間を縛るための鎖、人間を鎖で縛り付けるための可動式の柱、交換の瞬間を隠すための赤い巨大な布。この三点セットを借りられるようだ。レンタルできる期間は一週間。迷わず問い合わせ、余興終了後にそのまま返却できるスケジュールで予約をする。

これで最低限の準備は整った。

「もう、やるしかないよ」

「大丈夫《わたしたち》、きっとできる」

心強い仲間だから――。

まるで完全犯罪の決行を決意するかのようなテンションで、私たちは契《ちぎ》りを交わした。

もう、逃げられない。我々はX氏の結婚式で、人体交換マジックをするのだ。もとい、夢を叶えるのだ。違った、新郎新婦を祝うのだ！

ショーの構成は、次のようなものとなった。左記の段取りを読んでいる間は、頭の中であの「チャラララ〜♪」という妖しい曲を流しておいていただきたい。

★練習

① 余興開始。いつも通りみんなで踊り始める。
② 二分ほど何の変哲もないショーを繰り広げたのち、曲の途中、一輪の花を手にした新郎が、新婦のもとにゆっくりと歩み寄る。
③ そのとき、新郎の背後から、黒いマントに身を包んだ悪者（私）が登場。
④ 悪者（私）、一輪の花を持った新郎を、予め式場に設置しておいたマジック用の柱に鎖で縛り付ける。余興参加メンバー、「新郎がさらわれてしまった！」とわかりやすく騒ぎ立てる。
⑤ 新郎を捕らえ、はしゃぐ悪者（私）。鎖に縛られながらもバタバタと抵抗する新郎。そんな中、余興参加メンバーのうちの二人が、大きな赤い布で新郎と悪者（私）を隠す。
⑥ 数秒後、赤い布が、ばさりと床に落ちる。すると、鎖に縛られていたはずの新郎が

自由の身となっており、さらに、一輪の花は大きな花束になっている。代わりに悪者（私）が鎖に縛られて項垂《うなだ》れている。解放されたX氏、Yに花束をプレゼント、最後に全員でエンディングのダンス。

途中で新郎が悪者に攫《さら》われるという非常にサスペンスフルな内容だが、使用する楽曲はDREAMS COME TRUEの『うれしい！たのしい！大好き！』に決まった。なんでだよ！　と、悪者の役作りに励んでいた私は動揺した。この演目のどこに、やっぱり〜そうだ♪と深く納得したくなる場面があるのだ。しかし、式場の著作権の事情には逆らえない。

やがて、やりとりを進めていた業者からマジックの道具が私のマンションに搬送された。テレビで見るような巨大なセットが届いたらどうしようかと思っていたのだがそこまではなく、数人で力を合わせれば人力で運べる程度のサイズだった。これならレンタカーで式場に搬入《はんにゅう》する分には何ら問題はない。入金確認と引き換えに送られてきた種明かし動画を見ても、マジックの難易度はそこまで高いわけではなさそうだった。結局十人以上のメンバーが関わることになったため、全員が揃ってしっかり練習できるのは式の前日のみとなったが、この程度のマジックならばその日にしっかり練習すればどうにかなりそうだ。

前日の練習の開始時刻になると、予約しておいたダンススタジオに参加メンバーがぞろぞろと集まってきた。中にはこれまでの話し合いに参加できていない人もおり、当人たちからするとこの日にやっと余興のすべてを把握するといった状態なわけだ。「久しぶりー！」「珍しく遅刻しないで来たね〜」学生時代の友人たちと懐かしの再会を果たしながら、私は当然のように人間を縛るための鎖や人間を鎖で縛り付けるための柱等を数人がかりでスタジオの中に運び込んだ。

「これ、何？」と、久しぶりに会う友人。

「マジックの道具だよ〜」と、私。

「マジックって、何？」

「ダンスの途中で人体交換マジックするから、その道具だよ〜」

よいしょ、とスタジオに道具を置き、顔を上げる。そこには、いま初めて、自分が参加する余興に人体交換マジックという異物が混入されることを知った人間の顔があった。

「ダンスの途中で？　人体交換マジックを？　するの？」

「うん」

「何で？」

何で——……？

私は、井戸の底でも覗き込んでいるような気持ちになった。

「何でだって、ハハ」適当にごまかすと、私は柱を置く位置を細かく調整することに意識を注いだ。そうしないと、私の中で何かが破綻しそうだった。私たちはこれまで、式中に急に新郎と人体を交換するために色々と動いてきたのだ。何でとか言われても、困る。

時間がないということもあり、練習には熱が入った。X氏と私はもちろん、マジックの核となる部分を隠すための赤い布を上下させる役や、新婦に渡す一輪の花を大きな花束に取り替える役等、全員がベストなタイミングを身体に染み込ませるまで練習を重ねた。指示待ち地蔵のゆとり世代、ゴールが明確に定められさえすれば必死に努力できるのだ。

「なんか……もっと、上手になりたい」

「どんどん練習して、クオリティ上げてこう」

「はいッ！」

一度やってみて、改善点を見つけ、またチャレンジする。そのとき私たちは、所謂PDCAサイクルの真っただ中にいた。現実で口にする人には出会ったことがないのに文字ではやたらとよく見かける〝PDCAサイクル〟、その存在を初めて実感できた瞬間だった。下手な新人研修よりも人体交換に勤《いそ》しんだほうがビジネスの基礎を学べるのかもしれない。

練習すればするほど、私はマジシャンとしての自覚の芽生えを感じていた。この余興をやると決めた時点で既に「新郎新婦を祝いたい」を「新郎新婦を祝う振りをして自分がやりたいことをしたい」が上回っていたはずなのに、いつしか「一人のマジシャンとして、お客様を満足させるパフォーマンスをしたい」みたいな精神状態に到達していた。マジックは確かに、まやかしかもしれない、そんなものに何の意味があるんだ、と石を投げられることだってあるかもしれない。だけど人類は、どんな時代を経ても、マジックを見ることをやめなかった。なぜなら、素晴らしいマジックに触れたときに湧き上がる興奮や感情は、投げられた石をダイヤモンドに変えるほど、素晴らしいものだから——。

「スピード、とにかくスピード重視でいこう」

何度か全体を通してみた結果、重要なのは「人体を交換する時間を最小限にすること」だということがわかった。そこをスムーズにすればするほど、驚きは増す。

ひたすら練習を重ねた。マジック部分の最速化はもちろん、直前までただのダンサーの一人である私が悪者マントを装着するタイミング、X氏が悪者に捕らわれる際の演技、うれしいたのしい大好きと絶叫し続ける吉田美和……あっという間に、スタジオを出なければならない時間になっていた。そう、式場に道具一式を搬入しなければならないのだ。

まだスタジオに残るメンバーと明日の成功を誓い合い、私たちはマジックに使う道具をレンタカーに詰め込んだ。車に乗り込んだのは、明日既婚者となるX氏を含めた同期の男四人だった。私とX氏が後部座席に座り、運転席と助手席に一人ずつ。道具を積んだ大きなワゴン車が、夜の東京を駆けていく。「独身最後の夜かあ」などと言いながら、それぞれが好きな曲を順番にかけた。X氏は、まだ暗記しなければならないスピーチ等が大量にあるらしく、隣でぶつぶつと暗闇に向かって唇を動かしていた。そんな姿を見ながら私は、こんなに忙しいのにマジックの練習にめちゃくちゃ時間取られてかわいそうだなァと思った。

★本番

当日の朝は、あいにくの雨だった。

だが、やることは変わらない。挙式の前、早朝から、式場でリハーサルが行われた。披露宴の終盤、デザートビュッフェに差し掛かったころに余興が始まるということで、使えるスペースや音源、X氏や私が縛り付けられることになる柱やそれ以外の道具を準備するタイミング等、細かく確認していった。持ち込んだ柱は白色であり、白を基調とした式場にもぴったりだ。

「完璧だね」

みんなで頷き合う。マジシャンとしてのデビューステージが遂に整った。ここまで準備したのだから、本番は絶対に成功させたい。何らかのトラブルで結婚式が中止になるようなことがあっても、人体だけは交換させてほしい。

新郎新婦が味の配合を考えたオリジナルカクテルの名前の意味が〝最初のキス〟である等、多少の混乱はあったものの、挙式も披露宴も滞りなく進んでいった。そしてデザートビュッフェの賑わいが少し落ち着いたころ、いよいよ、マジシャンとしてのデビューステージが幕を開けた。

「それでは、新郎の友人による余興です。お願いします！」

司会の方のご機嫌なきっかけ台詞で、音楽が流れ始める。まずは、これまでもやってきたような余興と何ら変わらないそこそこのダンスが数分間展開される。私も、「これを練習してきました！」という顔で踊った。関係ないが、私は余興でダンスをしているときに見られる、列席者が完全に飽きていく過程を眺めるのが好きだ。踊り始めた当初は「オッ」という空気になるのだが、準備不足の素人ダンスなんて人の興味を惹きつけられたとして十数秒程度が限界だ。複数の人間の表情がわかりやすく色と光を失くしていく様子は、なかなか壮観である。その中で芽生える恥ずかしさと照れくささを飼い慣らしながら踊ることが、私は、不思議と嫌いではない。

BGMはいよいよ、うれしいのかたのしいのか大好きなのか、感情が一向に一本化されない部分に差し掛からんとしていた。隣町まで響きそうな吉田美和の絶叫に包まれながら、私は柱の裏に隠れてマントを装着する。表が黒、裏地が赤の大きなマント。これをひらめかせれば、あっという間に悪役の誕生である。

新郎が、一輪の花を持って新婦のもとへと近づいていく。ここが、余興の様子が一変するポイントだ。私は新郎をさらう悪者として、バッと柱の陰から飛び出した。

そして、思いっきり足を滑らせた。

その日は雨だった。私は慣れない革靴を履いていた。滑る条件は見事に揃っていた。つらい！　死にたい！　大嫌い！　――そう思ったときには、私はまるでサッカー漫画のキャラクターのように、ズシャアアアと観客に向かってスライディングをキメていた。

列席者の方々は、突然現れたマント男のズシャアアアアなスライディングを前に「は？」みたいな顔をしていた。そりゃそうだろう。正装の新郎がドレス姿の新婦に花を渡すという心温まる空間のすぐ横で、謎のマント男が靴底を見せながらシャアアアと横たわったのだ。決して混ざり合わない磁場というか、別の星で起きていることが何かの間違いで一つの画面に収まってしまったような映像だった。

私はそのとき、不思議と冷静に、こうだったな～、と思った。その全文は、自分の人生って、こうだったな～、である。ここぞっていうときにはいっつも、神様が「バーカ！　お前の人生、そんなうまくいくわけねえだろ！」って、我に返らせてくれるんだよな～。

私は光の速さで立ち上がると、新婦に花を渡さず律儀に動きを止めてくれていた新郎を即行で捕獲した。悪者らしく、新婦や観客に向かって挑発するような素振りを見せてみるも、先ほどの転倒が響いているのか、「あの人、足、痛くないのかな？（笑）」みたいな視線が圧倒的に多かった。しかし、そんなことは気にしていられない。当たり前だが、音源は流れ続けている。その後の、「赤い布でこちらの姿を隠してもらい、人体を交換し、赤い布をバッと下げる」という一連の動作は特定のパートに合わせて行われるため、転倒による時間のロスをどうにか調整しなければならない。

本来ならばそこで、抵抗する新郎をあざ笑ったり、鎖の存在をアピールしたりしつつ「今からマジックが始まりますよ」というメッセージを観客に伝える予定だったのだが、私は緊縛極めてン十年みたいな手際の良さであっというまに新郎を縛り上げた。新郎を新婦から引き離すことで場を盛り上げるというよりは、マグロの解体ショー的に私の緊縛技術を見せつける時間をお届けした形になった。

だがそのおかげで、赤い布を上下させるタイミングまでに全ての行程を終えることができた。あとは練習通り、私と新郎が入れ替わり、新郎が持っている一輪の花を大きな花束と入れ替えるだけだ！

赤い布が上げられ観客からの視線が遮断されたその瞬間、それまで敵対関係を見せつけていた私と新郎が一瞬にして協力し合う。練習の成果もあり、入れ替わる部分をものの数秒で行うことに成功した。音楽に合わせて赤い布が下げられたときには、私は鎖の中におり、新郎は大きな花束を持って鎖の外へと脱出していた。

私は目を瞑《つむ》り、捕らえられて悔しいという演技をしつつ、甘い充実感に酔いしれていた。それは、柚木さんと税理士の結婚式で替え歌を披露した後の感覚に似ていた。練習してきたことが実を結ぶって、なんという快感なのだろう。この感じが大人になればなるほど味わいづらくなるなんて、そんなのやっぱり寂しすぎる！

式の後は仲間内で二次会が行われる予定だったが、私はそちらには出席できなかった。式場の方に確保してもらっていた別室にて、マジック道具返送のため、大量の緩衝材とガムテープで全てを頑丈に梱包しなければならなかったからだ。寂しい気持ちもあったが、ま、夢と幻の世界を魅せた魔法使いはそのあとの現実には参加しないほうが粋なんじゃないかしら？　と、私は早速マジシャンとしての美学を炸裂させていた。引田天リヨウの仕事は夢を与えることですから。するべきことを終えたら蜃気楼《まぼろし》のように消え去るだけです――。

「お疲れ～その作業くらいは手伝うよ」

やがて、余興に参加できなかったサークルの同期や後輩が、返送作業をしている部屋に集まってくれた。「みんな……ありがとう」私は恭しく感謝を述べたが、三秒後にはガマンできなくなり、鼻の穴を膨らませながら尋ねた。

「ねえ、余興、どうだった？（マジックの部分を褒めて）」

「びっくりしたよー、あんなの練習してたんだね〜」

ガムテープを伸ばしながら、友人は続けた。

「でも、何が起きたのか、速すぎてよくわかんなかったや〜」

エッ？！？？！！

「リョウがいきなり出てきて転んで新郎が捕まえられて、なんかそのへんがよくわかんなかったかな〜。状況が飲み込めないまま終わったって感じ。てかめっちゃ転んでたけど、足大丈夫？」

裏目！

練習のときにあれだけ追い求めたスピード感が、完全に裏目に転じていた。私は、「そっか…………」と長時間に亘《わた》って絶句すると、黙々と梱包作業に取り組んだ。ガムテープでぐるぐる巻きにされたマジック道具は、粗大ゴミのようだった。

このとき私は、柚木さんとの余興に続いて重要なことを学んだ。替え歌のときは、カラオケのように歌詞が流れる映像を作成し、歌の歌詞がわかりやすく伝わることを徹底したが、それ以前に、「これからこういうことを行いますよ」という前提を周知させないと、人間は目の前で起きたことを迅速に脳内で処理することができないのだ。ましてや結婚式、吉田美和の絶叫に始まる非日常性に満ちた空間なら、尚更そうだろう。マジックショーは、マジックショーを観に行くと決めた段階から始まっているのだ。

そのあと友人から送られてきた動画を観たが、登場と共にズシャアアアと転んだ私はそのまま綺麗にフレームアウトしていた。その後、若干足を気にしながら動いているサマは全く悪者なんかに見えず、ひどく滑稽であった。そしてその滑稽さは、本人が本気だろうが何だろうが面白くはなく、きちんと痛々しかったのだった。

空回り戦記～説明会編～

私はよく空回る。

前の章でもそうでしたよという感じだが、私には〝熱烈に準備をしてしまう〟という癖がある。そしてその結果、大きく空回るのである。

この話をすると、「たくさん準備をするなんて偉いじゃないですか！」「それってつまり、相手を楽しませようという気持ちから来るもの……ですよね」的な、何でも全肯定マンみたいな人に優しく抱きしめられそうになるのだが、私はそのたび「違うんです、その〝やさしい世界〟みたいなのやめろ！」と迫りくる腕を振りほどかなければならなくなる。だって本当に違うんだもの。私の熱烈な準備の源泉は、相手を思う気持ちでも何でもなく、ただの自分可愛さなのだ。

確かに、熱烈な準備というものが、本当に相手のことを思って行われていることならば問題はない。相手が求めているものをしっかり分析したうえでの行動は、たとえ失敗に終わっても後味のいいものになるだろう。ただ私の熱烈な準備は結局、「準備不足によって自分の評判を下げたくない」「あとから、あの人適当だったね、というような悪口を言われたくない」という自己愛からくる行動であるため、どう転んでも後味が悪くなるよういつしか焦点がズレていく。その結果、「これ……誰のための何⁉」という疑問詞だらけの怪奇現象をお見舞いしてしまうのである。

さらに言えば、私はこれを封じる方法も知っている。一つ目は、私自身が準備不足の人を目の当たりにしたときに（フウン……）と意地悪な目線を送るのをやめることだ。他人をそういう目で見ているから「自分もそういう目で見られているのかも」とビビってしまうのである。これは、過去に他人に注いできた視線に今の自分が苦しめられるという、平成生まれの日本昔話なのだ。二つ目は、本番で臨機応変に対応できるくらいの余白を残しておいたほうが、ガチガチに準備をするよりも良い結果を生む可能性が高いという事実をいい加減受け入れること、である。ラジオの、特に生放送の番組を担当していた時期、私はフリートークの内容をかなり細かく決め込んでいた。毎回一度は家で練習して、情報を明かす順序などを整えて臨んでいたのである。ただそれだと、その場で起きた予想外のリアクションや空気感に対応できないし、聴いている方も「たいそう準備してきはったんやなぁ」と眉を上げ目を細めてしまう。準備不足の他者に寛容《かんよう》になること、失敗を怖がるあまり練習の時点で決め込みすぎないこと。これが私にとっての空回りを封じる二手である。

と、ここまで分析したうえで、そのまま飛び立つつもりなんかというくらい激烈に空回った経験をここに記しておきたい。あまりの気の進まなさから、この行で筆を止め、現時点で何日か書くのを延期しています。なぜ自らこんなことをしているのか、自分でもよくわかっていません。

出版社の多くは、年に一度か二度ほど、今後発売されるイチオシ本を書店関係者にプレゼンする書店説明会というものを開催する。リモート会議全盛の今はわざわざ全国各地の書店関係者を集合させるという形式を採っていない可能性も高いが、丸一日貸し切ったホテルの大会議室等に全国の〝本を売るエキスパート〟たちが集うという大イベントなわけで、各社気合い十分で臨むものという認識で間違いないはずだ。書き手からしても、その説明会で自著が手厚く紹介されるというのは非常にありがたいことなので、つまり出版に関わる全ての人にとって重要なイベントといえる。

ただ、どれだけ大事な場であるとしても、朝から晩まで次から次へと商品のプレゼンが行われるというのも味気ない。そのため多くの場合、途中でゲストが登壇する時間が設けられる。長丁場の中にあるリフレッシュタイムというわけだ。

そんな説明会と私の出会いは、今から十年以上前に遡る。二〇一一年の秋、私がまだ大学生だったころ、某出版社の主催する書店説明会にお呼ばれしたのだ。当時の私は、たとえ担当編集者の方から丁寧に説明を受けていたとしても、その会が出版社や書店関係者にとってどれほどの意味を持つものなのかよく理解していなかった。その証拠に、当時は登壇の際に何かを準備したということはなく、ただただ割り当てられた時間じゅう楽しくおしゃべりをした記憶しかない。列席していた方々も「まだ学生だしな」という感じで、ビジネスの場に突如現れた毎日丼もののみで腹を満たしているような大学生を温かく迎え入れてくださった。

今思えば、それはそれでよかった。それがどのような意味を持つ場なのか理解していないくらいの気負いのなさが、当時の私にもマッチしていたのだと思う。

だが社会人となったとき、私は当時の自分に「……このクソガキが！」と憤怒《ふんぬ》するようになる。というのも、会社員時代、私はその説明会に匹敵する会を運営する立場となったからだ。

私の勤めていた会社でも年に二回、全国の関係者を都内に招聘《しょうへい》する形でその年のイチオシ商品をプレゼンする会が催されていた。当時の私はスタッフの一人として、各社への案内やら出欠のまとめやら当日の受付やら場内装飾やら片付けやら、バタバタと動き回っていた。つまり、そのイベントが会社や関係各社にとってどれだけ大切なものなのかということを、身をもって知ってしまったのである。

社会人経験を積んでいくたび私は、その会のゲストとして登壇しながら何の準備もなく数十分ヘラヘラしているだけだった過去の自分を許せなくなっていった。年に一度か二度しかない発表会の中の数十分間という貴重な枠。そこに選ばれたい商品や担当者がどれだけいることか！　そこに選んでいただけたことの有り難みをあのときに少しでも理解できていれば！　本当に、人生とはいつだって「あのときの自分、死ね」の連続だ。

そして時は流れる。数年後、退職して専業作家となった私に、とある出版社からこんな依頼が届いた。


【このたび××社主催の書店説明会にてご講演いただきたく、お願い申し上げます。

弊社は毎年、全国の主要書店約百法人の代表を集めての説明会を行っております。ここで重点施策、重点商品についてご案内し、以降、書店様には弊社商品に強力な後押しを頂戴いたします。

ぜひともこの会において朝井様にご講演いただき、作品のＰＲを含め三十分ほどお話しいただければと存じます】

××社の担当編集者は「なかなか引き受けづらいお話かと思いますが……」と恐縮していたが、私は「やります」と即答していた。なぜならこれは神様がくれた再チャレンジの機会なのだから。

読者というわけではない方々を前に〝ご講演〟なんて、普段の私ならば非常出口のシルエットの姿勢で一目散に逃げ出す案件なのだが、私は私で過去の自分の振る舞いを上書きしなければならなかった。私はもう、社運を賭けた場に準備ゼロでヘラヘラ登壇しヘラヘラ喋りヘラヘラ降壇した二〇一一年の私とは全く別人なのです。丼もので食事を済ませることは血糖値上昇の観点から見ても避けるようになっていますし、何よりこのような会に登壇するということの意味を血が滲むくらい嚙み締められるようになっているのです――。

こういうときに大切なのは、敵、間違えた、客層を詳細に知ることである。依頼状に〝全国の主要書店約百法人の代表を集めて〟とある通り、この会に集う人々が「朝井リョウが出てきた」ということで喜ぶタマではないということは明白だ。それどころか誰だこの青二才は、とふんぞり返られる可能性のほうが高い。各法人の代表ということは、説明会の雰囲気も、他の出版社の発表会と比べて重めなのではないだろうか――そんな疑問を、私は××社の担当編集者にぶつけてみた。

「そうですね、現場に立っている方というよりは役職のある方々をお呼びする感じなので、六十代以上の方々が多いんじゃないかなと思います。雰囲気は他の出版社の説明会を知らないのでなんとも言えないですが、軽くはないですね……」

やはり、前回とは話が少々異なるようだ。前回はまだ、書店の売り場に立っている世代の方が多く集まっていた印象で、つまりこちらが何を話しても温かく笑ってくれるような優しさがあった。だが今回は違う。作家の私が話しているんですよ、は絶対ダメで、私の話を聞いていただけますでしょうか、という姿勢が必須だろう。

さて、次に気になるのは時間帯である。長丁場の中盤にゲスト枠が設定されているならば、停滞しがちな雰囲気をパッと明るくしつつ次にバトンを渡すような話をするのがベストだ。ただ、もう一つのパターンがある。

「ゲスト枠は、一日の最後の時間になります」

今度の回答はこちらにとって非常に都合のいいものだった。私はほくそ笑む。ゲスト枠が説明会の最後を飾るイベント的な立ち位置ということは、会場には「これを聞けば今日は終わりだ」という開放感のようなものが漂っているはずである。となると、講演のハードルは多少下がる。

最後に気になるのは、前例だ。昨年はどのような方が登壇されたのか。例年、ゲストパートはどのような空気なのか、何を求められている印象なのか。そこをリサーチすることで、私の果たすべき役割というものも見えてくるはずだ。

「昨年は弊社の目玉商品との関連もあって、△△学の専門家の先生をお呼びしたんです。なので、かなりしっかりとした空気のご講演というか……お集まりの皆さんもじっと耳を傾けているという感じでした」

盛り上がらなかったのだろう。大人の丁寧な言葉選びを、私は頭の中で容赦なく剝いていく。この出版社の説明会の会場は都内の某ホールだ。そこで長丁場のプレゼンの最後に展開される約三十分の専門的な講演——登壇した方は自分の役割をしっかり果たしただけで何も悪くないのだが、なかなかヘビーな状況だったと察しが付く。

「例年の空気ですが、正直、他の出版社の説明会のように客席からリアクションが返ってくるような雰囲気ではないかもしれません。なんというか、笑ったりしながら話を聞くという感じではないというか……なので登壇される方からすると決して話しやすい環境ではないと思うので、お願いしておいてなんですが、難しければお断りいただいても」

「いえ、やります」

私はもう、心に決めていた。

その山を……動かしてみせる！　と。

マジでいらない決意である。私の空回りの元凶《げんきょう》は大抵こういう、「会場にいる方々を楽しませよう」ではなく「山を動かして過去の自分を成仏させよう」というような、自分を主体にした不要な決意にある。あと意外と、動かない山は動かないままでよかったりする。山が山であることで落ち着ける空間はあるし、山側に動かされたいという気持ちが特にないならば尚更だ。

しかし、爆破しておくべきだったほうのやる気スイッチを入れてしまった私はもう止まらない。それからというもの、様々な出版社の方に会うたび「××社の説明会のゲスト枠を担当することになったんですけど」と相談しまくった。私より遥かに〝出版社の説明会〟という場に慣れている方々に、これまでどういうゲストがどういう話をしたときに盛り上がっていたか等、リサーチをしたかったのだ。だがそこで目の当たりにしたのは、××社の説明会というのはとにかくハードルが高そうだ、という現実だった。皆、「……そちらに行かれるのですね」と、餞別でもくれそうな眼差しで私を見つめるのだ。皆、何を話せばいいかという疑問に対しても、皆、「大変だと思いますが、がんばってください」と口を揃えるばかりで、有効な打開策を見つけ出すことはできなかった。

私は悩んだ。企業の代表的な立場にある人たち約百名を前にして、一人喋りで三十分。私自身や作品の話を展開したところで太刀打ちできる相手ではなく、かといってワッと刹那《せつな》的な盛り上げで誤魔化せるような場でもない。加えて、私はこれまでの経験からよくよく知っていた。問わず語りの一人喋りで三十分間を保《も》たせるというのは生半可なことではないということを。瞬間的な面白さではなく、全体の構造として面白みのあるものにしないと、間違いなく聞き手の、もしかしたら話し手の集中力すら続かなくなってしまう。

私はひとり、悩み続けた。この日集まる方々が思わず前のめりになる話、積極的に聞きたくなる話題を探し続けた。人間は、ひとりで頭をこねくり回し続けると大抵、正常な判断を下せなくなる。

結局私がひねり出した答えは、これだった。

『本にまつわる話の合間に、健康に関する有益な情報を差し込む』

タイムスリップが使える世界に転生できるならば、私はまず、このときの自分を止めに行く。過去の私が、本にまつわる話の合間に健康に関する有益な情報を差し込まないよう、あらゆる手を使って当時の自分の行動を阻害《そがい》するだろう。その結果どんな大惨事が巻き起ころうが、タイムスリップに詳しい理系の友人キャラに「ダメだ、そんなことしたら未来が変わっちまう！」と熱く説得されようが、私は過去の私に向かって大声で叫ぶのだ。「本にまつわる話の合間に健康に関する有益な情報を差し込むのを、やめろ――ッ！」と。

ただ、当時の私はこの思いつきに色めき立っていた。わ～絶対コレだ！　正解はコレでした★とウキウキしていた。年齢を重ねるとにかく健康に関する話しかしなくなるってよく聞くけど、確かに身体にいいものの話っていつだって盛り上がるもんね！　そうと決まったら早速パワポを作らなきゃ！　皆さん散々本のプレゼンを受けたあとだから、ちょっと角度の違う話をしたほうがいいよね！　自著については自己紹介程度にしておいて、そうだ、書き手として書店に訪問したときのエピソードを色々用意しておこう！　書店回りとかサイン会のときに書店員さんにこういうことをしてもらえて嬉しかったとか、こういうものがあるとすごく助かるとかそういう話をすれば、お偉いさんが現場の方々と接するときの会話の種になるかもしれないしね～！　で、随所随所に健康情報！　パワポ三枚ごとくらいに差し込めばちょうどいいくらいかな～十分置きにひとつくらいあったほうが気分転換としてもよさそう！

あっという間に訪れた当日、私は控室でゆっくりとストレッチをしていた。周到な準備を経た人間は、緊張をさほど感じないものだ。唯一焦ったのは、本番直前、私を呼び込んでくださる司会者との打ち合わせ時、司会者が「このように呼びかけますので」と見せてくれた台本にこのような一文を見つけたときくらいだった。

【今年のゲストスピーカーは作家の朝井リョウさんです。本にまつわるお話を、耳寄り

の健康情報とともに皆様にお届けします】

ッガー!!!

私は「ひとつ訂正箇所があります」と冷静に告げると、【耳寄りの健康情報とともに】の部分にシャッと線を引いた。危なかった。あんなに滑らかなネタバレは後にも先にも経験したことがない。

「ではそろそろ、よろしくお願いします」

控室に、担当編集者が呼びに来てくれる。少し強張っているように見えるその表情に、私は微笑みを返す。ふふ、どうぞご安心ください。しっかり〝準備〟してきましたから――。

【今年のゲストスピーカーは作家の朝井リョウさんです。本にまつわるお話を皆様にお届けします】

先ほど線を引いた部分がしっかり省かれた紹介文を合図に、私はホールの前方に入場していく。百名には届かないくらいだろうか、会場は多くの参加者で埋め尽くされていた。皆さんびしっと正装で、いかにも〝役職就きです〟という雰囲気だ。

私の背後には大きなスクリーンがあり、そこには事前に作成しておいたパワーポイントの一枚目が映し出されていた。私の手元には、パソコンと原稿。これで、自分のタイミングでスクリーンに映るものを操作することができる。

よし。私は口を開いた。

「皆様お疲れのなか失礼いたします、小説家の朝井リョウと申します」

簡単に自己紹介をしたのち、導入として用意しておいた自著の話を始める。でもね、会場の皆さん、わかっていますよ。朝から続いた出版社によるプレゼン大会、その最後に登場するよくわからない若手作家……拍子抜けですよね？　こんな青二才が〝講演〟なんてちゃんちゃらおかしいわ、こいつから得るものなんて何もないわ、そうお思いですよね？　わかってますわかってます、今日はそんな私から得たとしても有益な情報を用意してきましたさかいに――。

話し始めて数分後、私は気づいた。

あくまで導入として用意しておいた自著の話を、想像以上に前のめりに聞いていただけているということに。

おや？

私はじわじわと焦りを感じていた。話が違う。この辺りは動かぬ山として、つまらなそうな顔をしてくれていないと困る。世の中の酸いも甘いも何も知らない若造が何を、って、鼻で嗤ってもらったほうが都合がいいのだ。

しかし、今思えば当然なのだが、そんな態度を取るような方はひとりもいなかった。この説明会に招待されているのは主要書店約百法人の各代表者なわけで、登壇者に対して失礼な空気を醸し出すわけがないのである。

私はここで気づいた。

健康情報、いらない！

むしろ、邪魔！

一つ目の健康情報まであと数十秒というところで、私はようやくその事実に思い至ったのだ。

だけど列車はもう走り出していた。私は立ち止まるわけにはいかなかった。だって、三十分間の構成を、パワポでがっちり作り上げているのだから。熱烈に準備をしてしまったのだから！

私はぺらぺらと喋りながら、そんな自分に対して（黙れ!!!）と念じていた。見事な錯綜状態である。だってこのままの速度で走り続ければ、すぐに一つ目のポイントがやってきてしまう。

案の定、すぐにそのときはやってきた。

「えー、十分くらい経ちましたでしょうか」

私の声は震えていた。誰か止めて――私は当て所《ど》もなくそう祈っていた。

「私の毒にも薬にもならない話を続けていたって仕方がないですから、ここでひとつ薬にしかならない話を、ということで」

列席者のうち、何人かの顔が上がる。

「皆様に、おすすめの健康情報を紹介いたします」

何で？

会場からはそんな声が聞こえてくるようだった。というか、ほかならぬ私がそう思った。何で私は今からここにいる人たちにおすすめの健康情報を紹介するんだろう。絶対にやめればいいのに、何で――？

私は震える指でマウスをクリックした。

背後にある大きなスクリーンには、〃内臓脂肪が気になる方に〃の文字と共に、サバ缶（水煮）が堂々たる立ち姿で映し出された。

私は吐きそうになっていた。明らかに私の健康に害が及んでいた。

「健康診断などの結果で内臓脂肪の数値が気になる方も多いのではないでしょうか。そこでおすすめなのが……」

熱烈に用意した原稿を読み上げながら私は、今この瞬間に床が抜け落ちてくれないかな、と思っていた。「ポイントは、水煮、という点です」私は一体何を話しているのだろう。本の話を続ければいいじゃない。皆さん前のめりに聞いてくださっていたのだから、そのまま本の話を続ければいいじゃない!!!

それからずっと、準備した通りにスラスラ喋る自分と、（黙れ!!!）と猛烈に祈る自分がたった一つの体内でせめぎ合い続けた。だって、自分が話せば話すほど、痛い目を見る場所に近づいていくのだ。絶対に事故になるとわかっている曲がり角に向けてスピードを上げ続けなければならない恐怖を想像してみてほしい。一瞬、ものすごく速くダブルクリックをすれば次の健康情報のスライドショーを飛ばせるのではと思ったのだが、それではきっと堂々たる立ち姿のアーモンドミルク（無糖）がサブリミナル効果的に皆さんの視界に点滅することになるだけだ。ダメだ、集めた人にフラッシュ映像を見せ商品の存在を刷り込ませるなんて、そんなの新手の詐欺《さぎ》商法である。もう、やるしかないのだ。だって、過去の私が熱烈に準備をしたのだから。

「それではここで本の話は一度休憩といたしまして、おすすめのアーモンドミルクの紹介です」

何で⁉　会場には再び巨大なハテナマークが浮かび上がったが、私は淡々と話を続けるしかなかった。「こちら、ポイントは無糖、という点です」この辺りの話をするころには、常温での長期保存が可能、という長所に対して（それは便利だなァ）と我ながら感心する余裕が生まれていた。この日は冬だったのだが、講演後、私は担当編集者が勧めてくださったタクシーチケットを固辞し、冷たい風吹きすさぶ東京の街をしばらく歩いた。アッツアツになっていた身体を冷やさないと、どうにもならなかったのである。

その後しばらくして、××社とは異なる出版社で本を出す機会に恵まれた。そのとき、幸運にも関東以外の書店も回ることができたのだが、地方の書店だと、訪問時に社長さんに挨拶できるということが稀《まれ》にある。会社と店舗がすぐ近くにあり、かつちょうど社内に社長さんがいる、という現象が発生しやすいためだ。

　当時の新刊の担当編集者や営業担当者と共にとある店舗を訪問したとき、ちょうど社長さんが事務所にいらっしゃるということで、挨拶ができる運びになった。

「今日は遠方からありがとうございます」

　こちらこそありがとうございます、と、こちらの陣営も揃って頭を下げる。店舗の裏にある応接室には、これまでにここを訪れた様々な作家のサインが飾られている。

　皆で雑談に花を咲かせていると、社長さんが不意に、「実は私は朝井さんとは初めましてではないんですよ」と切り出した。

「昨年の××社の説明会、私も参加していたんですよ」

　私は椅子ごと引っくり返りそうになったが、「あ、そうなんですね」とかろうじて社会人らしく応答することに成功した。「朝井さん、××社の説明会に登壇されたんですか？」「ゲスト枠ですか？　どんな話されたんですか？」担当編集さんや営業さんが、話を広げようとしてくれる。

「いやあ、よく覚えてますよ」

　じゃあ今忘れろ――私は社長に向かってそう念じたが、当然、無意味であった。

「サバ缶とアーモンドミルク、あれからチェックするようにしてますよ」

何で？

今度は担当編集さんと営業さんから巨大なハテナマークが浮かび上がっていた。私は「ありがとうございます」と一体どの方面に向いているのかわからない感謝を述べ、その後のサイン本作成で何冊か書き損じを生んだ。あのとき参加されていた方々、本当にすみませんでした。ちなみに、イワシ缶もおすすめです。

空回り戦記〜サイン会編〜

サイン会、というものを主催する立場になって十数年が経つ。とはいえ未だに、「サイン会かァ……え、私の⁉」と新鮮な驚きに包まれる自分がいる。だって、私が新品の本に名前を書くってそれは……ただの記名では？

特に感染症が流行する前は、読者の方々に長時間並んでいただくということも多かった。私のサイン会の場合、参加者が百名に対し約二時間というペースだったため、後半ともなるとかなりの時間待っていただくことになるわけだ。そんなの、その先にビッグサンダーマウンテンとかがないと割に合わない。感染症の流行後はそもそもサイン会を開催することが難しかったり、行列を避けるため集合時間ごとに整理券の番号を分けたりするようになったので〝待ち時間〟は減少傾向にあるが、それでも、わざわざ来ていただいちゃって記名ってねえ……おにぎりとかお菓子とか持って帰る？　みたいな気持ちにはなるものだ。

きっと他の作家の方々も似たような思いがあるのだろう、何度目かのサイン会のころには、参加者の方々に対して何かしらのおもてなしをする作家もいるという話を聞くようになった。このエッセイでも常連の柚木麻子さんは、（もちろん感染症が流行する前の話だが）手作りのケーキポップを全員に配っていた。なぜそれを知っているかというと、私も普通にイチ読者として並び、手作りケーキポップをゲットしたからである。とてもおいしかったしめちゃくちゃかわいかった。前作の「肛門記」にカメオ出演していただいた羽田《はだ》圭介《けいすけ》さんがサイン会で大量のクッキーを振る舞ったというのも有名な話だ。よく聞くのは、並んでいる最中に読める限定の配布物である。そのサイン会に参加した人だけが読める掌編《しょうへん》等を冊子にして配る作家が多いらしい。確かに、サイン会にまで来てくれるような読者にとって最も嬉しいものは〝新作〟だろう。なるほどなるほど。

「それは名案だ！　恥も外聞《がいぶん》もなくパクろう！」と思った私は、早速幾つかのパターンの配布物を作成し、バラまいてみた。並んでいる最中に聴くのにぴったりの一言付きプレイリストだったり（つんく♂作のファンク縛り）、最近身の回りで起きたミニエピソード集を学級新聞のように手書きでまとめたり。数年はそれで満足していたのだが、私の中にふつふつと、こんな感情が湧き起こり始めた。

　何かもうちょっと、準備をしたい。熱烈に、準備をしたい――。

　だって、配布物は既に多くの作家が実践していることなのだ。何か別のことをして、

「朝井リョウさんのサイン会はまた一味違うなぁ！」と思ってもらいたいではないか――と、相変わらずここが私の空回りの原点である。参加者のためではなく自分の評判

のために重ねられる試行錯誤。清々しいほどの自分本位。

ちょうど、次のサイン会が一ヶ月ほど後に迫っていたころだった。私は、独自にできる準備を見つけ出すため、まずはサイン会をしているときの読者の様子について思い出してみることにした。

やはりサイン以外で喜んでもらえるのは、名前と顔を覚えていること、だろうか。前回も来てくださいましたよね、という声かけには、喜んでいただける確率が高い（ただし、それが正解だった場合に限る。「いえ、初めましてです」と返していただいたときの気まずさは筆舌に尽くしがたいので、初めていらっしゃる方は是非「初めまして」と言っていただけると何かミスがあっても筆舌に尽くせる範囲で収まると思いますすみません）。

中にはプレゼントや手紙を持ってきてくださる方もおり、そのたび本当に「すまないねえ……」という気持ちになる。そして自宅で内容を確認しては、「本当に、すまないねえ……」という気持ちになる。いつもありがとうございます。

手紙というのは、やはり嬉しいものだ。ちなみに、小説家に届く手紙というと本の感想が書かれていると想像するかもしれないが、実態はかなり異なる。本の感想というよりも、本の内容に触発された人が、自分の人生についてあけっぴろげに語ってくれているものがほとんどだ。極端な話、感想にあたる部分は一行や二行、ということも多い。『○○』を読みました。私もかつて似たような経験があり～」となるわけである。そこからその人の過去が紐解かれ、現在が語られ、未来への展望、または絶望が綴《つづ》られる。私はそういう手紙を読むことが好きだ。本が思わぬ形の鍵となって、その人の内部がどんどん開かれていく感じにゾクゾクする。

そのような手紙には、本当にいろんなことが書かれている。今日このサイン会のあとに好きな人に告白しにいきます、とか、大切な試験が迫っているなか久々の外出がこのサイン会です、とか、家族や仕事や友人関係の悩みや、ここで例として差し出せないような内容まで千差万別だ。私は読み終えるといつも、この人と手紙のその後について話したいな、という気持ちになる。手紙は時間を閉じ込める。いつ読み返しても、その人がその紙の上にペンを走らせていた当時の時間が私のもとに流れ込んでくる気がする。だけどその人は手紙を書き終えたあとの時間を生きているわけで、ここに書いてくれた告白の行方はどうなったのかなとか、大切な試験の結果は大丈夫だったのかなとか、あの悩みは解決されたのかなとか、生き続けているかなとか、そういうことが気になってしまう。そしてそれが確認できる場は、次のサイン会くらいしかない。

だから私はサイン会中、いつもどこか心苦しい。もし、前回手紙をくれた方が今回のサイン会にも来てくれていたとして、そのことに私が全く気づかずにスルーしていたら。手紙の中でものすごく色んな話をしてくれた人に対して、初めまして、という態度を取っていたとしたら——そんな、答え合わせのしようのない後ろ暗い可能性が、常に耳元のあたりに漂っているのだ。

　このあたりまで考えて私は、はた、と思い立った。私がすべきサイン会への準備は、これかもしれない。というよりも、これに関して熱烈に準備をしておけば、サイン会を開催するたびにうっすら湧き上がる後ろめたい気持ちから少しは解放されるのかもしれない。

　というわけで私は、作業に取り掛かることにした。

　これまでいただいた手紙をデータベース化するという作業に。

　まずエクセルを立ち上げ、簡単な表を作成する。表のX軸は左から、名前、都道府県、手紙の内容の要約。ここに、保管してある手紙について一つずつ入力していくのだ。二〇一四年あたりからは、開催したサイン会ごとにいただいた手紙をまとめて保管してあったので、非常に作業がしやすかった。これで、サイン会のときにまず差し出される為《ため》書《が》き用のメモ（サインと共に書いてほしい名前のメモ）さえあれば、その名前からいただいた手紙の内容を検索できるというわけだ。こういう手紙をくれましたよね、この件はあれからどうなったんですか――そんな、夢の会話が現実になるのである。一ヶ月後に迫ったサイン会は大阪での開催だったので、再会できる可能性の高い関西圏の方からの手紙はとりわけ強く記憶に刷り込むようにして再読した。読み返してみると、改めて、直筆の文字から書き手の思いがびしびしと伝わってきた。カラカラの喉で思い切り水を飲み干しているような、そんな感じだった。そこに書かれている夢や悩みや希望や絶望のひとつひとつが、私の喉元をこじ開けるようにして流れ込んでくる。

最終的に私は、五百通近い手紙のデータベース化に成功した。小さな文字でびっしりと埋め尽くされた表は圧巻で、私はパソコン画面をわざと少し遠くからうっとりと眺めたりした。

後日、出版社の方々とサイン会に関する打ち合わせが行われた。写真撮影を可にするかどうか、書き添える言葉のリクエストを受けるかどうか、オリジナルのハンコなどを押す作業があるのか、他に何か必要なものはないか——その店舗でサイン会の経験があってもなくても、このような打ち合わせは結構重要だ。百人以上の人間が参加するイベントをスムーズにやりおおせるためには、想像以上に細かいルールが必要になってくる。

「——というわけで、営業部からも数人、お手伝いに行く予定です」

ありがとうございます、と、私は頭を下げる。サイン会というのは存外、人員が必要なのだ。私のそばにいる人だけでも、為書きを参加者から受け取り私に渡してくれる人、本の表紙を開いた状態で押さえておいてくれる人、サイン後に間紙《あいし》を挟む人、ハンコを押す作家ならば捺印をする人等、それなりに場がゴチャゴチャする。

「えー、朝井さんから他に何か気になる点があればおっしゃってください」

だが今回は、そんなゴチャゴチャする場所にもうひとり、人員が必要だった。

「あのー」

私は口を開く。

「私の隣にもうひとりいてくださると、とても助かるんです」

「もうひとりですか？」と、社員さん。

「はい。ちなみに、その人は立っているんじゃなくて、私の隣に座っていてほしいんです」

はあ、と、社員さんがギリギリ頷く。

「誰でも大丈夫ですか？　何かお手伝いすることがあるんでしょうか」

「あ、えーっと」私は少し思案し、続ける。「じゃあ、できるだけタイピングの速い人でお願いします」

出版社の方々の間に、ん？　という空気が流れる。当然である。雇用条件が謎すぎる。

私は一息で説明をした。

「その日読者からの手紙をまとめたデータを持ち込むので、為書きが渡されたらすぐにその名前で検索をかけてほしいんです。で、該当する手紙のデータがあったら、私にその画面を見せてほしいんです。その手紙の続きについてお話をしたいので」

私にとってはこれ以上ない説明だったが、その場にはなんともいえない空気が流れていた。ただ私は非常に落ち着いていた。サイン会当日が待ち遠しくて仕方がなかった。

当日、私の右隣にはタイピングの速さを見込まれた男性社員が鎮座していた。確かにタイピングの速そうな、頼もしい横顔である。そしてその男性の手元には、私が持ち込んだノートパソコンがセッティングされている。

「最終確認になりますが」サイン会が始まる直前、私は男性社員に話しかける。「為書きをいただいたら一度お渡ししますので、名前を検索欄に打ち込んでください。データが出てきたら、私の肩を叩いてください。そのとき、名前以外のデータをできるだけ読まないよう心がけてください」

「わかりました」

間もなく一人目の方がいらっしゃいます、というスタッフの声を聞きながら私は、これまでのサイン会に比べて自分の精神が非常に安定していると感じていた。〝前回手紙まで書いてくれた人に対し初めまして感を出してしまう〟という可能性がかなり低下したことで心が非常に落ち着いていた。

読者の方々にも喜んでもらえるし、私のサイン会への後ろめたさも減る。手紙のデータベース化とは、なんと革命的な〝熱烈な準備〟なのだろうか――。

「よろしくお願いします」

一人目の方の為書きと本が、スタッフから差し出される。「今日は来てくださってありがとうございます」私はそう言いながら、為書きの書かれたメモ用紙をノールックで右隣へと滑らせた。

カタカタカタカタッ。

さすが〝できるだけタイピングの速い人〟という条件をくぐりぬけてきた逸材である。流れるように名前を打ち込んだ男性社員は、「ありません」と小さな声で結果を報告してくれる。私は彼に対して素早く頭を下げると、何事もなかったように「一人目ってことは、かなり前から待機してくださっていたんじゃないですか？」等と言いながら、テーブルを挟んで立っている一人目の参加者に向かって顔を上げた。

その方は、私ではなく、隣の男性を見ていた。今この人は一体何を調べたんだろう――そんな不安そうな表情で。

私はそのとき初めて、この試みに対する外部の視線に触れた。

これ、めちゃくちゃ怪しいんだ！

自分の名前が書かれた紙を受け取ったスタッフがパソコンで即〝何かしら〟の有無を調べている――そんなの、私だったらモヤモヤする。一体何のデータを参照しているの……？　と不安になる。しかもやけにタイピングが速いときた。より不気味だ。

「今日はお忙しいところ来ていただき、本当にありがとうございました」

私はできるだけいつも通りの雰囲気を醸《かも》し出そうと努めたが、一人目の参加者の視線はやはり、高速でタイピングして以降打って変わって何の動きも示さない謎の男に引き寄せられ続けていた。だが、参加者ひとりひとりにこの男性社員とパソコンの存在意義を説明している時間はない。結果、あの日はかなり多くの読者にただただ〝不安な気持ち〟だけを持ち帰らせてしまった。あの日来てくださった方々、こういうことだったんです！

だけどこの微妙な感じも、該当者が現れるまでの話だ。私は気持ちを立て直しつつ、隣席から定期的に飛んでくる「ありません」を受け止め続けた。該当者が現れれば、「ありません」、かっていただいた手紙の続きを話すという奇跡的な現象がこの場に舞い降りさえすれば、「ありません」、会場にいる全員がうっすら（何あれ……？）と思っている現状が様変わりするはず――。

と、何枚目かの為書きを受け取ったそのときだった。

「ありました」

隣席から、そんな声が聞こえてきた。

!!!

私はこちらに向けられたパソコンの画面を見つめる。そこには確かに、私の手元にある名前と同じ文字列が表示されている。私は参加者のほうに視線を戻す。私と同世代ほどの女性の読者が立っている。

「ありがとうございます、以前お手紙をくださったことがありますよね？」

前のめりにそう尋ねる私に、その女性は、「え、あ、はい、多分」と少々気圧《けお》され気味に答える。

「ですよね、ありがとうございます！　えーっと」私はパソコン画面を凝視する。その方の名前の右には、【転職に悩み中】という言葉が記されていた。なるほど、この方は転職しようかどうか悩んでいるということを、手紙に書いてくれていたのだな～！

私は満を持して口を開いた。

「あれから、転職はどうなりましたか？」

　これこれこれ〜！　私は声に出しながら感激していた。これまでの苦労がパア〜と光を放ちながら体外へ発散されていくようだった。このキャッチボールをすることが夢だったんです！

「え？」

　女性は一瞬、呆気にとられると、

「私、そんなこと書いてました？」

　と言った。

「えーっと、書いてくださっていたみたいですよ、転職しようかどうか悩んでるって」

　私はデータをまとめるために最近まとめて読み返したため、わりと細かい内容も覚えていた。確かにこの方からの手紙には、人間関係に悩んでいて転職を考えている、というような記述があったはずだ。

「確かに転職しようか迷っていた時期はありましたけど……」女性は思案顔になる。

「結局、しなかったんですよね」

「そうなんですか」と、私。

「はい。……ていうか、手紙……」戸惑う女性。

「前に、手紙、くださいましたよね？」と、私。

「はい……え？　そのパソコン……？」語尾を震わせる女性。

思ってた空気と違う!!!

私はもう認めざるを得なかった。女性の表情が示すものが、感激でも喜びでもなく恐怖であるということを。

「そのパソコン……何なんですか？」

気味の悪いものを恐る恐る眺めるとき特有の視線が、私のパソコン、及び最速で名前をタイピングした男性社員に注がれている。

「かつて手紙をくださった方に初対面みたいな対応をしてしまうのが嫌だったので、いただいた為書きで内容を検索できるように、手紙をデータベース化したんです」

「え、やめてください！」

リターンエース！　明確な拒絶！

私は椅子に座ったまま後ろに倒れそうになったが、かろうじて耐えた。

「手紙って結構そのときのテンションでわーって書いてるものなんで……改めて時間置いて話されるのは、だいぶ恥ずかしいです」

確かに!!!!!

目から鱗《うろこ》どころか魚群が回避せんばかりの衝撃だった。私もこれまでの人生で誰かに手紙を書いたことが何度かあるが、数ヶ月後に改めて「あなた……こう書いていましたよねェ?」とパソコン越しに確認されるなんて絶対に嫌である。タイピングが速いなら尚更だ。

それからも数回、隣席から「ありました」報告があったのだが、そのたび、「こういう場所で口には出せないことだから、手紙に書いた」「要約とはいえ手紙を書いた相手以外の人（タイピングマン）に内容を見られるのが嫌」「そもそも、数ヶ月前に手紙に書いたことを人間は意外と覚えていない」という、非常に真っ当な意見を続々といただいた。サイン会が始まる前、男性社員から「これってすごく読者思いの行動ですよね、きっと皆さん喜ばれますね」等と言われ、「いや～そんなァ」とまんざらでもないリアクションをしていたのがバカみたいである。確かに、数ヶ月前に書いた手紙の内容、そもそも覚えてないよね～。最近読み返したから私の中でアッツアツになっただけだったよね～。ちなみにパソコンはバッテリー不足によりサイン会の途中でただの無機物の塊と化した。伴って、隣席の男性社員は、途中から本当にただ隣席で鎮座しているだけの存在に成り果てた。

そもそもやはり、読者思いの行動でも何でもないことに今回の失態の根本的な原因がある。結局は私の後ろめたさ解消、サイン会後に「前に手紙渡したけど初対面みたいな対応されたなァ」と思われたくないがための自己防衛、自分が良く思われたいだけの行動なのである。

自己愛、独りよがり。もういい加減地球初心者ではないはずなのに、未だにこのあたりの感情で行動し結果プロペラくらい空回ってしまう自分にはほとほと呆れている。でも本当に反省しているならこんなエッセイも書かないよね⁉　そういうところがあざといよね⁉　という自分が追いかけてきそうなところで、この章は締めさせていただきます。逃げろ逃げろ逃げろ～！

初めての催眠術

私はお腹が弱い。

何度この書き出しで文章を始めれば気が済むのだろうか。今後、私の文章を学習したAIが開発されるようなことがあれば、そいつは「私はお腹が弱い」と書き出してしまう可能性が高い。かわいそう。そんなバカみたいなスタートを切るために学習機能を発揮させられる最新技術、かわいそう。

ある日、惰性で眺めていたテレビ画面に、「実は私……セロリだけはどうしても食べられないんです」と、セットの豪華さやたっぷり表情を作ったわりに情報価値の低い発言をかます芸能人の姿が映った。私は鼻をほじくりながら、フウン、とその後の展開を見守っていたのだが、現れたのは予想通り、催眠術師だった。怪しげな衣装を身にまとった催眠術師はその芸能人の目をてのひらで覆うようにし、「セロリが、あなたの大好きなチョコレートになりますよ、3、2、1」と小気味よくカウントダウンを始めた。するとアラ不思議、その芸能人はセロリをぱくぱくと食べられるようになっているではないか——。

フウン……。

テレビでよく見る光景をまたもやテレビで見ながら、私は鼻をほじり続けた。どうせもともとセロリ食べられる人だったんでしょ。はいはい。そんなね、催眠術とやらで味覚が変わるなら苦労しないんですよこちとら。世界で一番ってレベルの唐辛子とかをバクバク食べられるようになるとかならまだしもね、セロリってね、好きな人もいるもんね〜エ？

しかしその後テレビ画面に映し出されたのは、蛇や蜘蛛《くも》を見ただけで叫び出すような十代の少女が、それらと愛しそうにじゃれ合う姿だった。

フウン……？

私はいつのまにか、鼻から指を引き抜いていた。セロリはもともと好きだったかもしれないけれど、蛇や蜘蛛とあんなふうに触れ合うのはなかなかハードルが高いはずだ。それに、この少女が爬虫類などをひどく嫌っている姿は、別の番組でも観たことがある気がする。

これは……と思っていると、テレビの中の催眠術師がこう言った。

「苦手意識というものは、精神的な思い込みによるものが大きいんです。催眠術は、その部分に働きかけることができるんですね」

もしかして——私は、カッと目を見開く。

このわがままボディを治せるのは、催眠術なのかもしれない！

ヤバイ単語まみれの一文だが、もう、この私の行動のすべてを司る全知全能の便意に関しては、思いつくすべての方法を試したのだ。病院にも行ったし、「京都のあそこでしか買えない、詳しい成分はわからない薬」みたいなヤバめの薬もバカバカ飲んだ。でも治らなかった。となると、原因は精神的なものである可能性が極めて高い。それまで便意を感じていなくとも、電車に乗りながら「ここ、一駅の区間長いんだよなあ」と思ったり、「あと五分で新幹線が来るから、今から五分間はトイレに行けない」と思ったり、そうした小さな気づきが壮絶な戦いの火蓋を軽率に切る。薬で治そうとしたとて、どうしようもなかったのである。

そう、私は今まで、便意のほうをどうにかできないかと思っていた。だけど違ったのだ、どうにかすべきは私の精神だったのだ。まさに逆転の発想！　天才ですみません！

それからの私の行動は素早かった。まず、私の抱える症状に最も近い「過敏性腸症候群」と催眠術の関連性を調べる。手あたり次第チェックしてみるに、まさにいま研究が進んでいる組み合わせという印象を受けた。日本ではテレビの影響もありオカルトな印象を持たれる催眠術だが、海外では催眠療法として保険が適用されるケースもあるという。

へえ！　ウキウキしちゃう話じゃない！

私は即、一般人でも受けられる催眠術のセミナーを探し出した。いきなり催眠療法というよりは、段階的に経験していった方がいいと思ったのだ。人生で一度も催眠術をかけられた経験がないので、まず自分と催眠術の親和性というものを確認しておきたかった。私が見つけたのは、週末の午後、都内某所にて開催される数時間数千円の催眠術セミナーだった。読者の皆さまからいただいた印税の使い道としてこれ以上ない選択だろう。いつもありがとうございます。

一人ではさすがに心細かったので友人に声を掛けた結果、物好きな人間が集結し、私を含め計四人で参加することとなった。

私の胸は非常に高鳴っていた。当日、最寄り駅から会場までの道を歩いているときも、目につく人全員に対して（あなたも、あなたも……悩み抜いてここに辿り着いたのですね！）という気持ちになっていた。全員、どこかで私たちとは違う方向へと進んでいった。

会場は、とある雑居ビルの中の一室だった。狭いエレベーターに入ると、催眠、の文字に出迎えられた。セミナーのタイトルと、その会場の階数が書かれた貼り紙が、無造作に壁に貼られていたのである。

雑居ビル、狭くて古いエレベーター、壁に貼られた〝催眠〟の文字――。

その日は、よく晴れていた。休日の街は着飾った人々で溢れており、私は、より閉じられた空間へと上昇していく自分自身と外の世界とのギャップに、心がざらつくのがわかった。真昼間からとてもいかがわしいことをしているような、そんな感覚だった。

目的の階に着いた。

会場の入口には長机が置かれており、そこでまず予約名を確認され、参加費を支払った。そして、受付スタッフの方にこう言われた。

「この名札にお名前をお書きください。そして、お名前の隣には、自分の属性に合った色のシールを貼ってください」

自分の属性？　に合った色のシール？　いつの間にかなろう系の世界線にでも切り替わったのかと思ったが（だとしたらエレベーター）、詳しく聞けばこういうことだった。

このセミナーには、毎回、様々な角度から催眠術にアプローチしている人が集まるらしい。『催眠術をかけたい人（練習している人）』、『催眠術をかけられたい人』、『催眠術をかけられている人を見たい人（自分がかけたいわけでも、かけられたいわけでもない人）』等、催眠術への興味は多様みたいだ。そのため、名札にて、自分がどの属性の人間なのか表明するシステムを採用しているという。『お腹を治したい人』用のシールは残念ながら存在しなかったため、私は『催眠術をかけられたい人』を表す黄色のシールを名札に貼った。『催眠術をかけたい人（練習している人）』は青色、『催眠術をかけられている人を見たい人（自分がかけたいわけでも、かけられたいわけでもない人）』は赤色だった。

さらに、『催眠術をかけたい人（練習している人）』は全員青色かと思いきや、その中に階層があるらしく、主催者である催眠術師に実力を認められている人は金色のシールを貼っているという。

「シールを貼り終えましたら」

いそいそと黄色いシールを手にしていた私たちに、スタッフが声をかける。

「この名札は最後に回収いたします。裏に、メールアドレスや電話番号など、連絡がつく情報を一つ、書いていただけますか？」

ど、どうして？

「この場で解除できないほど、強く催眠にかかってしまう人もいらっしゃいます。その場合、帰宅後にこちらから連絡をとる可能性がありますので、そのための裏面です」

にっこりと微笑むスタッフ。

やれやれ。

とんでもないところに来ちまったようだぜ――。

受付を経て中に入ると、ざっと、三十名近くの参加者がいた。広い会場には長机と椅子が用意されており、自由に着席してよさそうだ。私たちは四人固まって座れそうな場所を探し、「新参者でぇす★」という雰囲気をいやらしいほど醸し出しながら腰を下ろした。

参加者はまさに老若男女といった感じで、男女の割合も半々程度、年齢も二十代から六十代くらいまで幅広い世代の方々が会場に集まっていた。すでに顔見知りなのか私たちのように友人同士で来ているのか、リラックスした様子で談笑している人も多かった。

私たち四人は変に緊張しており、話したとしてもぼそぼそと小声で「トイレどこかな？」「入口のほうにあったよ」等とくだらない内容に終始していた。というのも、特に、四人の中でも端に座った私は、左隣に座る男性のインパクトにやられていたからだ。骨格の感じを見るに、男性だろう。喉仏も出ている。髪の毛は長く、つばの大きな帽子を被っているため表情はあまりわからない。黒くゆったりとした服装はいかにも催眠術師であり、むしろ魔法使いのようにも見える。私は、自然な形で隣の人物の名札を盗み見ようと試みた。主催者にその実力が認められた人しか貼ることができない金色のシールは、こういう人の胸元で光っているのではないか。そう思ったのだ。

名札には、黄色いシールが貼られていた。

私は「ウッ」と息を呑み込んだ。ちょっとアンタ、その見た目で『催眠術をかけられたい人』って一体どういうつもり？　今にも長い杖取り出して呪いでもかけ出しそうなのに、アンタ……。

しばらくそのまま待機していると、主催者が現れた。公式サイトで確認した、まさにその人である。どうやら遅刻者がいるということで少し待機することになったらしいが、私はその時間を利用して、主催者の催眠術師に話しかけることに成功した。

「あの、すみません、今日初めて参加する者なのですが」私は主催者に、黄色いシールが貼られた名札を見せる。「私、催眠術そのものに興味があるというよりは、催眠療法に興味があるんです。とにかくずっと精神的なことが原因で腹痛に悩まされていて、海外では催眠療法って保険が適用されたりしてるって聞いて、どうしてもお腹を治したくて」

今思えば、だから何だ、という申し出ではあるが、藁《わら》にも縋る思いでここに来たということを伝えたくなったのだ。主催者は、私の目を見て、潑剌《はつらつ》とした口調でこう答えてくれた。

「なるほど、大丈夫です！　もしアレだったら知り合いの医者も紹介できますよ！」

えーっ！

わーい嬉しい〜！　紹介してほしい！

私は色めき立った。絶対に医者を紹介してもらいたいので、私はその日、〝もしアレだったら〟のアレの範疇《はんちゅう》に収まるよう努めることを、ここに誓った。

遅刻していた参加者が到着した後は、一人ずつ起立して簡単な自己紹介をすることになった。シールの色と、初めての参加かどうか等を参加者全員に伝えるのだ。私の隣にいた男性もすっくと立ちあがり、「今日は催眠術をかけられにきました。楽しみたいです」と言った。魔法使いの格好をした魔法使われ。

私は自己紹介を終えたあと、思い切って魔法使われに話しかけてみたのだが、彼との会話の中で私は「催眠術をかけられるのが好き」という人間の存在を初めて認知した。

彼曰く、普段は味わえないような感覚で、ものすごく癖になってしまったらしい。テレビだと催眠術を怖がる素振りを見せる人が多いのに、と私が意外がっていると、「お腹、治せるといいですね」と気遣われた。先ほどの、私と主催者の会話を聞いていたのだろう。なに、いいとこあるじゃない——。

金色のシールをアピールする人は数名おり、彼らは全員このセミナーの常連のようだった。そのたび主催者は「この人は本物ですよ！」とか、「この人もすごいですよ」とか、大きな声で太鼓判を押した。そのたび、青色のシールを付けた人がなんともいえない表情になるところに、このセミナー内の旨味が滲み出ていた。

自己紹介のあとは、主催者が参加者全員に対して、催眠術との親和性を引き出すという展開になった。主催者曰く、催眠術にかかっている状態というのはつまり〝没入している状態〟であるという。提示された世界に没入しやすい心理状態を生み出すべく、主催者はマイクを使ってその方法を流暢《りゅうちょう》に説明し始めた。

内容はシンプルなものだった。まず、参加者は全員、目を閉じる。そして、主催者は「冷蔵庫からレモンを取り出し、絞った果汁を口に含むまで」を事細かに口頭で説明する。それを聞きながら、参加者たちは五感をフル活用してその場面を想像するのだ。湧き出てくる涎《よだれ》の量が多ければ多いほど、没入への精神的下地が構築されるというわけである。

「それでは皆さん、想像してください。集中してくださいね」

私たち参加者は目を閉じたまま、主催者の呼びかけに頷く。特に、すぐに自分を客観視してしまう癖のある私は、この課題に真剣に取り組むことにした。だって、お金を払っているのだ。決して安くない料金を払っている以上、絶対に、〝もしアレだったら〟のアレに当てはまりたいではないか。

主催者が語り出す。

「あなたは冷蔵庫から、よく冷えたレモンを取り出します。実がたっぷり詰まった、色鮮やかなレモンです。冷たい水でサッと洗うと、表面が水滴をよく弾きます。そのまままな板の上に置き、包丁でスパッと真っ二つ。瑞々しい断面がきらきらと輝いています。酸っぱくて爽やかな果汁が、たっ……ぷりと詰まってるんですね」

じわじわと、口の中に涎が湧いてきたのを感じる。いいぞ、いいぞ——。

「半分になったレモンの片方を、利き手で口元へ持って行きます。顔を上に向けましょう。口を開いた状態で、断面を下に向けたレモンを思いっきり」

「でもさ」

私の右隣で、友人が口を開いた。

「実際、レモンって、そんなふうに食べないよね」

友人の周囲数メートル圏内にいる参加者の集中力が一斉に切れた瞬間だった。非常に静かな空間だったため、友人の声は思いのほかよく響いたのだ。私は薄目を開けようとして、やめた。周囲の雰囲気を確認するのが怖かった。

今思えば、この瞬間だったのだと思う。私たちが、このセミナーを壊しに来た異分子だと警戒され始めたのは。

「では次は、みなさんで自由に催眠術をかけ合っていただく時間です」

ついさっきまで梶井《かじい》基次郎《もとじろう》くらいレモンづいていた主催者が促した次の展開は、参加者同士の催眠術のかけ合いだった。私はてっきり、精神的な下地を作った後は主催者に催眠術をかけてもらえるものだと思っていたので、少々面食らった。

「時間は、四十分後の★時まで、とします。その段階で、金色のシールの人の催眠術にもかからないという人がいらっしゃいましたら、★時以降、私が直接かけることにします」

私が抱く疑問を先回りするかのように、主催者は笑顔でそう宣言した。なるほど、あなたは最後の砦《とりで》ってわけですね——私が誰にともなく目をキリッとさせていると、参加者たちはあっという間に名札のシールを頼りに様々に動き回り出した。一瞬で、会場のそこら中に数人組の塊ができる。今思えば、その日、初参加の人はかなり少なかったような気がする。

ここで本領を発揮したのは、青色や金色のシールを貼った催眠術をかけたい人たち——かと思いきや、黄色のシールの猛者たちだった。つまり、かけられ好きの常連グループである。彼ら彼女らは持ち前の没入力で、あっという間に動物になったり笑いを止められなくなったりしていた。ついさっきまで正常な状態だった成人の群れが突如「ワンワン！」等と吠えながら床を駆け回っている姿は天国ぽくも地獄ぽくもあり、そんな現象があちこちで発生している会場内をニッコニコで徘徊している主催者の存在も含めて、独特な空間だった。中には、自他ともに認める特に催眠術にかかりやすい拓郎さん（仮名）というスター選手もおり、彼はその間数秒といった素早さで体から手が離れなくなったり名前を言えなくなったり猫になったりしていた。あの魔法使われこと長髪の男性も、シックなファッションのまま、会場の片隅で密かに椅子から立ち上がれなくなったりしており、この場に集うかけられ好きたちのポテンシャルの高さに私たちは少々気圧されていた。

「なんか……すごいね……」

「うん……でもさ」

「「「「逃げちゃ、ダメだよね！」」」」

変な碇《いかり》シンジと化した私たち四人は、まずは散り散りになった。主催者曰く、没入するにあたり、既知の人物がそばにいるというのはよくないらしい。「普段の自分を知っている人が見ている」という客観性が介入するため、催眠術のセミナーにはできれば一人で参加すべきだという。なるほどなと思いつつ、私たちは個別に、青色のシールを貼りながらも暇そうにしている人物を探した。私は本気だった。もう、トイレが一つしかない喫茶店で執筆している最中、催したのに店内のトイレが使用中だからといって財布だけブン摑み店を飛び出し最寄りのコンビニ等へロケットスタートを切る日々に戻りたくなかった。

結果、私は青いシールを貼っている男性をつかまえることができた。ベージュのポロシャツを着た、五十代くらいの、少しふっくらした体型の優しそうな男性である。

「今日が初めてなんだね」

「そうなんです。いずれ催眠療法で、精神的なところからくる腹痛を治したいと思っていまして」

男性と私が会話をしていると、周囲にいた人たちがなんとなく集まってくる。青色と黄色の邂逅《かいこう》は、この場においては格好の見世物なのだ。

「なるほど。じゃあアレを試してみるのがいいかな」

いま出てきた〝アレ〟には私の知らないカタカナ用語のようなものが収まっていると思っていただきたい。明らかに、私の知らない単語が発されていたのだ。催眠術界の専門用語的なものかな、と思っていると、寄ってきた女性が笑いながら言った。

「アレは初心者には難しいって～！」

その女性は男性と顔見知りらしく、「いきなりアレはダメ。この子初心者でしょ？」と近しい距離でやりとりを続けている。

私はその会話を聞きながら、密かに感動していた。

この世界にもマウンティングはあるんだ、と。

いくら催眠術のセミナーという非日常下であっても、そこに集まっているのは人間。人間が複数集まれば、どんな場所でも同じように、階層が発生するのだ。聞き取ることもできない単語を用いて行われるやりとりを目の前に、私は（逃げちゃダメだ）と改めてシンジぶる。

「じゃあ、まずは指がくっついて離れなくなる催眠術を試してみようか」

微笑む男性。「お願いします」頷く私。集まってくる赤いシール。

この流れが異様だった。黄色いシールの人間が青いシールの人間と相対したとき、どこからともなく赤いシールの人間が湧いてきて、その場を取り囲むのだ。それこそ燃えるような熱い視線に包まれるわけだが、そもそも『催眠術をかけられている人を見たい人（自分がかけたいわけでも、かけられたいわけでもない人）』って何？　そのモチベ何？

「じゃあ、始めます」

男性と見つめ合う。緊張感が膨らむ。

だって、人生初の催眠術である。犬になったり名前を忘れたりと忙しそうだった拓郎さん（仮名）の尻軽っぷりを目の当たりにした私は、素性を知らない人に自分の五感を握られる恐怖を一瞬、とはいえ強烈に感じた。いや、でもこれも生涯の重石《おもし》である腹痛を治すためのもの。だけど、否応なしに他人に心身を支配されてしまうなんて、やっぱり怖いかも――。

「ではまず、人差し指と親指を出して、ゆっくりとくっつけてください。これが離れなくなる催眠をかけます」

私は男性の言うとおり、何かをつまむように、右手の人差し指と親指をぴったりとくっつける。

「そのまま、私の指の動きを見ていてください。集中してくださいね」

男性はそう言うと、私と同じく何かをつまんだような手で、私の人差し指と親指の周りをくるくると、土星の環《わ》っかでも描くように周回しはじめた。

「私は今、あなたの指に針金を巻き付けています。何重にも何重にもぐるぐる巻きにしています。あなたは、私の指の動きを見ながら、針金が巻き付けられていることをイメージしてください。集中して、想像してください」

「はい」

私は瞬きをしないようにしながら、くっつかせている自分の指と、その周りをくるくる回る男性の指を見つめた。私たちを取り囲む人々の目線も、その一点に集中していることがわかる。男性はしばらく、針金で指を巻き付ける動作を続けた。

複数の人間が密集しているのに、誰も物音ひとつ立てない。呼吸をするのも憚《はばか》られるほど濃厚な沈黙だ。いくつもの視線によって、私の指が焦がされる。

「では」

来た。私はゴクリと唾を飲み込む。きっとこれから、指を離してみてください、と言われる。いよいよ私の体が、他者に支配されてしまうのかもしれない――。

男性が口を開く。

「指に針金が巻き付いているイメージが完成したら、教えてください」

え⁉

こっちがゴーを出すの⁉⁉

私はてっきり、私の指はもう針金にぐるぐる巻きにされ動かなくなっているものだと思っていた。それが、え、自己申告制でのイメージ完成待ち？　マジ？

「イメージが完成したら、指をゆっくりと離してみてください。離れないはずです」

そう微笑む男性の前で、私はとりあえず黙秘権を行使した。状況を整理したかった。

つまり、私が「イメージが完成しました」と言わないと、この状況から先へ進むことはない。だけど、イメージが完成したかどうかなんて私はわからない。なんせ、初めて会った女性に「この子初心者でしょ？」と煽られるくらいつるっつるの初心者なのである。その私に自己申告させるなんて、この男性は一体どういうつもりなのだろうか。

その場にいる全員が、固唾《かたず》を飲んで私の次の言動を見守っていた。欲望に染まった目はシールより赤く充血している。

黙秘も、もう限界か――。

「イメージできました」

私は虚偽《きょぎ》の申告をした。

「わかりました。では」

男性が、満足そうに頷く。

「指をゆっくりと、離してみてください」

全員の視線が再び、私の指に集中する。

私は、痛いほどの注目を浴びながら、たっぷり時間をかけ、催眠術をかけてくれた男性の目を見つめたまま、人差し指と親指を、人体が対応できる最長距離まで離した。

意味不明な時間だった。

このときの感覚を、私は未だに忘れられない。見知らぬおじさんの眼前で、私は指でLの字をキメたのだ。「お前は今、失敗した」と一言一句突きつけるように、ものすごくゆっくりと。

「離れましたね」

と、男性。誰がどう見ても指は離れていたし、それどころか私はキマっていた。緊張感が一気に失われていく中、男性が穏やかに口を開く。

「イメージが完成していないのに、完成したと言ってしまったんですね」

あ!!!

やられた!!!!

どう転んでもこっちが悪者になる!!!!!

私はやっと気が付いた。イメージの完成を私の自己申告制にした時点で、この男性は絶対に糾弾されない仕組みになっているのだ。まず、「イメージが完成しました」と言わない限り、状況は進展しない。この時点で、男性に落ち度はない。そして私が「イメージが完成しました」と宣言した場合、指が離れなければ男性の手柄となり、指が離れれば私のイメージ不足ということになる。いつしか、ポジティブな要素は男性に、ネガティブな要素は私に流れ着くようなプログラムが組まれていたわけである。

「とにかく、集中してイメージすることが大切なんです。主催者も仰《おつしや》っていましたよね。没入することが大切だと。あなた、私が催眠をかけている間、集中していなかったんじゃないですか」

「えっ……なんかすみません……」

いつしか私は謝っていた。集中していたかどうか、という証明しようのない部分を突かれると、途端にこちらに落ち度があるような気がしてくる。相手の能力不足を疑いたい気持ちもあるが、主催者によるレモン寸劇の影響もあるのか、いつしか催眠術とは〝かけられる側〟に大きな責任があるという空気が会場内を満たしていた。私は、「すみませんでした」と謝りながらも、どうせコイツ青色だし、と最低な方向で自分を励まし、その場から離れた。そうでもしないと、図らずも飢餓《きが》状態に陥らせてしまった『催眠術をかけられている人を見たい人』に視線で殺されかねなかった。

私は脱力しつつ会場を見渡した。すると、これまでの付き合いでは見たことのないほど絶望的な表情をしている友人たちがあちこちで、「ごめんなさい……」と謝りながらゆっくり椅子から立ち上がったり、「今の私は犬じゃないみたいです、ごめんなさい……」と一目瞭然の主張を謝罪と共に垂れ流したりしていた。残るひとりは、参加者の中でおそらく最年長の老人に「体がぽかぽかしてくる」というホッカイロみたいな催眠をかけられており、不思議な動きを繰り返す老人を前にして「え、あー、なんかぽかぽかしてきたかもです」等と傍目《はため》にも分かる大法螺《おおぼら》を吹いていた。その友人はのちに、「見知らぬ老人の必死な顔を見ていられなかった。雰囲気に負けて、口先だけでぽかぽかしてしまった」と語った。

その後、金色のシールを付けている人にも催眠術をかけてもらったが、私はまたたっぷりと時間をかけて両腕を上げたり自分の名前を言えたりするだけだった。私は、周囲の人々の表情が少しずつ曇りつつあることを察していた。あの新顔の四人組、何しに来たの――そんな空気が、会場内に少しずつ醸成されつつあった。

「時間です！　みなさん、着席してください」

突然、マイクを通した声が会場内に響いた。主催者だ。私は時計を見る。

「★時になりました。皆さんで自由に催眠を掛け合う時間は、終了です」

全員が着席すると、主催者はそう言った。私は、当初の説明を思い出す。

――その段階で、金色のシールの人の催眠術にもかからないという人がいらっしゃいましたら、★時以降、私が直接かけることにします。

そうだ、やっとこの主催者に催眠術をかけてもらえる時がきたのだ！

「現段階で金色のシールの人の催眠術にもかからなかったという人は、私のところまで来てください」

ガタガタ、と、椅子の脚が床にこすれる音が――もっとすると思っていた。

立ち上がったのは、私たち四人だけだった。

四人で、主催者の前に並ぶ。その様子を、他の参加者全員が見ている。

「あなたたちですね。わかりました」

主催者はそう言うと、「ではまずあなたたちから」と、友人の前に立った。そしてその顔の上部に手をかざすと、

「集中してください。私の手の動きを追ってください」

と言い、かざした手を上下左右に動かした。

これも何かの確認なのだろうか――私がそんなことを考えた、その瞬間だった。

「ダメ。集中してない」

主催者は、手を動かすことをやめてしまった。そして、別の友人にも同じことをしたが、やっぱりすぐに「瞳孔《どうこう》がついてきてない。集中してない。これじゃいくらやっても意味ない」と大きく息を吐いた。

会場が沈黙に覆われる。青色も黄色も赤色も金色も関係ない、すべての色の視線が、立たされている私たちに注がれているのがわかる。

「君たちはかからないよ」

呆然《ぼうぜん》とする私たちを前にして、主催者はマイクを持った。

「催眠術っていうのは、隠し事や秘密がある人にはかかりません」

主催者は、目の前の私たち四人というよりは、その向こう側にいる参加者に向かって語りかけているようだった。

「身も心も目の前の人に預けようという素直な気持ちがない人には、かかりません」

違うんです。私はそう叫びたかった。本当に、冷やかしで来たとかそういうことではないんです。真剣に、いつかお腹を治せるかもしれないと思って、その第一歩になればと思って、本気で今日ここに――。

「あなたたち、外面と本当の自分を使い分けて生きているでしょう」

突然だった。私たち四人は何を問われているのかよくわからず、口ごもってしまう。

「外面と本当の自分を使い分けている人は、催眠術にかからないんです」

そう言うと、主催者は、

「あなた」

突然、私を見た。

「確か催眠療法でお腹を治したいって言ってたけどね」

やめて……。

「その生き方を直さない限り、治るものも治らないよ！」

もうやめて――――!!!!!

私たちは結局、そのセミナーを途中退出した。誰も、生き方を根本的に否定されるつもりで今日という日を生きていなかったので、気持ちがグチャグチャだった。もし読者の中で「もしかしてあのときの四人組……？」なんて思い当たるような人がいれば伝えたい。私たちは本当に、冷やかしではなかった。結果的に場の空気を壊してしまったかもしれないが、本気で、催眠術というものに魅力を感じていたのだ。

と、この原稿を書いている途中、私はまた滞在していた喫茶店からロケットスタートを切り最寄りのコンビニへと駆け込んだ。その店のトイレを使用し、「もともとこれ買うつもりでしたけど？」という外面を引っ提げ、特に欲していなかったボディシートを購入した。そして、「あーなんか急に電話かかってきて外に出ただけですけど」みたいな外面で、起動していないスマホを耳から外しながら喫茶店に帰還した。生き方、直らね〜。

バレーボールと私、その後

ビーチバレー大会で、三位になった。

このエッセイシリーズの読者ならば、この一行がどれほど衝撃的なことなのか理解していただけるだろう。これまでどの大会でも「この世の中にある〝点の取られ方〟の全パターンを網羅したのでは？」というような歴史的大敗を打ち立て続けていた我がチームだが、数年前のある夏、何の間違いか表彰台に上ってしまったのである。まずはそのときのことを少し振り返りたい。

その年も相変わらず、一般開放が行われている区立体育館に月に一、二度のペースで赴き、その場で出会った人たちと即席で試合をするという日々を送っていた。一時期は常にメンバーが足らず、出会う人全員に「バレーボール……足りてますか？」と笑顔で尋ねる新手の宗教家のような生活を送っていたのだが、そのころには固定メンバーの友人知人が代わる代わる助っ人に来てくれるようになっていた。ちなみに、私たちがよく行く体育館はベトナム人バレーボーラーがとても多く、彼らは試合をすると帰りしなにバインミー用のパンをくれたりした。チームメイトだけでなくパンまで手に入れていたのである。もう、大会当日にメンバーを欠き、受付のスタッフに急遽《きゅうきょ》出場してもらうような私たちではなかった。

コート内で威勢《いせい》よく声を掛け合っていたのに更衣室では突然気まずい感じになる一般開放あるあるにもめげず、私たちはその日出会った人たちと互いに球体をぶつけ合い続けた。この上がり調子に拍車をかけようと、チームタオル及びユニフォームの製作にも踏み切った。その結果、軽はずみに「欲しい」と発言した人との関係にヒビが入るくらいの高額な見積もり書に刮目《かつもく》することにはなったが、勢いは削がれなかった。『能力を引き上げるための設備投資は、一見短期的損害に感じられるが、長期的成長に必要不可欠である』――松下幸之助あたりの名言かと思いましたか？　私が今テキトーに考えた言葉です。

そんな日々を送っていた年の夏、神奈川県内のスポーツ施設にてビーチバレーのプロ選手による有料レッスンが開催されることがわかった。しかも日程が、私たちが毎年出場している大会の前日だったのである。

私たちは即、参加を決めた。土曜日にレッスンを受け日曜に大会に出場するという、一泊二日のバレー合宿が決定した瞬間だった。

合宿という単語は、大人になった今、子どものころよりも何倍も甘美な響きを持つ。実施する必要などどこにもないのに、そもそも大会でいい成績を残したとて何の意味もないのに、絶対に余計に疲れるだけなのに、わざわざ宿を取り大荷物を抱え合宿をする。その倒錯が心地よかった。反吐《へど》が出るほど高かったチームタオルやユニフォームの存在も、合宿感の盛り上げに一役買っていた。

大会前日に行われたプロ選手によるレッスンは、信じられないくらい交通の便が悪いところで行われたということ以外、本当に素晴らしい内容だった。二〜三人、または一人での参加者が多く、全員がいい大人で、もちろん私を含めた全員が砂浜に足を取られながらモタモタ動いているのがよかった。知らない人が目の前で足をつり砂浜に突っ伏したときは、その砂まみれの脚を必死に伸ばしながら、自分は今なにをしているんだろう、と思った。そういうところがよかった。

レッスンで特にためになったのは、レシーブやトスを高くしない、ポジションを取るときは風下を意識する、この二点だ。この二つのアドバイスは〝風の影響〟という、ビーチバレーの大きな難点の解消にたいへん役立った。特に後者に関しては、これを強く意識することで守備力が段違いに上がった。

合宿の夜は、旅館内に見つけたカラオケスペースでカラオケをしてみたところ全員の歌声が完全におじさんになっており想像以上に落ち込んだり、案の定誰も眠ろうとせず一度帰宅ししっかり休んだほうが体力的には絶対に良かったことを確信したりしつつ、あっという間に更けていった。出場するビーチバレーの大会は四人制なのだが、さすがに全員が炎天のもとぶっ続けで試合に出場するというのは大変なので、いつでも交代できるようにと今回は五人で合宿に臨んでいた。ひとつの座敷に五人並んで雑魚寝《ざこね》をするというのはかなり久しぶりの体験で、修学旅行を思い出した。翌日私は六回排便をしたので団体行動に著しくブレーキをかけたが、総じて全員機嫌よく会場へ向かった。

会場に到着し、軽くウォーミングアップをしていると、開会式を待たずして一名が肉離れの症状を訴え戦線を離脱した。これで、残されたメンバーは炎天のもとぶっ続けで出場するほかなくなった。離脱したメンバーは、肉離れをするためにわざわざ一泊したということになる。くだらない夏である。

結果から言うと、私たちはその日、ビーチバレーというより〝風下取り〟という競技に勤しんだ結果、三位に入賞してしまった。ひたすら風下に移動しレシーブ力を高めることにより、ラリーを続け相手のミスを誘うという姑息なやり方で地味に得点を稼いだのだ。

この戦い方はマジで好かれない。なぜなら、こちらからは所謂スパイクなどの攻撃性の高いムーブをあまり繰り出さないので、相手チームからすると超つまらない＆常に自分たちのミスを待たれているようで（実際にそう）ナメられている感覚に陥るからである。事実、表彰台をかけた三位決定戦では、明らかに相手チームからの「お前らそんな勝ち方して本当に嬉しいんか⁉」という苛立ちが伝わってきた。嬉しかった。

というわけで、無事三位入賞を果たしました！　皆様の力強く温かいご支援のおかげで頑張ることができました、本当にありがとうございます！　私たちの頑張る姿が誰かに勇気や元気を与えられていたら嬉しいです——なんて何の疑いもなく勇気や元気を与える側に回る傲慢な挨拶でこの章を締めることもできるわけだが、ここでめでたしめでたし、とはならないのがこのエッセイシリーズである。なんと我々のチームに、ある高校のバレー部から、練習試合の相手をしてほしいという依頼があったのだ。

きっかけは、この章の冒頭で書いた、【固定メンバーの友人知人が代わる代わる助っ人に来てくれるようになっていた】という記述にある。

先程もちらっと触れたが、我がチームには、あるメンバーの遅刻により出場規定人数を欠いてしまったものの、持ち前のコミュニケーション能力で受付の女性スタッフの招聘を成功させた男がいる。今思い返しても天晴《あっぱれ》なファインプレーなのだが、お察しの通りその彼は非常に人当たりがよく、練習に代わる代わる来てくれる助っ人というのも彼の知り合いであるケースが多かった。

その助っ人陣の中に、当時大学四年生の女性がいた。彼女は人当たりよし男の友人の妹であり、非常にバレーボールがうまく、かつ常に明るくテキパキとしていて、どんな相手と試合をするときでも物凄く力になってくれた。男女混合チームでしか出場できない大会ではメンバーとして試合に参加してくれ、ミスを連発する男性陣の中で様々な好プレーを繰り出してくれた。

そんな彼女が、母校の高校でボランティアコーチをしているという話はなんとなく聞いていた。私はボンヤリ、部活のコーチを無償でやってる卒業生っていたなァ、くらいに思っていた。それで煙たがられる人もいるけど、この子は後輩たちからも絶対に好かれているんだろうなァ、とも思っていた。そろそろ気づいた読者も多いだろうが、お察しの通り、練習試合の相手というのはその彼女の母校だ。人数が少なく、六対六の試合形式の練習がままならない後輩たちのために協力してくれませんか、という依頼だった。

だがその経緯は後からわかることで、私たちにまず投下されたのは、【都内の高校のバレー部と練習試合することになったよ、皆いつが空いてる？】という、脳とGoogleカレンダーが同時にバグるような文章だった。え⁉　なに⁉　高校のバレー部と練習試合⁉　それ我々が死んじゃうやつじゃないの⁉

詳細がわかってからは、メンバー全員「そういう話なら協力しないわけにはいかないよねえ」「TikTok撮りましょうとか言われたらどうしよ〜」等と即浮かれ始めた。加えて、私たちが練習試合の相手をする翌日が、夏の大切な公式戦らしい。そんなタイミングで助けを求められるなんて、さすが三位入賞のチーム！

練習試合の前夜、私は大学時代の同級生たちと会っていた。私は、その場が盛り上がると思い、「ねえねえ、明日〇〇区の高校のバレー部の練習に参加するんだ」とドヤ顔をしてみせた。

が、場の反応は予想外のものだった。

「え、それ私が高校生の立場だったらマジで嫌なんだけど」

おっと？

「卒業生でもない大人が急に練習相手として来るとか、嫌でしょ、普通に」

……そう、かも……。

「しかも朝井のチームって確か、バレー経験者じゃない人もいたよね？　大丈夫なの？」

大丈夫じゃない。

前夜にして、私は急に不安に襲われた。確かに、卒業生でもない、ましてや半数は元バレー部でもない見知らぬ成人男性が大会前日に突如やってくるって、有用性よりも事件性のほうが高いかもしれない。

そう、我々は主に四人で活動しているチームなのだが、その半数はバレーボールの経験がないのだ。それでもどうにかなっている理由は、二人制または四人制のビーチバレーは、一般的にイメージされる六人制バレーと違い、ルールがかなり簡略化されているからである。六人制バレーではローテーションというルールがあり、自チームが得点を入れるたびポジションを移動しなければならない。これがなかなか厄介で、おそらく初心者にとって最初の大きな壁となるのだが、私たちが出場しているビーチバレーの大会にはそれがない。アタッカーならアタッカー、レシーバーならレシーバーと、自分の役割を固定できるのだ。また、体育館で出会った人と試合をするときも、「こちら、ビーチバレーの大会のための練習なので、ローテーションなしでもいいですかぁ？」等と甘え続けてきた。だから未経験者が二人いてもやってこられたのだが、高校生の部活となるとそうはいかないだろう。

ただ、そう気づいたところですでに前夜。私は信じられないくらい早い集合時間に遅刻しないよう、突如湧き上がった巨大な不安をどうにか押し殺しつつ、眠りに就いた。

翌朝、高校の最寄り駅には、目が半分以下しか開いていない身体ダルダルの大人が四人、集合していた。「……」「……おはよ」「……」「……眠……」これから午前中いっぱいクーラーもない灼熱の体育館で身体を動かし続けるなんて、誰の手も足も心臓も絶対に理解していなかった。むしろ私の全身は、週末なのに朝早くからこんな動いちゃってさァ、ねえねえこれから休めるんでしょねえねえ、と訴えかけてきている感じがあり、まさかこれから球体の落下を防ぐため真夏の体育館内を駆けずり回ることになるとはなかなか告げられなかった。改めて、〝学校の先生〟たちを心から尊敬する。休日返上で本来専門外である部活の顧問という業務まで担当して、その結果何回りも年下の人間からコンプレックス直撃のあだ名とかつけられる可能性あるの、つらすぎ!!!

ちなみに私が前夜に陥った不安は他のメンバーにもそれぞれ降り掛かっていたらしく、「朝、電車とかで見かける高校生たちが全員怖く見えた」「自分が部活してたころ、手伝いに来る知らない大人とか全員嫌いだった」等と、皆でぼそぼそと所感をすり合わせた。

そのうち、私たちに声をかけてくれたボランティアコーチの女の子が「おはようございます！」と現れた。さすが、この時間から身体を動かすことに慣れている声色だ。駅前のコンビニで高校生への差し入れ等を購入し、私たちは彼女の母校へと向かった。

不安も眠気も身体の鈍りもすごかったものの、校門をくぐった途端、夏の校舎というものが持つ〝結局こういうのが好きなんだろ？〟感がすべてを凌駕《りょうが》していくのが分かった。夏休みの秘密めいた朝の空気、青い空と白い校舎、自転車が起こす風と鈴の音、制服が揺れる昇降口、それぞれの部活が始まる気配、蟬の声がより大きく聞こえる気がする渡り廊下……もう許して！　社会人のライフはゼロよ！

「こっちが体育館で、その二階に控室があります。鍵も締まりますから、荷物置いてくださいね。着替えもそこでお願いします」

私たちを二階の控室に案内してくれたその子は、慣れた様子で「じゃあまた一階で」と戻っていく。私たちは「いやー学校って久しぶりに来るとテンション上がるね」「こりゃ心が高校生に戻っちゃうね」とかワクワクしながら運動着に着替え、薄着になったことにより自身の肉体が高校生とは似ても似つかないことをお互いに視認し、再び閉口した。三十代になるとTシャツ短パンが俄然《がぜん》似合わなくなるこの現象に名称はあるのだろうか。薄着はすべてを炙《あぶ》り出す罠だ。

一階の体育館に降りると、高校生たちはネットを立てたりボールを出したりと準備に勤しんでいた。また、私たちを誘ってくれた子以外にも一人、この高校出身のボランティアコーチがおり、体育館内には全員で六名の成人プレイヤーが存在していた。

　なるほどねと、私は得心した。ボランティアコーチ二名と我々四名で、計六名。これで、六対六の試合形式の練習が成立するというわけだ。よかった、こちらにはローテーション未習得の初心者が二人いるが、成人だけで相手チームを構成するということならば、高校生たちに直接迷惑をかけることにはなるまい。

「コーチの友人です。今日はお手伝いさせていただきます、よろしくお願いします！」

　突如登場した運動着不似合い四人組にも、高校生たちは健気に「よろしくお願いします！」と挨拶してくれた。十代のころは、大人たちが「若い子の近くにおるだけで若返った気ィするわ〜」等と言っている意味がよくわからなかったが、生意気にも齢《よわい》三十にしてそんな気分になってしまった。十五歳から十七歳の、日常的にスポーツをしている若者たちの声は、挨拶ひとつとってもピンと張りに張っている。この声ならばどれだけ混雑した居酒屋でも一発で店員を呼び寄せられるだろう。

　始まってみれば、どこのバレー部も基礎練のメニューは大体同じであることがわかり、私は安心した。ストレッチ、ランニング、キャッチボール、床に打ち付けるスパイク、アンダー、オーバー、対人、サーブ。それくらいならば、未経験者が半数を占める我々でも浮くことなくこなせる。その後の練習も、我々は基本的にボール出しやブロック要員として動くことで、プレイヤーとしての実力不足をひた隠すことに成功した。しかし、助っ人として現れたはずの大人たちが全員横目でチラチラと周囲を確認しながら〝浮くことなくこなせる〟等と安心していたなんて、そんな奴らは試合前日の練習に絶対に来るべきではない。

このまま実力の低さを隠し通せるかも――そんな風に目論んでいたとき、高校生たちが得点表などの準備を始めた。いよいよ、六対六の試合形式の練習が始まるようだ。

「じゃあまず、Aチームはこっちのコートに移動して」

ボランティアコーチの誘導の通り、片方のコートに、おそらく明日レギュラーとして出場する予定の七人が集まる。ふむふむ、で、大人たち六人で相手をするというわけね――そう合点した私の思考とは裏腹に、女性二人は審判の位置から動かない。

おや？

「今日は助っ人で来てもらった四人の方に試合形式の相手をしてもらいます。えーっと、じゃああと二人、Bチームからセッターとセンター、入って」

ヤバイ。

私は瞬時に危機を察知した。現役生が混ざるということは、ローテーションが発生するということになる。というか、そうじゃないと混ざった生徒にとって練習にならない。

「あれ、これポジションとかどうなるの」「ちゃんとルール通りやらなきゃダメってこと？」

未経験者の二人が明らかに戸惑い始めたが、バレーボールのローテーションというのは一朝一夕で説明できるものではない。それに、今はBチームから入ってきてくれた二人がやりやすいように場を整えることが大切だ――そんなふうに全員でわたわたしているうち、あっという間にAチームからサーブが飛んできた。

そこから先は大変だった。化けの皮というのは一瞬で剝がれるものだ。それまで訳知り顔でボールを出したりブロックをしたりしていた大人たちが突然、「えっ今はどこにいればいいの⁉」「いま前に出てきちゃダメだから！　それ反則だから！」「相手がサーブ打ったらレフト移動して、レフトは左！」等と喚《わめ》き合いながらコート内でボンボンぶつかり始めたのである。Bチームに混じった現役生二人は瞬時に「あっこの人たち下手くそだ！」と理解したのか、混乱を極めた情勢の中でも冷静に自分の役割を全うしていた。本当にすみませんでした。

さらに、コートを二面立てられる体育館を使用しているわけで、我々が使っていないほうのコートには当然ながら、その高校の男子バレー部がいた。彼らからはチラチラと「で、あの男の人たちは誰なんだ……？」という視線が注がれており、このような形で「誰であってもどうでもいいくらい下手くそな人たち」という非常にくだらない解答を与えてしまったことが恥ずかしかった。もうちょっとで、女バレが特別に見つけてきた社会人スペシャルコーチ、みたいな感じを押し通せたかもしれないのに――。

結局、ボランティアコーチの二人にもこちらのチームに入ってもらったりしながら、なんとか試合形式の練習を無事終えることができた。〝なんとか無事終えることができた〟とか言っている時点でマジで邪魔者なわけで、部活が終わるころには私は一刻も早くこの場から去らねばという気持ちになっていた。明日の公式戦は、私たちのことを絶対に思い出さないで頑張ってください！

だが、そうは問屋が卸さない。

「集合！」

さすがしっかりとした部活、最後に私たちを中心に、集合がかかってしまったのである。

「今日練習をサポートしてくれた方々に御礼を言いましょう、ありがとうございました！」

「ありがとうございました！」

ボランティアコーチの呼びかけによって、毎日真摯《しんし》にバレーボールに向き合っている生徒たちが、ルールもあやふやなままコート内でボンボンぶつかり合っていた大人たちにお礼を言うという不可思議な現象が発生していた。

私たちは「あの、失礼しました」「すみませんでした」等と、新幹線の席でも間違えたかのような対応に終始した。穴があったら入りたいとはこのことだった。ただ、早々に控室に逃げ込みたい我々をよそに、こんな展開がアナウンスされてしまった。

「では今日の練習を振り返って、ひとり一言ずつお願いします！」

えっ。

私は自分の頬がピクリと痙攣《けいれん》したのがわかった。四人それぞれに「どの立場で？」という思いが立ち込める中、立ち位置的に、元サッカー部でバレーボール未経験の男が先陣を切ることになった。

「えー……」

なんて言うんだろう、バレーのルールも知らないくせに。私は彼をじっと見守る。

「……若い時間というのは、あっという間です」

お前誰だよ！　私はまずそう思った。高校生たちも「この人誰だろう」という顔をしていた。

「なので、一分一秒を大切に過ごしてください。明日の大会、頑張ってください。今日はありがとうございました」

この世で最も浴びる資格のない拍手の中で、彼は恭しく頭を下げた。しかし、バレーボールの技術に触れられない以上、ざっくりとした精神論に逃げるというのはなかなかうまい切り抜け方かもしれない。私も二回くらいだけ手を叩いておいた。

「では」

続いて、アカペラに青春を捧げ、バレーボールには特に何も捧げてこなかった男が、一歩前へと踏み出した。

「えー……」

なんて言うんだろう、バレーのルールも知らないくせに。私は彼をじっと見守る。

「……バレーは気持ちです」

黙れ！　私はまずそう思った。高校生たちも「この人黙らないかな」という顔をしていたと思う。していてほしい。

「気持ちを繋いでチームをひとつにして、明日も頑張ってください！　ありがとうございました！」

その隣にいた私は一歩前に踏み出すと、すぐに口を開いた。

「バレーは気持ちではありません」

空気がピリッとした。高校生たちも「空気がピリッとしたなァ」という顔をしていたはずだ。

「気持ちではどうにもならない部分も多いのがバレーです。ポジションごとにやるべきことを再確認して、場面ごとの約束事をきちんと共有して、明日の試合をがんばってください。ありがとうございました！」

バレーis気持ちと言い張った男がこちらを見ていたような気もしたが、私は無視した。四人目はバレー経験者かつ我々のチームのエース的ポジションのメンバーであったため、彼に締めの言葉を任せることで、その前の三人の挨拶の記憶は抹消されたはずだ。危なかった。

最終的に、朝に寄ったコンビニで買っておいた大量のアイスを差し入れることで、我々は自分たちの印象を「差し入れをいっぱいくれた人たち」というハムの人的なものに改ざんすることに成功した。社会人の良さが唯一発揮された瞬間だった。あの子達は翌日の試合、どうだったのだろうか。怖くて結果を聞けていないが、少なくともあれ以来、練習試合のオファーは一度も来ていない。

作家による本気の余興～職業病編～

職業病はありますか。

先日、とあるインタビューでこんなことを訊かれた。そのときはぱっと思いつくものがなく、「う～ん、作家といっても人によってスタンスも違いますし、意外とないかもしれないですねえ（苦笑）」みたいに生意気にもたっぷり時間をかけた挙げ句スカしてしまったのだが、今になってその答えらしきものが思い浮かんでいる。

それは、捏造《ねつぞう》である。

物議を醸しそうな一文だ。もう少し詳しく説明する。

小説を書いていると、最初に決めた「これ！」というテーマや展開を書き表すことに必死になりすぎて、書き進めるうちに見えてきた綻《ほころ》びや辻褄《つじつま》の合わなさに目を瞑ろうとする自分に出くわすことが少なくない。作品のためには全体を見直すべきだと頭ではわかっているにも拘《かかわ》らず、すでに書いた部分を捨てる勇気を持てず、整合性を多少無視してでも突き進んでしまうのだ。その結果、不自然な箇所、つまり捏造が生まれる。少し前に私が（二年以上に亘り）掲げていた作家生活十周年という謳い文句は、捏造生活の十周年も同時に祝っていたといっても過言ではない。

この話をすると、ミステリや時代小説を書かれている方々からの「我々はそんなことしない！」という叫びが聞こえてきそうだ。ミステリも時代小説も、ほんの少しの整合性や正確性の綻びで物語自体が破綻する可能性を秘めたジャンルである。以前、とある時代小説家の方から「あの日あの武将が東京にいてくれれば物語が成立したのに、って思いながら全ボツにしたプロットがあるよ」という話を聞いたときは、ラブストーリーが突然始まりそうな語り出しにも拘らずつらすぎてしばらく落ち込んだ。「そんなことは日常茶飯事なんだけどね……」と語る悲しげな眼差しに、何から伝えれば良いのか分からないまま時は流れた。

書き始める前に「これ！」と閃《ひらめ》いたものなんて、その解像度を上げていけば大したことなかったりするのだ。だけど私には、それ以外の部分を捻じ曲げてでも、「これ！」と閃いたものを死守しようとするきらいがある。私が時代小説家なら、史実的にその日東京にいることはあり得ない歴史上の人物を「東京にいました」どころか「東京巡りをしていました」ぐらいにしかねない。

捏造に手を染めているとき、私は肌がピリピリするのを感じる。絶対に後戻りをしたほうがいい状況を無理やり進むことで綻びがどんどん広がっていることを、身体だけは気づいているのだ。

そして更に厄介なのが、執筆以外の場でもこの性質が発揮されることがある、ということだ。

ある日、バレーチームのメンバーから結婚の報告を受けた。

ということは即ち、余興披露までのカウントダウンが始まったということでもあった。

詳細はこうだ。

披露する場所は、都内でも随一の歴史と風格を併せ持つ某有名ホテル。時間は十五分間。新郎新婦は同じ職場等ではないため、列席者に関連性はない。お互い親戚、友人、会社関係者を招待するため、それなりの規模となる予定。式は二月下旬、報告を受けた時点ですでに年末だったため、具体的に動き出せるのは年が明けてから。つまり準備期間は一ヶ月半ほど。極めつけは、新婦側の友人も余興をすることが決まっており、それがプロのピアニストとフルート奏者による演奏であるということ。

これはなかなかシビアな状況だ――緊急地震速報ならぬ緊急余興速報がバレーチームの面々に鳴り響いた。

まず環境。非常に立派で格式高い式場、列席者全員がしっかり着席した状態での余興。これは、もしもしょうもないものを披露してしまった場合、そのしょうもなさが非常に際立つ構造である。そして、十五分間というボリューム。出オチや刹那的な意外性等で乗り越えられる分量では絶対にない。その場しのぎの子ども騙しではなく、どこに出しても恥ずかしくないような演目を完成させなければ成功とは程遠い結果が待っているだろう。

結婚式の余興というそもそも非常に成功率の低いステージにおいて何よりも重要なのは、周到な準備である。ただでさえ演者は全員パフォーマンス素人、本番中のほんの一瞬の照れ、迷い、間、グダリはそれだけで致命傷となる。引き受けるならば、少しの綻びもない作品を完成させるだけの覚悟が必要だ。そしてその覚悟の表れとなるのは、周到な準備と十分な練習でしかない。

なのに、対策本部が立ち上がったこの時点で本番まで二ヶ月を切っていたわけだ。私以外は全員所属先のある社会人ゆえ、まとまった時間を作れるのは週末のみである。そしてこれまでの経験上、新郎は当事者としての打ち合わせが増えるため、本番が近づくにつれて練習に参加しづらくなることがわかっている。

「これは……真価、問われてるよ」

完全にバレーの試合以上の緊張感が漲《みなぎ》っていた。相手がマッチポイントのときでさえヘラヘラしているチームとは思えない空気であった。

「実は、やりたいことがあるんだよね」

口火を切ったのは新郎である。

「今、彼女には内緒でガラス細工で何かを作ろうと思ってるんだよね。で、それを余興中にプレゼントしたいなと。でも普通すぎるものを普通にプレゼントしても面白くないから、うまいこと余興に絡められないかなって」

ただでさえ難易度の高い状況に、〝それが何を表すものかはまだ未確定だが素材がガラスだということは確定している普通すぎない物体〟を登場させたいという、全体的にはボンヤリしているものの一部がやけに明確な希望が加わった。もはや難易度が上がったんだか何だかよくわからない状態である。新郎の希望も踏まえ、とりあえず自由に意見を出し合っていくことにした。

当然、議会は紛糾した。誰かが何か案を出せば、「それだと十五分もたないだろう！」「あまりに内輪受けすぎる！」「ここで話しているから面白いだけなんじゃないのか！」等とあちこちから野次が飛び交うような惨状だった。それに対する答弁も曖昧なものばかりで、NHKで中継されていたらその情けなさに国民は呆れただろう。

こうなってくると、【ガラス製の〝普通すぎない何か〟を新婦に贈呈する】という一見奇妙な条件でさえ、決定事項があるという意味で、もはや有り難かった。自由度百パーセントよりも何かしらの縛りがあったほうが物語は創りやすいのだ。

そう。何かを創るには、とっかかりがあったほうがいい。私はさらなるとっかかりを求め、新郎を詰問《きつもん》した。

「何か、思い出の場所とかモノとか、そういうのはないの？　二人の出会いのきっかけになったアイテムとかがあれば、そこからいろいろ考えていけるかも」

「あー」新郎は少し悩むと、呟いた。「小籠包、かな」

「小籠包……？」

コナンばりにキーワードを繰り返す私に、新郎が説明を重ねてくれる。

「彼女とは台湾で出会ったんだけど、そこで食べた小籠包がめちゃくちゃおいしくて。その話は今でもするし、むこうも覚えてると思う」

二人の思い出、小籠包、ガラス細工――このとき私がメガネを掛けていれば、別の素材になったのかと思うほどそのレンズは白く光っただろう。

「ガラスの小籠包、作ろう」

「え？」と、新郎及び他のメンバー。

「ガラス細工で作るものは、小籠包にしよう。新婦側の余興的に、ピアノは現場にあるんだよね？　じゃあ、いけるかもしれない。新郎から新婦に、一生なくならない小籠包をプレゼントするんだよ！」

メンバーの表情を見る限り、謎はすべて解けたどころか俄然深まっているようだった。

帰宅した私は、その夜のうちに脚本を執筆し、全員に共有した。

タイトルは【永遠の小籠包】。これから第七稿くらいまで修正を重ねることになる内容を、簡単に説明する。

① 冒頭で、二人の出会いの地が海外であったこと、そこで食べた小籠包が二人の記憶に深く刻まれていることを、当時の写真をスクリーンに映しつつ、司会席に陣取っ

たナレーション役が生アナウンスで説明。

② 続けてスクリーンに、事前に撮影しておいた〝思い出の小籠包の味を再現しようと試作に挑む新郎〟の映像を流す。ナレーション役が〝ふたりの愛を表すかのように熱くジューシーなその味を今日の披露宴で新婦と一緒に食べるべく、新郎は長期間に亘って試作を繰り返していました。出会いの地の味をいつでも楽しめるということは、愛の芽生えを何度だって追体験できるということです〟とかなんとかこじつけ、思い出の小籠包を再現したいという新郎のヤバ願望に正当性をもたせる。

③ 映像の中で、ついに小籠包が完成！　スクリーンの中の新郎は喜んでいるが、試食をして、はたと気づく。小籠包は、食べればなくなってしまうということに。せっかく思い出の味を再現できたのに、小籠包は食べればなくなってしまうのだ……。このあたりもナレーション役が丁寧に説明。

④ ここで、悲しみ溢れる曲を奏でるピアノの生演奏がイン。現実の式場でのパートが開始。高砂《たかさご》に座っていた新郎が立ち上がり、絶望に打ちひしがれた様子で歩き出す。ナレーション、〝小籠包を作っても食べてしまえば消える世界だなんて、そんなの新郎にとっては焼け野が原も同然です。自暴自棄になりました。行きずりのチンピラにふっかけられた喧嘩にも応じました〟等と状況を説明しつつ、新郎やチンピラ役たちが今アナウンスした状況を列席者の前で再現。

⑤ 〝もう新郎に打つ手はないのでしょうか〟とナレーションが問いかけたところで、

ピアノ、ジャーンと派手な音を出す。と同時に、式場後方のドアがバンと開く。そこにはセイロを抱えた小籠包の神様（そのように見えるような格好をした神様役）がいるではないか！

⑥ 神秘的なピアノ曲を背景に、神、〝わしは小籠包の神。そなたが小籠包のことを考え続けていた姿、ずっと見ておったぞ。そなたに世界でひとつの永遠の小籠包を授けよう〟等と正気の沙汰とは思えないことを堂々と宣《のたま》う。神、新郎にセイロを渡す。

⑦ 新郎、受け取ったセイロをまじまじと眺める。ナレーションが〝新郎の愛に胸を打たれた神様が授けてくれた永遠の小籠包。体これは何なのでしょうか？〟と煽るのに伴いピアノが音量を上げていき、『LOVE YOU ONLY』のサビに差し掛かったところで新郎、神から受け取ったセイロを開ける！

⑧ ガラス細工で作ったキラキラ輝く小籠包がついた指輪が現れる。ナレーション、〝そう、永遠の小籠包とは、ガラスでできた小籠包だったのです。指輪の宝石の部分が小籠包になっているんですね！〟と丁寧に状況を説明。新郎、小籠包リングを手に新婦のいる場所まで移動。役割のなくなったメンバー、ポケットに潜ませていたクラッカーを用意し新郎新婦を取り囲む。

⑨ 新郎、小籠包リングを手に改めてプロポーズ。新婦の返事とともにクラッカー一斉爆破。ナレーション、〝新郎の、二人の愛を永遠に包み込もうと努力を重ねた姿が、

期せずしてこの式場を大きな愛で包み込んでいます。おふたり、末永くお幸せに！〞的にこじつけ、どうにか締まった感じを演出する。

共有した脚本には、【⑩ 自分の席に戻った余興参加者、披露宴が終わるまで、周囲の列席者から冷めた目で見つめられる。】という茶目っ気も加えていたのだが、誰もそこに「いやそうはならないでしょ」とツッコんではくれなかった。

しかしこのプランならば、多くの練習を必要とするのは新郎役（新郎本人）、状況を説明するナレーション役、映像関係を操作する役、小籠包の神様役、そして場面に応じた曲を演奏するピアノ役のみだ。動く時間帯が被らない映像役と神様役をひとりが兼務すれば、バレーチームの四人で要職をすべて賄《まかな》える。この物語を演技だけで披露してもしょうもなくなる可能性が高いが、生演奏がバチッとハマれば一気にその場に耐えうるものになるはずだ。かつて担当していたラジオを聴いてくださっていた方はわかるだろうが、私はこれまで、おふざけとピアノという合せ技によって多くの場を無理やり乗り越えてきた。岐阜の星、清水ミチコ大先生のレベルには遥か遠く及ばないが、あのやけに神妙な音色を放つ楽器とおふざけというのは、ドッキングさせると想像以上のパワーを生み出してくれるのである。

これなら、イケるかも――。

私たちは早速動き出した。とにかく時間がなかった。

スクリーンで流す映像の準備、音楽の選曲と演奏の練習、ナレーション原稿の推敲《すいこう》、ナレーションと生演奏とのタイミングを合わせる訓練、列席者が見やすい動線の確認、その他にも小籠包の神様を神様っぽく見せるための衣装の調達や、ガラスの小籠包を始めとするその他小道具の作成——やることは山積みだ。私たちはやるべきことと担当者をリストアップし、ほぼ毎週、メンバーの家やピアノのあるスタジオに集合しては練習を繰り返した。

本番が近づくたび、私たちの頭の中はどんどん小籠包で埋め尽くされていった。街を歩いていても、例えば中華料理屋に巡り合えば、映像に使えるかも、と小籠包のサイズ感を確かめに行ってしまう。そんな日々の中、メンバーのうちのひとりが「冷静に考えてみたんだけど」と口を開いた。

「俺たちはもともとガラス細工の何かを余興中に使わなきゃって思ってたから、小籠包中心に話が繰り広げられても自然に受け入れられるよね。でも当日見てる人たちからすると、余興の冒頭でいきなり小籠包の話をされるわけで、それに新郎がこんなに執着してるの変に思わないかな？　小籠包の登場が唐突すぎて、話にノれないんじゃないかな？」

こいつ……

編集者みたいなこと言いやがって——！

そのときの私はコナンどころか全身黒タイツの犯人の目つきになっていた。それはつまり、痛いところを突かれたということでもある。確かに素敵な式中に突如始まる十五分間に及ぶ小籠包劇場、新郎新婦が小籠包屋の店員くらいの前提がないと不自然かもしれない。それまで全く出てこなかった小籠包が急に超重大アイテムとして登場し他の全てがそれに合わせて動いていくなんて、編集者に却下されるご都合主義のプロットみたいだ。

「よし」

私は口を開いた。

「式中に、小籠包の伏線をはろう」

このとき私は、自分の皮膚がピリピリと痺れるのを感じていた。この感覚を、私は知っていた。

「無理かもしれないけど」私は新郎に尋ねる。「当日のコースメニューに今から小籠包を追加するとか」

「無理」

ピシャリ、である。

「じゃあ、プロフィールムービー。そういう映像、流すよね？」

私はまるで譲歩したかのような言い方で続ける。

「そこで、出会いのきっかけは台湾で食べた小籠包ってことを、過剰気味にアピールしてほしい」

なるほど、という空気が消えないうちに、私は「あと」と続ける。

「席次表に新郎新婦の簡単な自己紹介みたいなの載っけると思うんだけど、そこの好きな食べ物のところ、小籠包にしておいてほしい」

「別に俺の好きな食べ物、小籠包じゃないんだけど……」と新郎。

「いいの！」

よくない。

「そこで小籠包の存在を印象づけておくことが余興にとって大切なの！　余興の冒頭で〝皆さま、お手元にある新郎の自己紹介を御覧ください〟とかナレーションすれば、寧ろ余興の完成度はグンと上がる！」

式全体の完成度を下げかねない提案である。捏造癖、大開花だ。

だが〝説明不足で伝わらない〟というのは、確かに、余興素人がよくハマる落とし穴なのだ。聞き取れない、何をしているのかよく見えない、何がなんだかわからないまま内輪受けっぽいものが展開されて終わった——これが一番よくないのである。

柚木麻子さんとの替え歌余興でも似たような反省があった。カラオケのように歌詞が流れる映像を作成し内容が伝わりやすいよう徹底したものの、サプライズで登場したということもあり、後日司会者からは「みなさん呆気にとられていました」「退場されたあと、会場はざわついておりました」みたいな、熊でも出たかのような感想が届いたのだ。マジックショー余興だってそうだ、練習に練習を重ね流れるように人体を交換した結果「何が何だかわからなかった」という人体を交換した甲斐のない感想を受け取ったではないか。人間は意外と、目の前で突然発生した出来事を迅速に脳内で処理しきれないのだ。この学びは、たとえ新郎の好物という情報を捏造する運びになったとしても、活かさなくてはならない。

「わかった、じゃあ席次表にはそう載せるよ。好きな食べ物小籠包じゃないけど」

こうして無事、余興の完成度と引き換えにひとつの真実が覆い隠されることとなった。

その後も、私たちは練習のために週末に集まり続けた。するとあるとき、好物を捏造する運びとなった新郎がテンション高くスタジオにやってきた。

「ガラス細工の完成品が届いたよ！」

練習の合間を縫ってガラス工房に通っていた新郎だったが、その完成品が無事手元に届いたらしい。新婦に見つからないよう全てをやりおおせるのも大変だったはずだ。私たちは素直に「おお〜！」「見せて見せて！」と沸き立つ。

「開けま〜す」

陽気な掛け声に引っ張られるようにして、ガラスで作られた小籠包がごろんとその姿を現した。

私はそのときのことが忘れられない。

新郎以外のメンバーは全員、こう思ったはずだ。

小籠包というより、小籠包を食べたあとに出てくるモノに似ている、と。

私はしみじみ、ガラス細工というのは非常に高度な技術が必要なものなんだなァと感じ入った。これまで当然のように見てきたガラスの工芸品の数々は、素人には真似できない技の集合体だったのだ。同時に、小籠包というのは食材以外で再現されると途端にそのアイデンティティを失うということも知った。

「接着剤も買ってきたから、リングにつけちゃおう」

新郎はそう言うと、金属やガラスをくっつけられる特別な接着剤で、ガラス細工の自称小籠包をシンプルなリングに装着した。結果、キラキラと光を放つ大きめのうんちが載った指輪が完成した（画像2参照）。空間が一瞬にしてDr.スランプアラレちゃんの世界観となり、私は懐かしい気持ちになった。よく見ると下部には結婚式の日付が刻まれており、その愛情表現がじわじわと胸に迫った。

「素敵だね」

私は感想を捏造した。だって、よく考えれば「ガラスで小籠包を作れ」等というとんでもない指令を出したのはこの私なのだ。ひとりせっせと工房に通っていた新郎は、よく途中で我に返らなかったなと感心する。私は、思いついてしまった【永遠の小籠包】という余興を完成させるため、新郎の好物だけでなく自分の心にも嘘をつき始めていた。素敵。こ

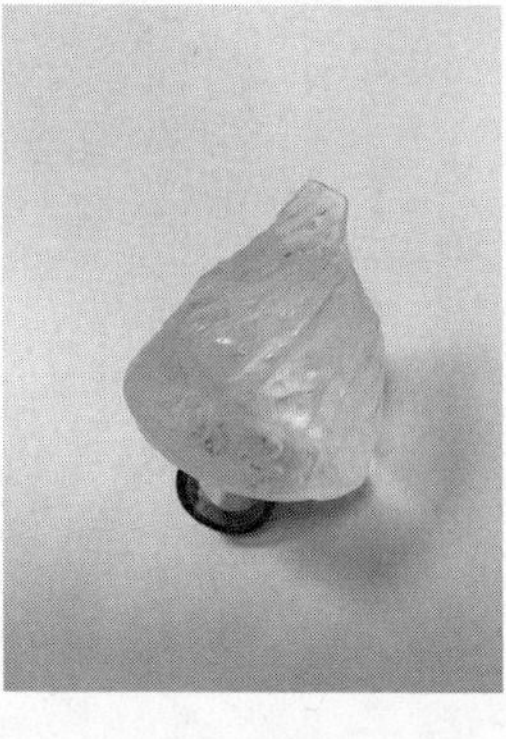
画像2　ロマン輝く小籠包

のリングは素敵！

さて、残すは冒頭でスクリーンに映す映像である。

計画としては、まず出会いの地・台湾にて、思い出の小籠包を囲む新郎新婦のツーショットをでかでかと映す。そのあとは、新郎が夜な夜な小籠包を試作し、ついにあの思い出の味を再現することに成功、しかし食べたらなくなってしまうということに気づき絶望するという心情の変化を、列席者に伝わるよう表現する。その映像に丁寧にナレーションを重ねることで、観客の脳にしっかり前提を理解させるのだ。

撮影は映像の担当者の家で行われることになった。担当者は、新郎が夜な夜な試作に明け暮れていた感を出すため複数の衣装を用意する等、相当のやる気を見せており、さらには「動画を撮るんじゃなくて静止画をたくさん撮って、それをテンポよく繋ぐことでクレイアニメ風にするっていうのはどうかな。こんなふうに」等と五十以上に及ぶカットのラフまで制作していた。そんな非常に高等なこだわりを発揮した結果、無事、ボラギノールのＣＭ感溢れる映像が完成した。

あとはこの映像の冒頭に、思い出の小籠包を囲む新郎新婦の写真をくっつけるだけだ

――誰もが勝利を確信したその瞬間だった。

「そういえば、写真、なかった」

新郎がそう言った。

「小籠包の店で二人で一緒に映ってる写真、探したけどなかったわ。彼女が俺の友だち

と映ってる写真ならあったんだけど」

私たちは、しばらく黙った。

この余興が生まれる大前提を示す写真が、ない。

私たちは黙りながらも、ひとつの答えに向かうしか選択肢が残されていないことを自覚していた。

「よし」

誰からともなく、口を開く。

「写真、合成しよう」

全員の肌が、ピリピリしていた。

「すべての起点となる写真だけど、合成しよう」

空気は完全に詐欺集団のそれであった。俺たち、もう、後戻りができないところまで来たよな。今からもうひとつ罪を重ねたって、同じことだよな——。

映像担当者が、慣れない技術で写真を合成する。それなりに手の込んだ動画の冒頭に、誰が見ても素人細工の合成写真が追加された。

「できた」

できていなかった。素敵なレストランで顔を寄せ合う新郎新婦は、まず画素数が異なっていた。「まずはスクリーンをご覧ください」という指示に殊勝に従った正装の人々がまずこのガタガタの合成写真を目にするのだと思うと、私は胸がいっぱいになった。

でも、これで必要なものはすべて揃った。虚偽の好物の情報を流布した新郎が、合成された写真を起点に、思い出の食べ物どころかその消化後のようなものを載せた摩訶不思議リングを献上する。そんな、人生に一度の晴れ舞台に相応しい最高の十五分間が、ようやく完成したのだ。

一応補足しておくが、本番は問題なく終えることができた、と思っている。新婦のみ、余興の幕開けとともに提示された身に覚えのない構図のツーショットにざらりとした違和感を抱いたかもしれないが、それをねじ伏せるだけのものにはなっていたはずだ。と、この記憶こそ捏造だったらどうしよう。エッセイを書いているときの作家の職業病には、特に目を瞑っていただきたいところである。

他力本願スマートハウス

引っ越した。

私は引っ越しが本当に苦手だし嫌いだ。それなのに、上京して十数年でもう五つ目の家に住んでいる。数年に一度、「もう絶対に、二度と引っ越しなんてしない！」とガチギレながらダンボールを踏みつけたりしているのだが、毎回何らかの事情で引っ越しをしなければならなくなり、ダンボール上での誓いが果たされることはない。稀に「趣味は引っ越しです」「街にすぐ飽きちゃうんです」「二年に一度くらいは住む場所を変えたくなります」というような人に出会うと、失礼ながら「正気か？」とその顔を下から覗き込みたくなってしまう。

引っ越しは嫌いだけど家探しとか内見は好き、という人は割と多い印象だが、私は家探しも内見も嫌いすぎてよく脳がクラッシュする。クラッシュというか、脳がすぐに「なんでもいいな〜」と思考を諦めてしまうのだ。

前作で、服を選ぶという行為を人生単位で放棄した顛末を報告したが、その感覚は家の間取りやインテリアにも当てはまる。どうやら私は、条件が複数あるもの、つまり単純比較できないものを無理やり比較しなければならないとき、多大なストレスを感じるらしい。周辺環境はこっちのほうがいいけど間取りはあっちのほうがいいとか、家賃が安いのはこっちだけど駅に近いのはあっちだとか、異なるベクトル上のものを比較するとなると「もう何でもいいや。なんか甘いものとか食べたいなァ」となってしまうのだ。ファッションやインテリアも、サイズはこっちだけど色はこっち、デザインはこっちだけど値段が、とかになると「どんなんでも暮らせるしね。なんか甘いものとか食べたいなァ」とこうなるのである。優先順位を決めればいいだけの話なのだが、それができず、人の意見に頼ってしまうのだ。

だから内見は、一分とかで終わる。ざーっと部屋の中を見て、「わかりました」、以上。私が死の直前に見る走馬灯は、あらゆる不動産屋の「え？　もう終わり⁉」という顔面の群れかもしれない。私は常々、内見の際の振る舞いにはその人の人生が凝縮されていると思っている。私の振る舞いには、面倒くさがりで、すぐに考えることを放棄してきたこれまでの生き方が如実に表れていると思う。内見後は大体、不動産屋に人として軽《けい》蔑《べっ》されたという希少な手応えを得ている。

なので、物件を決める際はできる限り「内見が好き！」という友人に同伴してもらうようにしている。今回の引っ越しでも二人の友人が内見についてきてくれたのだが、「隣も今空室なんですか？　じゃあ隣の部屋から大きな声出してみるから、ここで聞こえるかチェックしよう」「ＯＫ。スマホで最大音量で音楽とか流してみるわ」「助かる。ちなみにコンセントの位置って〜」等と、二人とも当事者を差し置いて大車輪の活躍を見せてくれた。私はトイレのウォシュレットを確認すると、「なんか甘いものとか食べたいなァ」と思っていた。

私は本当に雑なのだ。これまでの引っ越しでは、その雑な性格のおかげで搬入の際にとても素敵な出来事が発生したりしている（画像３参照）。このくぼみに本棚が入らないとなったとき、搬入をしてくれた業者さん含め全員が一瞬、無言になった。私は、私の人生っぽい瞬間だ！　と、サッとカメラを構えた。

画像3　とても素敵な出来事

無理やりポジティブに言い換えると、どんなことに関しても、なんでもいいや、どうにかなるし、と思ってしまうのである。不具合があっても、新しくするより今あるものでどうにかしようとしてしまうのだ。ほら、こう書くと面倒くさがりというより倹約家という印象になったでしょう。

しかし、大学四年生から兼業時代の四年間を過ごしたアパートは本当に不便だった。二階建てのアパートの１Ｋで、隣の部屋のアラームで起床するくらい壁も薄かったのだが、ユニットバスより何より宅配ボックスがないという点が小説家という職業を全うするうえであまりにマイナスだった。小説家とは言い換えれば〝日々分厚い紙類を大量に送りつけられる職業〟なのだが、それら全てが不在届に姿を変える魔法に私は白目を剝き、最終的にはドアに「全部ドアの前に置いておいてください」という怖い張り紙をするに至った。置き配の先駆けである。ただ、もちろんエントランスなどない物件だったので、自作のゲラ等ならまだしも推薦文などを書くための他の作家の未発表原稿まで、ただの〝外〟としか言いようのない場所に置いてもらっていた。誰かの貴重な書き下ろし原稿が、普通に雨でびちゃびちゃになったりしていたのだ。トラブルとか起きなくてよかったよね〜！

ちなみに、直木賞をいただいたときもそのアパートに住んでいたのだが、大きな文学賞の風習として、受賞者と付き合いのある出版社は受賞者に胡蝶蘭《こちようらん》を贈る、というものがある。さあ、想像してみてほしい。1Kの学生アパートに五つも六つも立派な白大輪のスタンドが届くのである。私は人生で初めて（花に家を……乗っ取られる！）という恐怖を感じ、最寄りの郵便局に「しばらく、うちに何も届けないでほしい」という郵便局としての機能の停止を乞うた。あの1Kは、この世で胡蝶蘭を送られたことのある家の中で最も狭かったのではないだろうか。

前置きが長くなったが、ここまで説明すれば、この章のタイトルに含まれる〝スマートハウス〟という単語がいかに私にとって革新的なことなのか、おわかりいただけただろう。ようやっと、今回の引っ越しへと主題を移す。

――と言いつつ、ことの発端はスマホなのだが。

私は長いあいだ、人から見れば死んでいるスマホを使用していた。まず、バッテリーは数十分しかもたない。そして容量は16GBしかなく、OSをアップデートできなくなってからもう数年が経過していた。そのうち写真の一枚すら保存できなくなり、直近の一年ほどはスマホに新たに何かをインストールするには何かを捨てなければならないという自転車操業ぶりだった。リモート収録等が増え様々なアプリのダウンロードを求められるようになったときは、そのたび厳選された16GB内から何かを手放さなければならず、生きるため大切な記憶を一つずつ捨てていく感動系SFみたいな生き方をしていた。

そんなあるとき、見知らぬ電話番号から留守電が入った。調べてみると、二〇一五年に現在のスマホを購入した店だった。再生ボタンを押し、耳をすませる。

【このたび、六十ヶ月以上継続して端末をご利用いただいているお客さまにご連絡しております】

私は、もう六十ヶ月以上も使っているんだァ、と自分に感心した。そういう客にひとりひとり連絡して回っているなんて、丁寧な仕事だなァ。

【問題なくご利用いただけておりますでしょうか。何か不都合ございましたら、この番号にご連絡をいただければと思います】

了解了解、と留守電を削除しようとした私に対し、そばにいた友人が口を開いた。

「問題なく使えてないよね？」

えっ。

「今のって、オメー問題なく使えてるから……」

「使えてるわけないからなっていう電話だからね」

「でも、現にこうやって使えてるよ！」

「使えてないよ！」

友人曰く、様々な場面で誰かに写真を撮っておいてもらったり、常に充電できる環境を求め彷徨《さまよ》っている私は、「普通に他人に迷惑をかけているレベル」らしい。確かに、私のせいでリモート収録がうまくいかないことも多い。私の積年の雑さがついに明確に他人に迷惑をかけ始めているなんて、感慨深かった。

ちなみに、前々作の『時をかけるゆとり』にて、東京にいながら岐阜にいる母の携帯を誤って機種変更するという実録・遠隔テロみたいな話を書いたが、この辺りの音痴っぷりは遺伝でもあると思っている。だって、この原稿を書いている現在、母のスマホはこんな状態なのである（画像4、5参照）。この三枚おろしみたいな状態で動き続けているのだから、スマホって本当にすごい。また、写真が保存されない、ではなく、どこに保存されているかわからない、というところも得体の知れない恐怖を演出している（画像6参照）。この状態でも「まだ使える」と言い張るどころか胸まで張るのが朝井家なのだ。

「もう、全部新しくしよう」

吹っ切れたように、その友人が言った。

「もうすぐ引っ越すって言ってたよね？　それに合わせて全部新しくしよう。携帯だけじゃなくて家具とかパソコンとかも色々不便だって言ってなかった？」

そうなのだ。雑に買い物をしてきた過去は、時間を経て、私の実生活に甚大なダメージを与え始めていた。

痔のせいで購入する羽目になったスタンディングデスクは、適当に選んだからか高さの調整が思うようにできず、使い勝手が非常に悪い。テレビ台も、憧れの〝収納たっぷりの大きなテレビ台〟を衝動買いしてしまったのだが、広くないリビングだと化け物みたいな圧迫感を放つことがわかったし、収納も使いづらかった。

画像4　母のスマホ（重体）

そもそもテレビも、自宅での仕事が捗るようYouTubeやNetflix等を観られないものをあえて購入したものの（Fire TV Stickとやらを挿せば簡単にできると言われるのだが、そういうのがよくわからない

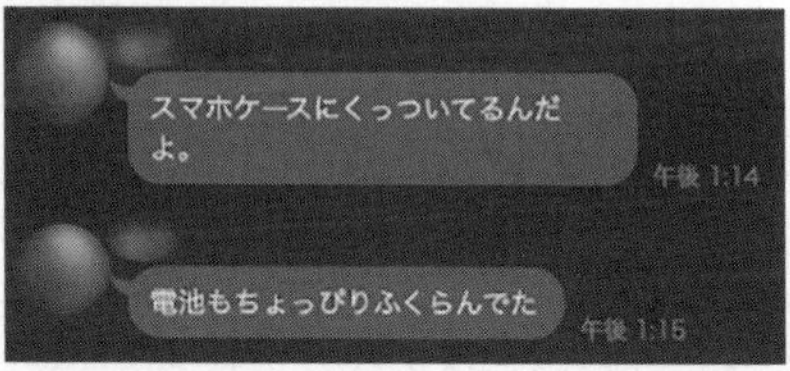

スマホケースにくっついてるんだよ。
午後 1:14
電池もちょっぴりふくらんでた
午後 1:15

画像5　母による的確な補足

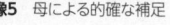

のである）、今になって快適さを採らなかったことをだいぶ後悔している。店員に言われるがまま適当に選んだデスクトップに至っては、使用五年目で勝手に電源が切れたり、急に巨大なブザー音のような鳴き声を放つようになった。もう化け物そのものである。また、私はスマホのテザリング機能を全く理解しておらず、外出用のノートパソコンのためにポケットWi-Fiを契約しており、それも周囲の人達から「絶対いらないから！」と白い目で見られていた。

この辺りのことを一度全て見直したいとは、ずっと思っていた。同時に、自ら見直しを図ることはないだろうとも、ずっと思っていた。私とは自浄作用のない最悪な組織そのものなのだ。

私は決心した。

「引っ越しを機に、全部見直す！　だから協力してください！」

というわけで、もうひとり、「テレビとかパソコンとかの配線関係を整えるのが好き」というザ・世界が仰天な友人が加わり、計二名の新居プロデュースチームが結成された。

二人の行動は非常に迅速だった。まず私の現状をヒアリングし、問題点を次々に洗い出していく（「パソコンは買い換えるとしてデータ移行はどうする？　バックアップは取ってるよね？」「バックアップって何？　USBにしか保存してないよ、この十何年

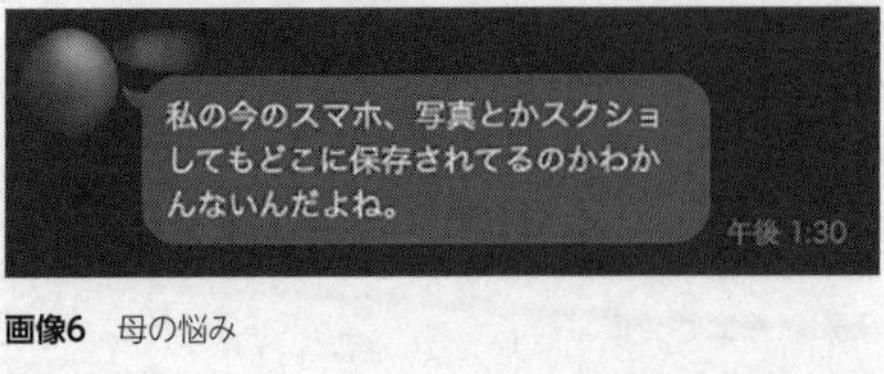

画像6　母の悩み

ずっと」「……」)。そのうえで私の希望をまとめてくれ、ネットで必要なものの目星をつけたあと、実際に家電量販店に赴き現物を前に解説までしてくれた。私は、私のためにここまでしてもらって申し訳ないなァと思っていたが、二人にそう伝えると、「人の金で好きな空間を作れるなんて気持ちがいい」とのことだった。

だが、時間が経過するごとに、私の面倒くさがり度、雑度が彼らの想像の範疇を超えていった。そして遂に、私の信頼度が地の底に落ちる出来事が発生する。ローテーブル事件である。

新居のリビングは、奥の壁側からシンプルなテレビ台、テレビ、ソファ、ダイニングテーブル、キッチンという構造に決まった。仲間内でよくオンラインコンサートやYouTubeの鑑賞会をするので、それに最も適したスタイルを採用したのだ。テレビ台等を選んだのももちろん友人二人だったのだが、二人は商品を決めるとき、何度も「色味の統一感がイマイチかも」「他の色味ないっけ?」等と、色味という言葉を使っては判断を保留にしていた。

自慢じゃないが、私はこれまでの人生で色味というものを気にしたことがなかった。自慢じゃないが、という入りで本当にここまで自慢じゃなかったことがこれまであっただろうか。引っ越す前の家から継続して使う予定の家具の色味を確認したいから教えろと言われたときも、私は正直に「よくわからない」と答えた。じゃあ写真を撮って送ってくれと食い下がられたが、それは携帯を変える前だったということもあり、「容量がパンパンで写真を一枚も撮れない」と返すほかなかった。これが〝携帯が古いことで他人に迷惑をかける〟の実例である。

そんなこともあって、二人が色味についてやりとりをしているとき、私は自分だけ知らない誰かについての話を聞いているような気持ちだった。ねえねえ、そのイロミ？って子のこと、よく知らないんだけど。アンタたち二人はイロミと仲良しかもしんないけどさ、イロミの話ばっかりされてもわからないっていうか——私はいつしかボンヤリと、ソファとテレビの間のスペースにローテーブルを買おうかな、と考え始めていた。折り畳みできるものを選べば使わないときは収納しておけるし。よし買おう。決まり。

幸運なことに、使用しているクレジットカードのポイントが数千円分溜まっており、そのポイント内で買えるローテーブルが一つ存在した。しかも折り畳みもできるときた。はい決定。ポチ。アンタたちがイロミの話をしてる間に、こっちは一つ買い物終わらせちゃいましたよ～っと！

やがて、購入したものがまとめて新居に届く日がやってきた。照明を設置したり新しく購入した家具を組み立てたりと、引っ越しまでにできる作業を予め終えておこうの日である。イロミと仲の良い友人二人も手伝いに来てくれた。

新居に続々と、友人たちがチョイスしたものが到着する。「電動のスタンディングデスクすご！　本棚との色味も合ってる」「テレビもこれにして正解～サイズもちょうど」「壁と床の色にも合ってるよね」何かが届くたび沸く室内に、最後のピンポンが鳴り響いた。

私が頼んだローテーブルが届いたのだ。

「まだ他に頼んでたものあったっけ？」とキョロキョロする友人たちの前で、私は来た来た来た～と微笑む。べりべりとダンボールを剝きながら、「これポイントで買ったから実質無料なんだよね～！」等とちゃっかり買い物上手アピールをしつつ、じゃじゃーんとローテーブルをお披露目した。

さっきまであんなに楽しそうだった二人の顔は、能面みたいになっていた。

「何これ」

「え、これ勝手に買ったってこと？」

想定していたリアクション（「この買い物上手ぅ～！」等）と全く違う温度感に、私は戸惑った。二人とも、車のトランクに隠した死体を確認している犯人のような面持ちで、ローテーブルを静かに見下ろしていた。

「これだけ色味がおかしいじゃん、どう考えても」

イロミ――。

「え……本当に何でこの色味にした？」

「信じられない。ソファの色、テレビ台の色、どれとも合わない」

「これ今なら返品できるんじゃない？」

「どこで買った？　いつまで返品可能か調べよう」

私はおとなしく購入サイトを白状した。すると、同じローテーブルでも他の色を選べたらしく、「何でせめてこっちの色にしなかった？」「この中からこれを選ぶ意味がマジでわからない」と、さらなる窮地に追い込まれてしまった。

「え、もしかして」

友人が私の目を見て、言った。

「〝色味〟の概念がない世界で生きてる？」

そうかも！

私たちはやっとピンと来た。そうか、私は色味の概念そのものがない世界を生きているのだ。なんだなんだ、そうだったのか〜！

「そう考えたらこれまでの言動がすごくしっくりくるようになった。別々の世界線を生きてたんだね、我々は」

「今まで色々言ってごめんね。概念がなかったんだね」

異なる価値観の人間が共生を果たした瞬間だった。相手に、俎上《そじょう》に載っている概念そのものがないということがわかると、口論や詰問は生まれないのだ。これはますます多文化社会が進んでいくだろう現代において、重要な発見である。なお、私と同じく雑で面倒くさがりな人間ならわかるだろうが、返品なんて作業は逆立ちをしたってできない。私は慌てて「あとね、実は〝返品〟っていう概念もない世界なんだ、こっちは……」と、追加で告白した。無事受け入れられた。

しかしこの一件以来、私からはすべての決定権が奪われた。多文化共生と権利の付与はまた別の問題だったらしい。

携帯の機種変更をするときも、友人は当然のように隣にいた。先に店に到着していた私は、店員さんに「あと十分ほどですべてを判断する人が来るので、説明はそれからでもいいですか」と告げ、店内に不穏な空気を漂わせた。店員さんは後に「めちゃくちゃ怖い系の人が来るのかと思いました」と語った。

友人のチェックは確かに細やかだった。わけのわからないオプションにとりあえず「OKです」と頷きかける私の言動を封じたり、インターネット回線を通す工事の際にも、「BBユニットはこの型番を送ってもらいたいです、古いものではなく」と私には全くわからない言語を発したりしていた。先述の通り内見も主導してくれたし、大量に届いた購入品の組み立てだけでなく、パソコンやテレビの初期設定、配線周りの整理整頓等も全てやってくれた。はじめは「こういう作業が好きだから」等という発言がどうしても信じられず、あとからとんでもない見返りを求められるのではと構えていた私だったが、そのうち「本当に、こういう作業を〝面倒くさい〟と思う概念がない世界で生きている人間なのでは……？」と思うようになった。人には人の、世界線。

今も、例えば「パソコンからテレビに画面を飛ばすと、テレビで流れる画面がガタガタになってしまうという現象が発生しています」等と状況を説明すれば、「Wi-Fiの帯域を固定してみて」「無線チャンネルの部分を36にしてみて」的な指示をスパーンと返してくれる。そしてその指示通り動けば大抵のトラブルは解決する。ほぼサポートセンター、というか安楽椅子探偵である。ていうかテザリングもやってみればすごく簡単じゃないですか？　二〇二一年までポケットWi-Fiに月額五千円近く払っていた私って何なんですか？

ともあれ、暮らしやすさは格段に上昇した。今ではパソコンが急にビービー鳴き出すこともなければ、仕事で観なければならない映像資料等をテレビの大画面に飛ばしてソファでゆったり鑑賞できたりする。このたび導入した電動スタンディングデスクはボタン一つで天板の高さを動かせるので、足が疲れたから少し座ろう、お尻が痛くなってきたから立とう、と気軽に姿勢を変えられて最高だ。伴ってカフェ等で作業することもほぼなくなり、長期的に見れば節約にもなっているかもしれない。友人が遊びに来るときも、これまでは一緒に観たい動画があってもスマホ画面を共有するしかなかったが、今ではテレビに動画を飛ばすどころかテレビそのものにYouTubeの機能が搭載されている。私は今きっとレベルの低い感動を羅列しているだろうが、私にとってこれは立派なスマートハウスなのだ。スマホも別の名称の機械ではと思うほど使いやすくなったし、内見に協力してもらったおかげで周辺環境や間取りにも全く問題はない。あー本当にもうしばらくは引っ越ししたくないな～。これで事故物件でした、みたいなオチだったら最悪だな～！

なんて思っていた、ある夜だった。

私はその夜、ひとりでリビングのソファに寝転んでいた。一日のすべきことを終え、水を吸ったとろろ昆布のようにだらんとソファと一体化していた。最も幸せな時間である。

すると、パキッと、いわゆるラップ音のような音がした。

実はこれまでも、ラップ音は頻繁に発生していた。だが、まあそこまで気にすることでもないだろうと思っていた。

そのときテレビは、電源は入っているものの画面は暗い、という状態だった。うちのテレビは、YouTubeを選択している状態で一定期間放置しておくと、パソコンでいうスクリーンセーバーの機能が作動する。暗い画面の中で小さな光が無音で波打っているような、そんな状態になるのだ。

だから、その画面が急に明るくなったとき、私はひどく驚いた。

えっ？　何もしてないよ？

私は思わずソファから起き上がり、身の回りを確認した。身体のどこかがリモコンに触れてしまったのかと思ったが、リモコンはダイニングテーブルの上にあった。そして改めて伝えると、そのとき、家には自分以外誰もいなかった。

スクリーンセーバーの機能は、何かしらのボタンを押す等の操作をしないと解除されない。今は、私以外誰も家にいない。私はリモコンに、触れてもいない。

私はテレビの画面を見つめたまま、ソファの上で固まった。静かだった空気が、その静けさを保ったまま、冷たく凍ったような気がした。

この間、約一秒。

私は気づいた。スクリーンセーバーが解除されただけならば、それ以前に表示されていた画面が再び映っているはずだ。だけど今、テレビ画面は真っ白い。

これは、新しく動画を再生する際に挟まれる、切り替えの瞬間だ。

嫌だ。私は直感的にそう思った。これはつまり、今からこの画面に、何かしらの動画が流れ始めるということなのだ。何の操作もしていないのに、勝手に、独りの家で、夜中に。嫌だ、そんなもの観たくない。そう思っているのに、なぜだか身体は動かない。

私が目を瞑るより早く、画面が切り替わる。

一体、何の動画が流れるのか。

私は思わず目を細めたが、それでも画面から目を逸らすことはできなかった。

まず五感に飛び込んできたのは、耳を劈《つんざ》くようなピストルの音だった。

何⁉

私はビクっと体を震わせる。怖い、やめて、ごめんなさい――

そんな思いで見つめたテレビ画面の中では――

ウサイン・ボルトが全力疾走していた。

速!!!

恐怖より混乱よりまずその速さに感動してしまったので、ボルトは本当に偉大である。読者の中で、「これからボルトが走る」という前情報なしにボルトが全力で走り出すところを観たことがある方はいるだろうか。「これからボルトが走る」と全く意識せずに観ると、ボルトは想像よりずっと速い。信じられないくらい速い。ボルトはすごい。

私はドキドキ脈打つ心臓に手を添えながら、このユニークと恐怖だったらユニークが競り勝つ現象は一体……と一旦冷静になった。今確かに、テレビが勝手に起動し、ボルトがとてもいいスタートを切った。これがいわゆる心霊現象なのだとしたら、一体何霊にあたるのだろうか。地縛霊？　この部屋にボルト滞在経験あり？　テレビが突然点くとかだったら事故物件っぽいけど、その上でボルトを走らせるって何？　ここ何物件なの？

なんて逡巡していたとき。突然、画面右上に、ある人間の写真が表示された。

それは、引っ越しを手伝ってくれた友人の写真だった。

何!?　と思っていると、「○○とのリンクが解除されました」という文字がその隣に表示された。そして、友人の写真とその文章は、揃ってゆっくりとフェードアウトしていったのだった。

ことの真相はこういうことだった。

その友人も私のように、家でだらんとしている中でYouTubeを観ていたらしい。その際、スマホに見たことのないリンク先が表示され、そこに指が触れてしまったようなのだ。そのリンク先というのが、引っ越しの手伝いの際に一度接続したことのある私の家のテレビだった――。

しかし、私とその友人の家は電車で三十分以上も離れたところにある。それだけ距離があっても動画がリンクされてしまったことに関して、私たちは【そんなことあるんだね】【びっくりだよね】と連絡し合ったが、私が最もびっくりしたのは、一日の終わりにボルトの動画を観るという友人の珍妙なナイトルーティンだった。疲れが取れるのだろうか。落ち着くのだろうか。今回の引っ越しで色々協力をしてもらったので、ボルトのおすすめ動画をピックアップするという形で恩返しができればいいなと思っている。

精神的スタンプラリー in 南米　前編

読書と旅行——若者から「学生のうちにしておくべきことは？」と訊かれた大人がとりあえず差し出す回答トップ2。

前者は〝勉強〟など他の表現になることもままあるが、旅行や旅というのは鉄板ではないだろうか。アイデアと移動距離は比例する、なんて有名なフレーズもあるくらい、私たちは旅行や旅というものに〝人間を成長させる何か〟を託しまくっている節がある。

インドアな私にとって、非常に厄介な風潮だ。

私はずーーっと家にいられる。特にここ数年は取材や対談にラジオ収録、打ち合わせ等もすべてリモートでできるようになったため、スマホが計測する移動距離が百歩以下の日が平気で一週間とか続いたりする。そして、その数値に焦ることもすっかりなくなってしまった。

昔はもう少しアウトドアでアクティブだった——というよりは、〝アウトドアでアクティブな人間に見られたい〟という欲があった。というのも、やはり行動範囲が広い人間のほうが魅力的に見える感じがあるし、人生経験も豊富で何事も説得力があるように見えると思っていたからだ。事実、就活の面接などでも「学生時代は様々な国に一人旅に行きました」等と話すことで自身の人としての優秀度をアピールする人はとても多かった。「学生時代は様々な手段を用いて一人で家にいました」なんて奴、何をどう話したってポジティブに受け止められない。

特に大学二年生付近、即ち本を出版する機会に恵まれてすぐのころは、現役大学生作家という若さをアピールする肩書を存分に利用しつつ、こんな何の説得力も香らないペラペラ青二才の書くものなんて一体誰が読みたいのかと疑問に感じていた。そして、締め切りだけが決まっている幾つかの小説の構想を練りながら、「アイデアと移動距離が比例するなら、ソファとトイレの往復しかしていない朝井リョウさん完全終了のお知らせでは？」と思っていた（思っている）。

就活も終わり、大学生である期間もあと数ヶ月となったころ。私は突如、ずっと家にいる自分が不安になった。大人があんなにも口を揃えて「学生のうちに旅行をしておくべき！」と言うのだから本当にそうなんじゃないか、といよいよ真剣に疑い始めたのだ。読書のほうは同世代の平均くらいは嗜《たしな》んでいるつもりだったが、旅行はからっきしである。そもそも私は旅行をしたいと自分発信で思ったことがなかった。エッセイでもどこかに遠出する話をたびたび書いているが、よく読んでみてほしい。基本的に私は連れ出される側なのである。

今も大概だが、学生のころの私は今よりももっと芯がなかった。もともと、世の中的に〝しておくべき〟と言われていることをしていないと思い切り不安になるタイプなのだ。不安な状態で居続けるくらいなら、自分自身はそう思っていなくとも〝しておくべき〟と言われていることをしておくほうが安心するという、逆ホリエモンみたいな人間なのである。何か信念や目的があって行動するのではなく、「これをやった」「あれをやった」という事実による精神的安定を求めて〝しておくべきこと〟スタンプラリーを埋めていくのが私という人間の本質なのだ。

時間もあるのだから、実際に〝旅行〟をやってみるのはどうだろう。そのうえで自分の人生にとって本当に必要なのかどうか判断してみるというのはどうだろう——大学四年生の私はそう考えた。そして、アイデアと移動距離が比例するのならいっそ、と行き先を調べ始めた。行きたい場所ややりたいことがあるわけではなく、大人の言う〝しておくべきこと〟をして安心しようと思ったのである。

先程私は自分には芯がないと書いたが、それはつまりベタであると言い換えることもできる。日本から遠い国について調べるうち、私は、とある非常に美しい場所の存在を知った。ここに行けば、いや、ここに行ったという事実さえ手に入れることができれば、一気にこれまでの旅行不足を補えるのではと思うほどだった。

マチュピチュとウユニ塩湖である。

私はいま腰に手を当て堂々と胸を張っている。どれだけベタと言われようが、恥ずかしくなんてない。私は学生最後の旅行として、マチュピチュとウユニ塩湖を選んだ人間だ。なんだその目は。言いたいことがあるならはっきりと言いたまえ！

マチュピチュに関しては未だになんのことかよくわかっていないが、とにかくその水浸し感のある単語を耳にする機会はそれまでにも多かったし、人生で一度は行ってみたいと言っている人が多いということも把握していた。つまり、そこに行ったという事実を手に入れれば、誰でも旅行人間の仲間入りを果たせるようなチートスポットなのだろう。そして、私が自発的に非常に美しい場所だと思ったのはウユニ塩湖のほうで、こちらは逆に、当時はなかなかその海の幸感のある単語を耳にする機会はなかったものの、調べれば調べるほど魅力的な写真が出てきた。今やすっかり大人気スポットとなっているウユニ塩湖だが、当時はまだ行ったことがある人は少なかったはずだ。

調べると、まずペルーに降り立ちマチュピチュへ、その後ボリビアへ移動しウユニ塩湖へ、というルートが定番のようだ。初心者の私は迷わずツアーを選んだ。旅行人間からはほど遠い選択である。

調べていくと、某有名ガイド本に『背後から襲われたりすることがあるので、気をつけましょう！』みたいな大変ざっくりとした対策が掲載されるほど治安がよろしくない地域を通ることだったり、英語すら通じないことへの不安が募ったりしたが、同時にこの二箇所がいかに様々な旅行者にとって念願の行き先かということもわかってきた。ワーイ、早く〝マチュピチュとウユニ塩湖に行った人〟になりたい！ ここ行くだけでこれまでの旅行不足を解消できる感じすごい〜！「え？　マチュピチュとウユニ塩湖？　あーまあ確かにすごかったけど、ぶっちゃけ写真で見るほうが綺麗だったかな、なんて（苦笑）」とか言いつつやはり現地に行かないと得られないようなエピソードをさりげなく披露したい〜！

私は早速、この手段と目的が大反転している旅行にノってくれそうな友人に連絡をした。高校時代の同級生で数少ない上京組だったその彼は、知力体力どちらも底知れないものを感じさせる人間であり、即ち少々ハイカロリーな旅に適している気がした。話してみると、彼も学生最後の旅行をしたいとは考えていたようで、すぐにＯＫの返事をもらえた。

「でも意外、リョウがマチュピチュとかに興味あるなんて」

興味があるわけではない。私はそう思ったが、口にはしなかった。言わないほうがいいぞ、と、かろうじてアンテナが働いてくれた。

出発まで時間がなかった。当時は、ペルーを含む黄熱病リスク国からボリビアに渡航する場合には黄熱病の国際予防接種証明書が必要だったので、まずは横浜まで接種を受けに行った。また、滞在予定地域は標高がかなり高く、一日の気温差が激しいらしい。寒暖差に対応できる服を揃え、高地ならではの紫外線対策のため帽子やサングラス等も準備した。

また、十一日間のツアーに申し込んだものの、常に特定のガイドやツアー客と共に行動するわけではなく、要所要所で現地のガイドがサポートしてくれるという程度で、基本は私たち二人のみで動くという予定になっていた。そのため現地では自分たちで移動のためのチケットを購入したり目的地へと移動することも多く、またマチュピチュでは登山用の装備も必須という注意書きもあったため、事前に二人で詳細を確認し合うことにした。

「治安もだけど、アレが心配だよな」出発まであと数日となり、私の家で最終確認を進める中で、友人が言った。「高山病、だっけ」

高山病。ペルーやボリビアの情報を検索していると、必ずブチ当たるキーワードである。

マチュピチュに行くための玄関口となる街・クスコは、標高三四〇〇メートルの高所にある。富士山の山頂が三七七六メートルと書き添えればどれほどの高所か伝わるだろう。高所では気圧が下がるため空気が薄くなり、それに伴って酸素も薄くなる。人によってはその変化に身体が順応できず、頭痛や吐き気等の症状に見舞われてしまうのだ。富士登山においても、高山病により下山を余儀なくされる人は少なくないと聞く。

「しかも高山病って、なったら低地に行かない限り治りづらいって聞くよね。旅行中にそんなことできないし、ほんと怖いよね……」

私は友人に共感しながらも、内心では余裕ぶっていた。なぜなら高山病について調べていたとき、一度目的地以上の高所を経験していれば発症する確率はかなり低下する、というような記述に出会っていたからである。私はこの時点から一年ほど前、富士登山を経験していた。かなり構えて臨んだのだが、高山病にならなかったどころか「全然息切れな〜い！」と山頂で御来光《ごらいこう》を浴びながら一通りはしゃいだのだ。迷惑な若者。そういう人きらい。

とにかく、私はそれを友人には黙ったまま、「不安は一緒だョ★」の顔をしながら「ロキソニンとバファリンが効くケースもあるらしいから、持ち物リストに入れとこ。どっちかが高山病になっちゃったら、二人とも足止め食らうことになるしね」とか言っていた。

そうだな、と友人が殊勝な態度で頷く。出発まではもう数日だ。よし、旅行不足を一気に補えそうな場所に行って、〝学生のうちにしておくべきこと〟スタンプラリーを埋めるぞ〜!!!

一日目

正午、成田空港を出発。日付変更線を通過し、午前八時二十分、ダラス着。この時点で、約十一時間半の移動である。アイデア〜！　比例〜！

十一時半ダラス発、十五時十分マイアミ着。十六時半マイアミ発、二十二時十分リマ着。初日はひたすら機内か空港内に滞在し続け、ペルーの首都に到着するだけで終わった。アイデア〜！　比例〜！　フ〜ッ！

海外の空港での乗り換えが連続するので少々緊張していたものの、あらゆる表示にひたすら目を凝らしていればどうにかなった。丸一日以上移動したが目的地に着いていないなんて、南米の遠さ恐るべしである。今日のところはリマで一泊して、明日はついにマチュピチュの玄関口、クスコに上陸だ！ ところでマチュピチュって結局何なんですか？ 私は何の玄関口に行くんですか？（画像7参照）

画像7 アメリカのどこかの空港にて、数十時間後に痛い目を見ることを知る由もない著者

二日目

早朝、リマのホテルを出て空港へ。七時の便でクスコへ発つ予定だったが、天候の関係で遅延。結局ここで二時間近く待ったのだが、本来ならば湧き上がりそうなイライラはその芽も出さなかった。だって、このフライトでようやく移動に次ぐ移動が一旦終わるのである。閉所to閉所からの解放はそれだけで非常に嬉しかった。そして、このトラブルというのが旅っぽいではないか。大人が若者に旅しろとか言うのって、予期せぬトラブルだらけなのが人生だって思い知ることができるみたいな、計画通りにいかないことにも臨機応変に対応できるようになるとか、そういう感じでしょう⁉ それが成長、

ってやつでしょう⁉　飛行機の遅延までもが心のスタンプラリーを埋めてくれるなんて、旅、最高である。

リマからクスコへは一時間半も掛からなかった。あっという間のフライトだったが、通り過ぎるのではなくこのあと実際に降り立つのだと思えば、眼下に広がる景色も色彩が変わって見えた。やっと旅が始まるという予感に、さすがに私は胸も躍っていた。

昼前、クスコに到着。ついに、あの〝マチュピチュ〟の玄関口に着いたのだ！　おお、私の旅行不足を一気に補って余りある〝マチュピチュ〟がもうすぐそこに！　いやーここまで長かった！　やっと！　ついに！　スタンプ百個くらい押せる！　はやる気持ちそのままの足取りで飛行機から出る。

私は深く息を吸い、思った。

頭いた〜い！

なんと、即、高山病になったのである。心の中は、え〜（泣）結構しっかりめに頭いたいんですけど〜〜（涙）という感じだったのだが、かつて「どっちかが高山病になっちゃったら、二人とも足止め食らうことになるしね」とか言い放った相手に速攻で足止め宣言をかます勇気はなかった。「ロストバゲージもなくてほんとよかった！」とテンションを上げる友人に、「……よかったよね……ッ！」等と体内に渦巻く気持ち悪さを隠しきれない感じで対応するくらいしか、私にできることはなかった。

飛行機移動の場合、標高〇《ゼロ》メートルのリマから突如標高三四〇〇メートルのクスコに降り立つわけで、徐々に標高が上がっていく登山とは訳が違うらしい。それにしても、知力体力共に底知れぬところがあると書いた友人だが、この先も全く体調を崩すことなく食欲も睡眠も普段通り、現地の人とすぐ仲良くなったり他の国からの旅行者と連絡先を交換したり、本当に目を見張るほどの順応力であった。そんな様子を目の当たりにし続けた私は、そもそも旅とかしなくても人間力が高い人は高いのでは？　というこの旅の根底を覆す真実にたびたび気づきかけたが、その都度五感をシャットダウンすることで正気を保つことに成功した。私が保つよう努めていたのは本当に〝正気〟なのだろうか。

そのまま一度クスコ市内のホテルに向かい、スーツケース等の大きな荷物を預け、マチュピチュ用に登山の装備を含んだ一泊二日分の荷物だけを抽出する。ここからマチュピチュまではまた列車での移動があるのだが、今日はその列車の発着駅周辺に泊まるのだ。

飛行機を降りても移動が続く、なかなかハードなスケジュールである。そんな中、私は友人に隠れて、高山病に効く可能性があると言われているロキソニンやバファリンを飯粒の如く摂取してみたりしたが、体調は依然悪いままだった。

その後、クスコ市内を案内してくれる現地在住の日本語ガイドの方と合流した。クスコは街全体が世界遺産に登録されており、インカ帝国時代に造られた石組みが多く残っているという。他にも見どころの多い街なのだが、明らかに私のリアクションが悪かったのか、ガイドの方に「あなた体調悪いですよね？」と即見破られた（画像8参照）。

「それは高山病の症状ですね。とりあえず、炭水化物と水を意識的に摂ってください」

　私は「はい……」と意気消沈し、ガイドの方が用意してくれた握り飯をバクバク食べ、水をゴクゴク飲んだ。すると、体調はほとんど回復した。なんだそれ。我ながら、ご飯食べて復活とか子どもじゃん……カーッ！　という感じだったので、徐々に体調が回復していったふりをした。

「明日、マチュピチュに無事行けるといいですね」

　クスコ観光を終えると、車でオリャンタイタンボ駅へと移動する。ここでビスタドーム号という列車に乗れば、アグアスカリエンテス、通称マチュピチュ村へと辿り着けるのだ。正直どのカタカナが何を指すのかサッパリだったが、とにかく今

画像8　頭痛のあまりどんな感想も浮かばなかった、十二角の石

日は夜までにマチュピチュ村に移動し、そこで一泊する予定になっていた。

「明日お二人が登るのはワイナピチュのルートですよね。もうご存知かと思いますが、観光というより割としっかりした登山だと思っていたほうがいいですよ。装備をしっかりしてくださいね。あとはとにかくこれ以上天候が悪くならなければいいんですけど……」

明日は午前五時台のシャトルバスに乗車し、午前七時にはワイナピチュに入山しなくてはならない。旅というより修行、そんな言葉が私の脳内で点滅する。

「確かに旅行会社の人からも装備はしっかりって言われてるんですよ。実際どれくらいの感じなんですか」

後部座席の隣にいる友人は、助手席にいるガイドの方と頻繁にコミュニケーションを取っていた。明日への期待が募っているのだろう、目がキラキラと輝いている。

車は、しばらくそのまま走り続けた。私は時間と共に目に慣れていく街並みをボンヤリ眺めながら、途中、ガイドの方が不穏な表情で携帯電話を操作していることに気づいた。何かあったのかなと思っていると、やがてガイドは「あの」と、非常に心苦しそうに口を開いた。

「どうやら、列車が運休になるみたいです」

おや？

「実はここ最近このあたりで豪雨が続いていて、川が氾濫《はんらん》してるって情報は入っていたんです。でも列車が運休になるレベルだとは……」

豪雨？　氾濫？　運休？　続々と差し出される新情報に、車内の空気がどんどん変容していく。

「列車が運休になったら、どうなるんですか？」

友人が、青ざめた表情で尋ねる。

「そうなると、大変残念なのですが」

ガイドの方は、小声でこう続けた。

「今回のツアーでは、マチュピチュに行けません」

私たちは、マチュピチュに行けない。

これがツアーでなければ、列車の運行が再開されるまで数日粘るということも可能だったかもしれない。事実、帰国後、偶然にも同時期にペルーにいた知人からは同じく足止めを食らったもののどうにか別ルートを探りマチュピチュに入山したという話を聞いた。二人のみでの行動が多いとはいえ全体の日程が決められたツアーに申し込んでしまった私たちは、自由に動くことができなかった。

「マジか……」

友人は隣で、この世の終わりみたいな顔をして項垂れていた。ここまで来たのに、何十時間もかけてペルーまで来たのに、念願のマチュピチュまでもうあと一歩なのに――そんな感情が、悲しみに満ちた横顔からは見て取れる。

そんな友人の隣で私は、いま自分が真っ先に思ったことが「わーい！　休める～!!!」であったという事実と深刻に向き合っていた。

旅好きの皆さん、どうぞ軽蔑してください。この本を最寄りの壁に投げつけてくださっても結構です。私はもう、ペルーに着いた辺りから休みたくて休みたくて仕方がなかったのだ。可能ならばホテルでダラダラと寝転び続けていたかった。だって、とにもかくにも移動の連続。今日だってやっとホテルに着いたと思ったら一泊二日分の荷物を持って市街地散策してまた移動、明日は早朝から登山——いくら移動距離にアイデアは比例するって言ったって……ねえ？（苦笑）という感じだったのだ。挙げ句の果てに、マチュピチュ自体にそこまで行きたいかって訊かれたら……ねえ？（苦笑）とも思っていた。心の底から帰れと言いたい。母国と言わず海に還れと。

「どうにかならないんですか」

友人がガイドの方に食い下がっていたが、事態はなかなか単純ではなさそうだ。私は一応進み続ける車に揺られながら、自分の内側にある向き合いたくない醜さとじっくり対峙していた。

私はやはりマチュピチュに行きたかったわけではなく、〝マチュピチュに行った人〟になりたかっただけなのだ。つまり、実際にマチュピチュをこの目で見られなくたって、ペルーへ発つという行動を起こした時点でミッションクリアーだったのである。実際、私は精神的に充足していた。マチュピチュに行くという行動力を発揮したことは変わらない事実であり、その事実をもって「若者は旅行をすべき」という言説からくる不安を飼いならすことに既に成功していたのだから。やっぱ若者は旅行をすべきですね！

三日目

結局私たちは、昨日のうちにクスコ市内に戻った。意気消沈する友人の隣で、私も残念がるフリをした。

本来ならば早朝から一日マチュピチュデーだったこの日、私はホテルで念願のダラダラを思い切り堪能した。眠ったり寝転んだり横になったり休んだりゴロゴロしたりした。友人は、遠いペルーの地でひたすら怠けている私に「旅にまつわる文章を書いて金銭を受領していい人間ではない」という眼差しを注いだのち、一人でクスコ散策に向かった。私はその日の食事をマクドナルドで済ませた。

私は確かに、マチュピチュをこの目で見てはいない。だが、マチュピチュのある地域には行った。だから、マチュピチュに行った。この次のページからはマチュピチュに行った人として振る舞いますので、よろしくお願いいたします。

精神的スタンプラリーin南米 後編

四日目

さて、旅はここから後半へと突入する。念願のマチュピチュ観光を楽しんだ私たちは、この日からウユニ塩湖を目指し、ボリビア方面へと進んでいく。

午前六時半、ホテルからバスターミナルへ移動。七時十五分発の長距離バスで、ペルー南部にある都市・プーノを目指す。途中、アンダワイリーリャスという街で教会を見学したり、ラクチ遺跡というインカ帝国時代の遺跡を巡ったり（画像9参照）、ラ・ラヤ峠という標高四三三五メートルの絶景スポットに立ち寄りながら（画像10、11、12参照）、日本のようには舗装されていない道にドンドコ揺られ続けたのち、十七時半、無事プーノに

画像9 超デカかったラクチ遺跡

到着。

約十時間のバス移動中、私は録音しておいたお気に入りのラジオの音源をひたすら聴きまくっていた。トイレに行きたい、と脳が気づいてしまわぬよう、意識を散らすためだ。

お腹弱い族からすると、バスでの長距離移動というのは拷問に近い。

トイレの回数を減らしたいならば飲食を減らせばいいじゃないか——そう思う方も多

画像10、11、12　動物ばかり撮ってしまっていた著者

いだろうが、私は低血糖という体質でもあるのだ。血液中の糖分の値がどうやら平均より低いらしく、空腹になると発汗、手足の震え、動悸が発生するのである。私が自ら旅をしようと思わないのは、身を置く環境を変えることによる人体への影響が甚大である、という点も大きい。

食べるとお腹を壊すかもしれない。食べなければ低血糖の症状が出てしまう。このような場所（画像13参照）をひたすら移動するため、保存の利く軽食を手に入れられるようなタイミングもない。

何かしらの対策を練らねば——夜中、私はプーノのホテルで天井を見つめながらそう思った。明日も長距離移動をする予定だったため、夕食で出てきた現地ならではの食材を多く摂取するのは胃腸的に怖く、就寝前の時点でかなり空腹だった。学生時代の最後を飾る卒業旅行の目的がいつしか「この期間を無事生き抜くこと」になっている状況がいかにも自分の人生っぽくて、私は独り嘆息した。

画像13 このような場所

五日目

午前五時半、ホテルで朝食。私はこの日から、毎日変わる宿泊先の朝食にてビスケットなど保存が利きそうなものを見つけては紙ナプキンにこっそり包み服のポケット等に忍ばせておくようになった。そして移動の合間にそれを齧《かじ》ることで、満腹でも空腹でもない状態を漂い続けるという生存戦略を編み出した。排泄と低血糖のあいだ。What a day What a day to take to……

この日は六時半にはプーノを出て、まずはペルーとボリビアの国境の町・コパカバナへ向かった。そこでボリビアへの入国手続きを行い、船が航行できる湖としては世界一標高が高いといわれているチチカカ湖へクルーズに出た。その途中、これまた太陽に最も近いといわれている島に上陸し、先住民であるアイマラ族の伝統的な儀式や文化を見学した。

このクルーズ中の昼食で、日本人の親子と相席になった。二十代の娘さんと母親、二人で親子水入らずの南米旅行。私たちと同じようにペルーからボリビアへと移動するコースらしく、やはりこれからウユニ塩湖へ向かうという。私はヘラヘラと会話をしながら、成田空港から続く様々な移動形態との十番勝負にこの母親が挑み続けていることに衝撃を受けた。この年齢のころの私ならば間違いなく途中棄権しているだろう。

「本当に、遠いところへの旅行は若いときに行っておくべきですよ。体力的な意味で」

その母親は困ったように微笑みながら、「マチュピチュも、思ったより大変でしたよね。あれはもう登山より登山ですよねえ」と続けた。

私と友人は、「はい」「ほんとですよね」と微笑んだ。四人でマチュピチュについて語り合った時間は、かけがえのない思い出だ。

その後、チューア港で下船し、再びバスにてボリビアの大都市・ラパスへ向かった。到着するころには二十時を回っており、私は今日も今日とて便意とのここ一番の勝負に勝利したことの喜びを嚙み締めた。

六日目

この日からいよいよ、ウユニ塩湖への旅が始まる。二泊三日分の荷物をまとめ、午前九時出発のローカルバスにてまずはウユニへの列車が出る街・オルロを目指す。

十三時半ごろに到着したオルロは、かつては鉱山の街として栄えた地域らしい。普段は少々物悲しい雰囲気に包まれているようだが、私たちが訪れた二月下旬はちょうど南米三大祭りのひとつとも言われているカーニバルの時期だったらしく、街全体が非常に活気に満ちていた(画像14参照)。かなりの数の店がカーニバルのために臨時休業となっており、大通りにはステージのようなものが作られ、何かこれから楽しいことが起きますよ！という感じがビンビン漲っていた。そんな街並みの中にいると、旅音痴の私だってテンションが上がってくるというものだ。「年に一度の特別な時期に来られてラッキーだね！」とか言いながら銅像を真似たウキウキ写真などを撮っていると（画像15参照）、向かい側から走ってきた少年たちに突如大量の水をぶっかけられた。

突然の出来事だった。滴り落ちる水の中、私は、人生、と思った。

『カーニバル期間中とその前の数週間は、水掛けのいたずらが行なわれる。全く見知らぬ人に対して、急に（通りがかりに）水鉄砲などで水をかける。また、小さなゴム風船に水を詰めたものを投げつける』。これは、帰国後 Wikipedia でオルロについて調べた際に出会った記述だ。なお、『二月は南米では夏であるが、オルロは年中寒冷な場所であるので水に濡れると大変寒い。カーニバル期間中にオルロを訪れる際にはレインコートの着用などの水対策が必要である』という記述も追加しておく。

また、オルロで合流予定の、駅までの送迎車や昼食等を手配してくれるはずだった現地ガイドは当然のように現れなかった。カーニバルの期間なので、休んでいたのだと思う。これも後から調べたことだが、大型スーパーマーケット等の施設以外は基本的

画像14　カーニバルの準備が進むオルロ

に休みになると思っていたほうがいいらしい。事前に一言くらい欲しいですけどね!!!

というわけで昼食を摂れる店を探し出した後、自力で駅へと向かい、十五時半発の列車に乗り込んだ。窓の外に広がる景色はあまりに広大で、それを眺めていると、「あ、これが所謂異国に行くと自分の悩みなんてすごくちっぽけに思えてくるってやつか!」と急に合点したりした。

二十二時半。ウユニに着いた。この旅の最終目的地である。

画像15 この後見知らぬ少年に水をぶっかけられる著者

七日目

ウユニ塩湖。それは、アンデス山脈に囲まれた広大な塩の大地。標高は約三七〇〇メートルなので、富士山の山頂とほぼ同じだ。果てしなく広がっているように見えるその土地の面積はなんと、我がふるさと岐阜県と同程度だと言われている。そう表すと、なんだかすぐに果てる気もしてしまう。

テレビなどでもよく見る、地面が空を映すため遠近感が狂うようなあの現象は、塩湖全体の高低差がわずか五〇センチ以内ということから発生している。降った雨が流れることなく大地に膜を張るよう滞留するため、雨季には「天空の鏡」と呼ばれる絶景が生まれるのだ。乾季には表面の水がほとんど干上がり、塩の結晶がむき出しになる。どこまでも（※岐阜県程度）広がる真っ白な大地は、まるでＳＦの世界だ。

というわけで、宿泊したホテルは塩で出来ていた（画像16参照）。床、壁、柱、本当に基本的にはすべて塩だった。人間とは怖いもので、塩ですよ、と言われると初めは驚くのだが、すぐ慣れる。寧ろどうして塩じゃない箇所があるのですか？

朝食後、英語を話せるガイドの運転で、ウユニ塩湖を巡った。

これが凄かった。まず車が到着した段階で、この光景だ（画像17参照）。この日は運良く快晴で、かつ塩湖の水位もちょうどよく、まさに頭の中でイメージしていたウユニ塩湖そのものというコンディションだった。ゆっくり運転しつつ降りたいところで降ろしてくれるので、現実とは思えない景色をたっぷりと堪能することができた。ただ、日本人観光客へのサービスなのか、運転手がずっと車内で

画像16　塩（ホテル）

Perfumeを流していたため、どんな絶景も四つ打ちのビートと共に楽しむことになってしまった。

途中、塩湖内にあるペスカード島で昼食を摂った。ここでは三百六十度の絶景パノラマを楽しめるということだったが、見渡せばすぐ私のようにはしゃぐ大学生が視界に入り込んできた（画像18参照）。ウユニの雨季と日本の大学生の春休みが重なっているのはひとつの不幸だろう。

三百六十度見渡す限り景観を邪魔する建物などがないという状況は、それだけで人をいたく感激させた。マチュピチュも素晴らしかったが、この光景も忘れられないものになるだろうと感じた。

昼食を終え、また車に戻って塩湖を巡ろうとなったとき——私は思った。

トイレに行きたいな、と。

正直、ウユニ塩湖に足を踏み入れてからは、私は自分が胃腸バカ弱人間だということをすっかり忘れていた。それほど夢中になっていたのだ。だが〝昼食後に車に乗る〟という、本来の私だったら最も気

画像17　Perfumeが流れている車

をつけるべき行動を身体がなぞったことによって、身体のほうが神経より先に気づいてしまったのだ。おいリョウ、景観を邪魔するような建物が一つもないってことはつまり、視認できる範囲内にトイレがないってことだぞ――？

私はこの旅で学んだ。常々、世界は「トイレがある場所」と「トイレがない場所」に二分されると思っていたが、それはウユニ塩湖であっても適用されるということを。もう生涯で二度と来られないだろうという素晴らしい場所に立ってまで、自分は「トイレがある場所」にいたいと感じる人間だということを。

実際に〝旅行〟をやってみるのはどうだろう、そのうえで〝旅行〟が自分の人生にとって本当に必要なのかどうか判断してみるというのはどうだろう――この南米旅行の動機となった疑問が、改めて脳内に鳴り響く。私にとって本当に必要なものは、旅による人生経験よりも何よりも、いつでも清潔なトイレに行ける環境だった。ウユニ塩湖にいるときでさえそう思ったのだから、これはもう私にとっては絶対

画像18　存分にはしゃぐことで、誰かにとっての景観を壊していた著者

的な真実なのだ。
中田《なかた》ヤスタカの技が光る四つ打ちの中で、私は長年のモヤモヤが解消されていく快感に浸っていた。学生のうちに旅行をしておいたほうがいいと大人が口を揃えて言っていた意味が、やっとわかった。それは、様々に環境を変えてみることで、自分にとって本当に本当に大切なものがわかるからなのだ。私にとって最も大切なのは、清潔なトイレ。温水ウォシュレット付きのトイレとやわらかいトイレットペーパー。それを教えてくれたのだから、旅行はやはり偉大なのである。

急に口数が減った私に対し、「遠近法とかで写真撮らなくていいの？」と運転手は気を遣ってくれたのだが、早く何かしらの建物があるような場所まで戻りたかった私は「大丈夫です」と断り続けた。これまで遠近法を駆使して写真を撮ってキャアキャア騒いでいる日本人を沢山乗せたんだろうなァ、と思った。

画像19 早見優、松本伊代が書類送検されたことでも記憶に新しい線路立ち入り写真（廃線になった線路がそのまま残っているウユニならば簡単に撮影できます）

無事用を足した後は廃線となった鉄道が線路ごと保存されている通称「列車の墓場」等を見学したり（画像19参照）、市場で買い物をしたりした。その後、ここにきて最長距離を走る夜行バスでウユニからラパスまで一気に移動する予定だったのだが、何かトラブルがあったのかバスが走らないということになり、急遽別のホテルにもう一泊した。明日はラパスで一日自由行動の予定だったので、とりあえず明日じゅう、最悪あさっての飛行機の時間までにラパスに戻ることができれば問題はない。色々あったけれど、マチュピチュは本当に素晴らしかったし、ウユニ塩湖は想像以上だった。あとは帰路に就くだけ、と私はその日、久しぶりに深く入眠した。

と油断しているところに、最後のトラブルが起きるのである。

八日目

翌朝、無事バスが出発することになった。私は気合いと、朝食から盗んだビスケットをポケットに入れて、十一時間以上に及ぶ移動に臨んだ。

とにかく気を紛らわそうと、もう何周も何周もしているラジオの音源に意識を集中させていた。しばらくすると、一体自分たちが今どのあたりを通過しているのか、街の景色を見たところでもう全く見当もつかなかった。

だから急にバスが止まったとき、はじめは渋滞か何かかと思った。

これまでの道中でも、理由もわからず停車することが何度かあったので、私も友人も「目的地に着いたわけではないよね」「目的地まではまだ結構あるから」とぼそぼそ話すくらいで、特にアクションを起こさなかった。それに、アクションを起こそうとしたとて、ここでは日本語はおろか英語も通じないのだ。二人揃って、ただ発車を待った。

しばらくすると、周囲の乗客がごそごそと動き出した。「バス停とかなのかもね。人が出入りしてる」「じゃあもうちょっと待とうか」と、私も友人もカーテンの閉められた窓の外を確認することもせず、そこを大きなターミナルか何かだと判断した。ならば私たちができることはやはり、そのまま待機することくらいだ。

しばらく待った。

怖くなった私は、立ち上がって周囲を見渡してみた。

乗客が全員、いなくなっていた。

私は友人の肩を叩き、「誰もいないよう！」と見たままの状況をそのまま伝えた。私たちは慌てて、バスの先頭の運転席まで走った。どういうことなのか運転手に説明してもらうためだ。

だが、運転席も空だった。

私たちはいつのまにか、バスごと置き去りにされていたのである。

このときの衝撃は筆舌に尽くしがたい。それまで健気に動いていたバスが突然、巨大な死体と化したような感覚だった。

ウユニからラパスまでは約六百キロ。この時点で私たちは、自分たちが一体どの辺りにいるのかもよくわかっていなかった。どうしてこうなったのかも、ここがどこなのかもわからない。情報もヒントも何もない。

「とりあえず、公衆電話探そう」

私たちはバスを降り、公衆電話を探し回った。なぜかというと、日本の旅行会社から「トラブルが起きたときはまずここに連絡してください」と、現地法人の電話番号を教えてもらっていたからだ。とはいえここに電話することなどないだろうと思っていた。甘かった。不幸中の幸いか、置き去りにされたのはそれなりに賑やかな街中で、辺りをぐるぐる歩き回れば数分で公衆電話を見つけることができた。

受話器を握る友人の隣で、私は祈った。お願い、助けて、××社の現地の人〜！

「ダメだ」

がしゃん、と、友人は受話器を置いた。

「カーニバルで休みっぽい」

水ぶっかけたろか!!!

私は今更、見知らぬ少年たちに水浸しにされた過去に憤怒《ふんぬ》した。ていうかさっきはサラッと流したけど、『カーニバル期間中とその前の数週間は、水掛けのいたずらが行なわれる』って何だよ！　カーニバル期間中とその前の数週間、水掛けのいたずらが行なわれるなよ！『全く見知らぬ人に対して、急に（通りがかりに）水鉄砲などで水をかける』って何だよ！　全く見知らぬ人に対して急に（通りがかりに）水鉄砲などで水をかけるなよ！　そんなことしちゃダメだろ！『また、小さなゴム風船に水を詰めたものを投げつける』ってまだこれじゃなくてよかったよ！　これされてたら泣いてたよ！

結局、なんとか英語でコミュニケーションが取れるタクシーを見つけ出し宿泊予定のホテルまで辿り着くことができたのだが、あのときのことを思い出すと今でもぞっとする。結局乗客どころか運転手まで突如ごっそり消え去った理由は、今でもよくわからない。バスが故障でもしたのか（そうだとしても全体に向けたアナウンス等はなかった）、はたまた運転手ごと急にカーニバル期間に突入したのか……神のみぞ知る、である。

九日目

午前七時十五分の飛行機で、ラパスを発つ。往路ではあんなに長くつらいと感じたフライトも、清潔なトイレと共に在れると思うと何のストレスもなかった。清潔なトイレ、それは何にも勝る絶景――。

十五時五十分、マイアミ着。荷物を一度受け取り、再度預け、気が遠くなるようなトランジットを経て、二十時五十分にダラスへ。二十三時にダラス着、ここで一泊。

十日目、十一日目

午前九時三十五分発の飛行機でダラスを発つ。日付変更線を越え、出発から十一日目の十四時、成田空港に到着。

帰国してからの私はというと、聞かれてもいないのに南米の旅についてピーピー吹聴するウザイ鳥みたいになっていた。回数を重ねすぎて話が落語かの如く整ってきたころ、大学の同級生から【私も今すぐじゃなくても南米行ってみたいんだけど、リョウが使った旅行会社ってなんてところだっけ？】と連絡が来た。

ふむ。私は鼻の穴が膨らむ思いがした。自分の体験を誰かが参考にして頼ってくれるというのは、悪い気はしない。

【××社ってところだよ！　レスも早いし連絡してみて。南米は黄熱病の注射があったり大変よ～あと高山病ね。高山病って～】

私はまた聞かれてもいないのに様々な情報を盛り込んだ返信を送りつけ、悦に入っていた。ふふ、こうして旅の思い出のシェアが誰かの次の旅に繋がるなんてステキじゃない。移動距離がアイデアに比例するかどうかはちょっとわからないけど、こうして誰かの役に立てるなら、四の五の言わずにレッツトラベル！

その後、私に旅行会社を尋ねてきた同級生の共通の友人と話す機会があった。私はその共通の友人に向かって早速、「そういえばあの子も南米興味あるっぽいよね～、どこの旅行会社使ってたのって連絡来たもん。仲介料でももらおうかなァ、なんて（笑）」と鼻の穴を膨らませた。

共通の友人の反応は、思っていたものと違った。

「あー……なんか」

彼は困ったように眉を下げると、こう続けた。

「リョウの話聞いて、リョウが使った旅行会社だけはやめておこうって思ったらしいよ」

！

最も避けるべきケース認定！

私が「へ、へえ……そうなんだ」と平静を装っていると、彼は純粋な目で「俺マチュピチュ興味あるんだけど、どうだった？」と質問をしてきた。どう答えたか、私はよく覚えていない。

踊ることに踊らされて

あるときテレビで、某アイドルグループのダンスを非常に高いクオリティで披露したお笑い芸人が、自身のダンス観についてこう語っていた。

「音楽が流れるとすぐ踊る子どもだった。ダンスができるとかうまいとかそういうことではなく、自分には踊る人間の血が流れている、とは昔から思っていた」

一字一句覚えているわけではないが、とにかく、ＤＮＡに〝踊る〟が仕込まれていると昔から感じていたという主旨の発言だったことは間違いない。なぜこの発言を今でも覚えているのかというと、「え、私も〜！」と思ったからである。いとうあさこさん、一緒です！

私はダンスがうまくない。センスもなければ必要な努力もしていない（しろ）。だけど子どものころから、なんとなく踊ってしまう。踊ると楽しい、という感覚だけが先にあったのだ。現役大学生作家という肩書にぶら下がりヘラヘラしていたころは、「小説家なのにダンスって珍しいですよね!?」と、ダンスを〝意外性〟の取っ掛かりとしてよく持ち出していただいていたが、実は順番が逆なのである。小説家なのにダンス、ではなく、予め踊るDNAを仕込まれていた人間が、そのうち小説を書き出したのです。とか大きなことを書いたが、私は大学のサークルでダンスをかじっただけだし、きちんとしたスタジオのレッスンを受けた期間も一年に満たないので、本当に下手くそだ。それなのに面白そうなことがあれば「面白そうなことがあるぞ！」と鼻を利かせてしまうため、これまで不相応な場で舞ってしまったことが何度もある。今回はその記憶を辿りたい。

その1　ダンスバトルの大会に出る

自分でタイピングしてゾッとした。この文字列を打ち込むことを明らかに心が拒否しており、もう何度目かの〝何のためにこの文章を書いているのかよくわからない〟状態に陥っている。

このようなテイストのエッセイを上梓していると、「恥ずかしくないんですか、二冊目の最後のアレとか……」等と、「肛門記」という言葉の発話を巧みに回避しつつ尋ねられることがままあるが、私は自分の意志や選択とは関係ないところで発生した事案に関して、あまり恥ずかしさを覚えない。みんな同じ空の下、の温度感で、みんな同じ肛門の上、と思っている。みんな肛門と共に在るし病気にだってなるし手術だってする。

「肛門記」はそう、今を生きる〝あなた〟の物語――。と、こうなるわけである。究極的なことをいえば、全裸も恥ずかしくないかもしれない。人間、脱衣すればみんなどうせ同じような形をしている。生殖器だって、自分で選んだ形ではないのだから、どう思われても関係ない。これは、今を生きる〝あなた〟の全裸――。と、こうなるわけである。一方、自分の意志や選択で発生した事案をまじまじと見つめられるのはとても恥ずかしい。チョコ味とイチゴ味だったらチョコ味を選ぶんだ、フーン、今はチョコを食べたい気分なんだァ……のほうが耐え難いのである。

という前段を踏まえると、めちゃくちゃ下手くそであるにも拘らず自らの意志と選択によってダンスバトルに出場したという過去は、私にとって「肛門記」など目じゃないくらい恥ずかしいのだ。これは、今を生きる〝私〟のくだらない記憶――。

さて、ここからは十年以上前の〝大学のダンスサークル内〟に蔓延《はびこ》っていた謎文化の話に触れるので、ニッチなあるあるという珍味を楽しむ感じで読んでほしい。もし今も近い空気が残っているとしたら、当事者は私と一緒に顔をカーッとさせてください。

踊るDNAに踊らされダンスサークルに入った私のモチベーションは、楽しく踊れたらいいなァ、新しい友だちできるかなァ、くらいのものだった。だがすぐに、自分の所属した集団内には精神的な分断が存在することに気づいた。ダンスに限らずどの分野にも当てはまる話だが、真剣に極めたい勢と気軽に楽しみたい勢、である。

私は完全に後者であった。私は、コンビニで買った百円の団子等を食べながら皆でワイワイと身体を動かして、たまにある発表会的なもののために決められた振り付けを練習する、くらいの感じで十分だった。だが、当たり前だがそこに留まらない人も多くいる。決められた振り付けよりも即興で踊るフリースタイルを、内輪の発表会より外部イベントへの出演で得られる経験と刺激を、というように、どんどん世界を広げ高みを目指す人たちも少なくないのである。低みで寝転んでいた私は、時が経つにつれ「そこまでできんな〜」と思うようになっていた。そのうち、サークル内でも発表会だけでなくフリースタイルで行うダンスバトルが企画されるようになり、それに出場しないと〝成長する機会から逃げている〟とみなされるような空気感が醸成されていった――と私は受け取っていた。

私のアンテナが変だっただけかもしれないが、まとめると、【外部のダンスバトルで結果を残している人】が最も凄いという空気があった。私は【内部の発表会の過程でもふざけている人】だった。低みを牽引《けんいん》する存在だ。

決められた振り付けの精度を高めることと、即興で踊ること。どちらが好きかというのは人によって意見が分かれるが、私はずっと後者が、特にダンスバトルが苦手だった。同じく後者を苦手とする友人は多く、「できない」「即興で踊れるほどの実力もない」とよくコソコソ言い合っていた。

そんな中、大学対抗でダンスバトルを行うというとんでもないイベントの情報が回ってきた。

内容は、各大学で八人ずつほどのチームを作り、チーム対抗のトーナメント戦を行うというものだった。先述した言葉を借りれば、れっきとした【外部のダンスバトル】になるわけである。

それに、私はエントリーした。

タイピングする指が震えた。マチュピチュに行った、と同じように、ダンスバトルには出なかった、と今からでも記憶を改竄《かいざん》したい。ちなみに、ダンスバトルにエントリーした理由は南米旅行と似ていて、やっておいたほうがいいのではないか、と思ったからだ。【外部のダンスバトル】に出ているかどうかでやる気の有無が測られる空気があるならば、このスタンプはとりあえず押しておこうと判断したわけである。相変わらず芯もへったくれもない。

会場は、都内のクラブだった。私は、クラブとは夜な夜な怖いイベントが行われている場所だと思っていたのだが、意外と真っ昼間から様々な催しが行われているようだった。

チームは八人制だったのだが、私以外のメンバーの中にはダンスバトルが好きだという者もいて（自らの意志で参加しているのだから当然である）、そういうメンバーは賑わうフロアやステージを見てその闘志をさらに燃え上がらせていた。私は心底、何で自分はここにいるんだろうと思った。人生で一番帰りたかった。

私の帰宅願望などなんのその、本番はあっという間にやってきた。ステージの上で、バトルの相手となる八人と相対する。ＭＣが両者の紹介をすると、フロアはさらに盛り上がった。私は、このドサクサに紛れればバレずに帰れるのでは、と往生際悪く考えたものだが、もちろんそんなことは不可能だった。

音楽が流れ始める。まずは一曲目に合ったジャンルのダンスを得意とするメンバーが出ていくことになる。ダンスバトルは特に踊る人間の順番は決まっていない。自分が得意とするダンスが最も映えると思った音楽がかかったときに、自己判断で出ていくのだ。

私は仲間たちが立派に戦う姿を見ながら、このまま出番がないといいな、と思っていた。そもそも私のダンスが最も映える曲などこの世に存在しないのだから、出番がないなら出番がないで全く問題なかった。

だが無情にも、私が普段練習しているジャンルの音楽が流れ始めた。仲間たちが私を見る。……わかりました、行きますよ、行きますから！　ていうか行きますけど本当にそれでいいんですね⁉　私、行きますからね⁉

ダンスバトルを経験した者が口を揃えて言うフレーズがある。それは、「記憶がない」だ。私自身、踊っている最中の記憶は全く残っていない。例えるなら、全身のあらゆる急所に無数の銃口を突きつけられながら、「止まったら殺す」と耳元で囁かれているような感覚だった。ダンスバトルでは、とにかく動きを止めてはいけない。何でもいいから踊り続けるしかないのだ。音楽より先に止まることだけは絶対に許されない。

その中でも、一つだけ、はっきりと覚えていることがある。

相手チームのひとりが、大げさに腕時計をトントンと指で叩いたのだ。

あっ、長いんだ。

瞬時にそう判断した私は、客室の説明を終えた女将《おかみ》のようにサッと退いた。本当は襖《ふすま》も閉めてピシャッと視界から消え去りたかったが、襖がなかった。

そのバトルに私たちは負けた。私は、女将めいた角度そのままの姿勢で敗北をしっとり受け止めた。

帰り道、チームのメンバーが言った。

「相手が時間長いぞって挑発してきたんだから、その後にもっと踊ってやればよかったのに」

目から鱗だった。

バトルと名のつく以上、ダンスバトルも煽り合いの世界である。ただお互いにダンスをするだけではなく、たとえば相手がしてきた動きを即興で取り入れてさらに難しい技を返したり、一人で向かってきた相手に二人、三人の合せ技で返したり、そういう好戦的な姿勢が必要になる。昨今人気のラップバトルも同じ構図だろう。相手の挑発をどう返せるかというところで、フロアは沸くのである。

私は気づいた。自分には実力とかそういうもの以前に、やられたらやり返す精神がないのだと。倍ダンスをしなければならないタイミングで女将ムーブをキメてしまう人間は、そもそもバトルという場に向いていないのだ。私の頭の中で、過去の様々な記憶が芋づる式にフラッシュバックしていく。

高校のバレーボール部時代。スポーツの試合に相手チームからの挑発はつきものだが、私はネット越しに聞こえてくる「サーブ弱いよー」「〇番ないよー（〇番のユニフォームの選手は攻撃力が低いよー）」等の言葉に、いちいち「何でそんなこと言うんだろう……？」とションボリしていた。その挑発に意味などなく、記号的なものだと頭ではわかっていながら、「今からサーブを打つ私に、どうして弱いとか言うの……？」と思っていた。相手の思うつぼ過ぎる。

確かに色んなスポーツを観ていても、どれだけ身体的に恵まれていて高い技術があったとしても、この人は〝人と戦う〟ということに心がしっくりきていないんだろうな……と感じる選手はいる。そしてその、心技体における心の欠落こそ、最もどうにもならない部分だったりするのだ。私は身体的に恵まれているわけでも技術があるわけでもないが、何よりも〝人と戦う〟精神が欠落しているということがこのバトルを経て明確になった。メンバー曰く、相手が時計を見るなんてものすごく返しやすい挑発だそうだ。「なのにそのまま戻ってきたからびっくりした、相手もびっくりしてた」「そっかァ……」花咲舞《はなさきまい》だったら黙っていないのだろうが、朝井リョウは黙るほかなかった。

自分には、〝人と戦う〟に見合った精神がない。今後の人生の決断に影響しそうな重要事項を一つ認識できたという点では、非常に貴重な体験であった。

その2　赤坂サカスの夏イベントに出演する

自分でタイピングしてみてゾッとした。イヤミスの終盤でもないのになぜ数ページおきにゾッとしなければならないのだろうか。

コロナが蔓延する以前の夏、都内にある各テレビ局は毎年大掛かりなイベントを開催していた。小中高生の夏休み期間に合わせて、フジテレビならお台場を、日本テレビなら汐留を、各局の人気番組とコラボした売店やブースでいっぱいにするアレだ。TBSの場合、お膝元である赤坂サカスがその舞台となるわけだが、ある年、そこに設置されたステージでショーをしないかという話がサークルに舞い込んできた。

それに、私はエントリーした。

やめとけよ！　と思うが、残念ながらエントリーした過去を経たからこその私が今このときを生きて、この原稿を書いているのである。

当時私が所属していたサークルには大学生だけでなく社会人の方々も参加しており、彼ら彼女らはおしなべて非常にダンスがうまかった。そして、赤坂サカスのためのショーの振り付けの一部を、その社会人ダンサーが担当してくれることになった。

私はそのパートが全然踊れなかった。

練習しながら私は思っていた。これは練習すればできるようになるとかではなくて、例えば百メートルを五秒で走れと命じられたときと同じ感じの〝できなさ〟だな、と。

それでも、それまで一応何度かショーというものを経験した身として、私は、本番までにはあらゆることが収まるところに収まるだろうとボンヤリ考えていた。本番までには踊れるようになるか、正確に踊れてはいないけれど踊れているように見えるやり方を身体が見つけるか、はたまた振り付けが変わるか。そういうふうに、何故かなんとなく問題が片付くのが世の摂理であり〝本番〟の持つ力なのだ。小説家や漫画家のインタビュー等でも見聞きしたことがあるだろう、絶対に間に合わないと思っていた原稿でも締切日には何故か完成しているとか、展開を考えずに書き進めていたら最終的にうまく繋がってくれたとか、そういうアレである。ああいう本番マジックみたいなものはこれまでも経験済だったので、私はどこか悠長に構えながらコンビニで買った百円の団子を食べる等していた。大丈夫大丈夫、結局なるようになるんだから。ケセラセラ〜。で、本番の日がやってきた。赤坂サカスのイベントは大盛況で、観客席には沢山の人がいた。私は多くの視線が注がれる煌《きら》びやかなステージに上手から登場し、しばらくジタバタし、下手へとはけた。爽快な夏空によく似合う、立派な屋外ステージだった。

このときの感覚が、私は今でも忘れられない。できるようにならなくても本番は来るし、できないままでも本番は終わる。収まるところに収まらない。なるようにならない。ケセラセラない。本番が終わった後の控室で私は、「自分はさっき、全然踊れないまま人前に出ていたんだなァ……」としみじみ思った。そして、売店でクレープ等を食べて帰った。

今でも私は、締切が近づけばどうにかなる、という言説を信じていない。当然のようにどうにもならなかったこと、そしてどうにもならなかった後も日常が滑らかに進行していったあの感覚が、薄気味悪く思い出されるからである。

その3　ディズニーランドのステージに立つ

このバカ！　という声が早くも聞こえてくるようだが、事実なので仕方ない。この不変の過去が今の私の一部となっているのだ。タイムスリップでもしてこの事実を消してしまった場合、今の私は存在しなくなる。別にそれでもいいですよ〜。

東京ディズニーリゾートでは、『ドリーマーズ・オン・ステージ』というアマチュアパフォーマーのための企画がある。オリエンタルランドが提示する出演規定を満たしており、事前に提出するパフォーマンス動画の審査を通ったうえで抽選に当たれば誰でも、シアターオーリンズ、パレードルート（以上二つはディズニーランド）、ディズニーシー・プラザ、ドックサイドステージ（以上二つはディズニーシー）のどこかのステージでパフォーマンスができるという企画だ。大学三年生から四年生にかけての時期のある日、とあるメンバーが「これ、出られる人たちで応募してみようよ！」と提案してくれたのだ。

それに私はエントリーした。すみません、エントリーしたんです。

公式サイトを見てもらえばわかるのだが、さすが東京ディズニーリゾート、出演規定がかなり細かい。たとえば「パークの雰囲気にそぐわない楽曲」は使用NG、「生活感／使用感のある」小道具や備品は使用NG、なんと「無精ひげ」もNGなのである。よって、みんなでショーを作っている最中も、「この曲の歌詞、英語だけど、実はとんでもなくエロいことを歌っているのでは……？」と疑心暗鬼になったり、映像を撮る際には洋服やシューズのブランドロゴが写り込んではいけないためテープ等でロゴを隠すのだがナイキのNのマークを隠すためにNという形にテープを貼ってしまったりと、くだらない足止めに次々とブチあたった。ただ、気の置けない仲間たちと狭いスタジオの中で夜通しワーワー言いながらショーを作り上げる過程はとても楽しく、私はコンビニで買った百円の団子を上機嫌で食べる等していた。

ちなみにショーを作る過程で私は何をしているのかというと、何もしていない。いっとき、私にも振り付けを作るパートが与えられていた時代があったが、百発百中でキモい振りを付けてしまうため、私の担当パートはどんどん縮小していった。そういうのはできる人がやったほうが良いのだ。

結局徹夜で練習をし明け方に撮った動画を送ったため、無精ひげが出てきた人もいるんじゃ……と思ったが、どうやら英語の歌詞も無事エロくなかったようで、幸運なことに私たちはステージに立てることになった。当日はパフォーマンスができるだけでなく、振り分けられたステージがあるパークで一日遊べるという。私たちはシアターオーリンズで踊ることになったので、その日はディズニーランドを一日徘徊できることになった。ワーイワーイ。パレードも見たいし皆で被り物して歩きたいね〜！

　当日は朝から信じられないような荒天だった。パレードは全部中止、被り物をしたとて傘が全てを覆い隠した。起床した瞬間〝仮病〟の二文字が脳を過《よぎ》るほど暗澹《あんたん》たる気持ちだったが、私たちは衣装の入った大荷物を抱え、朝早くに舞浜に集った。

　まずはリハーサルだ。オリエンタルランドの担当者が、パークの敷地内にある施設へと案内してくれる。こんなところにこんな施設があるとは、裏側がこうなっていたとは、ここがここに繋がっているとは、普段ショーダンサーたちはここで練習しているのか——そんな驚きの連続だったような気がするが、詳しい記憶はミッキーの真っ黒い目から放たれた光線により消されているので、ここに記した全ての真偽は不明だ。

　衣装に着替え、本番同様にパフォーマンスをし、入り・はけの確認をして——そんなことをしているうち、本番はあっという間にやってきた。もともとディズニーランドが大好きなメンバーも多く、彼ら彼女らは「自分がディズニーで踊れるなんて！」「夢みたい〜！」と興奮していた。私は、ダンスバトルで女将になったり赤坂サカスの舞台をジタバタしながら横断したような人間でもディズニーランドのステージに立てたりするんだなァ……と感慨に耽《ふけ》っていた。

施設を出て、シアターオーリンズへと向かう。時間になると、予めステージにいるMCが軽快なテンポでこの企画の説明を始めた。私たちのパフォーマンスは音楽が先にかかる形式で始まるのだが、立ち位置の都合上、私は入場列の先頭にいた。まず私が舞台に登場するわけである。

「それでは一組目の登場です、どうぞ！」

MCの合図で音楽が流れ始める。私は舞台袖で共に待機しているメンバーと、「1、2、3、4」と決められたタイミングまで声を揃えてカウントする。すごいなァ、今から本当にディズニーランドのステージで踊るんだなァと、急に実感が湧いてくる。昔ディズニーランドに来たときは、まさか自分が舞台上で踊る側になれるなんて毛頭思ってなかったなァ……これからどんな素敵な景色を見られるんだろう！　よし、もうすぐだ！

「5、6、7、8！」

私は、全然似合っていない衣装（オレンジ色のワイドパンツ）をひらめかせ、颯爽とステージに駆け出ていった。さあ、ドリーマーズ・オン・ステージの幕開けだ！

客、無！

無観客配信の祖になれるくらい、客席には人がいなかった。ノー・オーディエンス・

ステージの幕開けである。よく考えなくとも、パーク内ではプロによるステージが数多く開催されているわけで、その中で隙あらばコンビニで買った百円の団子を食べようとする素人がまず駆け出てくるステージをわざわざ選ぶ人なんて希少に決まっている。先述した通り、神がキレてんのかと思うくらいの荒天も影響しているかもしれないが、かろうじて何人かいた客も、その後にパフォーマンスをした子どもたちの保護者だということがすぐに発覚した。私たちは誰にも見られていないどころか寧ろ「早く終われ」と祈られながら踊ったのである。ありがとうディズニー！　楽しかったです！

さて、今回紹介したエピソードをそれぞれ簡単にまとめてみよう。

その一、技術とか実力とかの前に、向いてないことはある。

その二、なせばならない。どうにかしないと、どうにもならない。

その三、どうにかしたところで、何も結実しないことだってある。

以上が、踊ることに踊らされた日々の中で得た学びだ。ここに書ききれないほど「はて？　なぜ私は今ここで舞っておるのか？」と頭がクラクラした経験は他にもあるし、きっとこれからも増えていく気がする。そのときは私というよりは私のＤＮＡを責めるという形で、一つよろしくお願いいたします。私は悪くないんです、文字通り踊らされているだけなので。

十年ぶりのダンスレッスン

昔から、サバイバルオーディション番組が好きだ。

大事なのは〝昔から〟という部分なので、太字にした。ここ数年、サバイバルオーディション番組が好きだと言うと、「最近流行ってるよね〜（流行りものが好きなんだネ！）」というリアクションをされることがあるが、私の〝素人の集団から人数が減らされていく企画〟への執着は幼少期から異常値を記録し続けている。原因は、物心ついたときに出会ってしまったテレビ番組『ASAYAN』で間違いないだろう。〝夢のオーディションバラエティー〟というキャッチコピーの通り、素人たちによるサバイバルという形式ならば最早ジャンルは何でもいいという闇鍋のような番組で、モーニング娘。やCHEMISTRYをはじめとした歌手はもちろん、ファッションデザイナーやサッカー選手までもが輩出されていくその過程に当時小学生だった私は夢中になった。今でもふと（あの、よく泣いていたデザイナーさんは元気かなァ……）と名前を検索し、見つけたSNSのアカウントを眺め耽ったりしてしまう。ごあきうえさんが元気そうで本当に安心しました。

二〇一四年ごろ、ＴＢＳが放送していた『Sing!Sing!Sing!』というソロ・ヴォーカリストを輩出する番組にハマっていたときも大変だった。『ASAYAN』を観ていた実家暮らしのころには有り得なかった「本気を出せば観覧に行ける」という衝撃的発見に見舞われたからだ。この発見は、ニュートンにとってのリンゴ落下ばりの衝撃度だった。その番組の最終回、つまりグランプリが決まるゴールデンタイムの生放送、私は観覧募集のメッセージ欄に約四千字の文章をブチ込み摑み取った観覧権を手にＴＢＳにいた。当時は会社員で有休を取っていたため、上司等が視聴するタイミングで画面に映り込むという現代の悪夢を避けるため、ＴＢＳの最寄りのカラオケ店で変装までして観覧に臨んだ。もはや観覧というより侵入である。ちなみにその数日後、ふらりと入った飲食店にて、最終回で惜しくも準グランプリとなったファイナリストがアルバイトをしている場面に遭遇するという奇跡が発生した。私はその天文学的な確率の邂逅に震えながらも、平静を装いながら厨房にほど近いカウンターに腰掛けた。厨房では店長と思しき男性が準グランプリの女性に「年末は帰省するの？　実家どこだっけ？」等と尋ねており、私は危うく「兵庫県だよ！　歌手を夢見て上京したんだよ‼」と絶叫しそうになった。

そんな中、黒船の如くやってきたのがPRODUCE101シリーズである。

日本でも既に複数回実施されたということもあり、名前は知っているという方も多いのではないだろうか。簡単にいえば、１０１人の練習生が様々な課題曲審査によって篩《ふるい》にかけられていき、最終的に投票で上位となった十名前後でダンス&ヴォーカルグループを結成する、というものである。日本に上陸する前からその魅力に取り憑かれていた友人の激推しによりまず韓国版を視聴したのだが、人の心を狂わせる悪魔的な構造を目の当たりにした私は、「へえ、人心掌握ってこうやってやるんだァ！」と瞳孔が開く思いだった。PRODUCE101シリーズ、通称プデュの楽しみは、デビューを目指す練習生を応援することより寧ろ番組の構造に心身を狂わされていく視聴者にあるかもしれない。なぜ視聴者がどんどん狂わされていくのか。その原因はおそらく、視聴者投票にある。

オーディション番組には、視聴者参加型とプロデューサー独断型の二種類がある。NiziU、BE:FIRST、HANAを輩出した各番組や『ASAYAN』におけるモーニング娘。のメンバー選出などは、完全に後者だ。こちらの場合、選考を統《す》べるプロデューサーのカリスマ性というものが絶対不可欠となる。ピーチクパーチクうるさい我々視聴者を「この人がそう決めたなら、我々は何も言うまい」と黙らせられれば、その時点でそのオーディションは成功したも同然だ。

そして、プロデューサー独断型の場合、視聴者の狂乱が一線を越える可能性は低い。視聴者が泣いても喚いても、選考への影響が一切ないからである。我々は紙芝居を楽しむ子どものように、メディアがくるくると与え続ける情報をただ浴び、ワーワー騒ぐほかないのである。

その点厄介なのが前者、視聴者参加型だ。

特に視聴者による投票制ということになると、良くも悪くも、騒げば騒いだ分だけ結果に影響する可能性が出てくるのだ。私の一票のおかげであの子が受かった、私が集められなかった一票のせいであの子が落ちた、と、こうなるわけである。どんな事象が起きても、その主語に自分を引き寄せることができてしまうのだ。そんなの、共感能力の高い人はどんどん深みにハマるに決まっている。メディアが与えてくる情報に一喜一憂するどころか、どこも報じていない事柄を自ら掘り当てにいき、本人や公式が明かしていない情報を勝手に回収しまくり、番組を視聴していない人々からの票を集めるべくプレゼン資料を作成しだすようになるのだ。練習生の友人の過去のSNS投稿の背景等から彼らの生活圏に始まる様々なデータを吸い上げるその様は、もはやファンというより考古学者である。一ミリの出土でぜ〜んぶ解析しちゃうゾ★

中でもプデュシリーズの巧みなところは、視聴者に〝国民プロデューサー〟というとんでもない呼称が付与されるという点だ。練習生たちから「国民プロデューサーの皆様、よろしくお願いします！」なんて殊勝に頭を下げられているうち、「私が……やるしかないのですね！」みたいな顔つきになってしまう人が多数出現するのである。「この101人からメンバーを選んで、J－POPの歴史になかった最高のグループを作る……ニッポンの夜明けぜよ！」と、龍馬《りょうま》大量出現と相成るわけである。

だがもちろん、季節や天気によって夜明けにも違いが出てくるように、国民プロデューサーたちが掲げる理想もそれぞれ異なる。ダンスがうまい、歌がうまい、ラップがうまい、ビジュアルがいい、はたまた過去の言動含めた人間性が素晴らしい――第一優先事項がバラバラな人間たちが全員坂本《さかもと》龍馬顔でそれぞれの未来を見据えてしまうとどうなるか。そう、無血では済まない大流血開城が待っているのだ。「グループにこの練習生は絶対に必要なのにどうして伝わらないのか⁉」「この練習生がいては目指すグループ像から離れてしまうのに何故わかってもらえないのか⁉」どうしたって結論の出ない大討論が、主にSNS上で延々と繰り返されることとなる。夜明けは来ないぜよ！

このようなサバイバルオーディション番組は、ドハマリする人間と全く琴線《きんせん》に触れない人間にハッキリ分かれる（ここまで読んでいて、何が何だかという読者も多いかと思う）。私はひとりで鑑賞するのも寂しかったので、周囲にいる〝そのケのある〟人間に視聴を勧めまくったのだが、その結果、最終的に十二人の琴線ジャンジャラ鳴りまくり人間が集った。ヲタ十二楽坊。

毎週皆でチャットをしながらリアルタイム鑑賞を楽しんでいたわけだが、同じ穴の狢《むじな》とはいえ熱狂の仕方は様々だった。特定の練習生に入れあげる者、入れあげすぎてその練習生へのネガティブな情報を見て蕁麻疹《じんましん》を発症した者、入れあげすぎて練習生への投票を呼びかけるポスターを勤務先に掲出した者（いい加減にしなさい）、入れあげすぎてその練習生に悪影響を及ぼしうる人物のアカウントを全て通報して回るという令和の夜神月《やがみライト》と化した者……そんな愉快な仲間たちに囲まれながら、私はというとこんなことを考えていた。

自分もやってみたいな〜。そう。私はアイドルオーディションを見続けるうち、その行程に参加してみたくなっていたのである。

ハイ、落ち着いて。わかってるわかってる、激キモ発言だよね！　身の程知らず、が原因で炎上する初のケースかもね！〝不快な気持ちにさせてしまったならば大変申し訳ございませんでした〟が定型文じゃなくてマジで発動するよね！　不快な気持ちにさせてしまったならば大変申し訳ございませんでした！

これは決して、アイドルになりたい、という話ではない。もちろん、なれるとも毛頭思っていない。私は誰に対しても、あの立場になったらどういう気持ちになるんだろう、と想像することが好きなのだ。オーディションを受けている最中ってどういう気持ちなんだろう。そこで出会った、年齢も出身地もこれまでの人生もバラバラな人たちと合宿生活をしながら鍛錬に励むってどんな感じなんだろう。厳しいサバイバルを勝ち抜いて夢を叶えて、満員の客席をステージから眺めるってどういう気持ちになるんだろう！あ〜知りたい！　自分の人生では味わえない感情だからこそ、体感してみたい〜！

というわけで私は、アイドルオーディションを疑似体験するべく、あるレッスンに申し込んだ。

PRODUCE101シリーズには必ず、練習生たちが番組オリジナルの課題曲をパフォーマンスする審査がある。番組の中でも特に人気を集める審査なのだが、その課題曲の振付をレッスンしてくれるダンススタジオを見つけたのだ。私はその中でも、週に一度のレッスンで一ヶ月かけて一曲を完成させるというものに申し込んでみた。

さらっと書いたが、申し込むまで私は散々逡巡した。まず懸念事項として挙がるのは、ちゃんとしたスタジオでレッスンを受けるのが十年ぶりだという点。ダンスシューズを新調するところから始めなければならないのだ。そして何より、三十歳を越えた男性が独りで参加するという点だ。いくらさァ、やりたいことに年齢も性別も関係ないよ〜とか言ってもさァ、実際悩むよね？　行くの？　本当に？　もう全然似合わなくなった練習着で？　アイドルの曲を習いに⁉　スカルプD使ってるオメーが⁉︎!

一旦、落ち着こう。私は深呼吸をする。私は決して、アイドルになりたいわけではない。一つの経験として、課題曲に臨むことで、オーディションというものの気分を味わってみたいだけなのだ。そう、いわば取材である。だから恥ずかしくなんてない。作家としての取材。うん、取材取材取材！

当日、震える足で向かったダンススタジオの男性更衣室には、案の定私しかいなかった。そもそもダンススタジオという空間に今の自分がしっくりこなさすぎて、地図を頼りに駅からの道を歩いているだけで何故だか異常に恥ずかしかった。そんなわけはないのに、周囲の人達が皆、「あの人今からダンスのレッスンを受けに行くらしいよ」「しかも、アイドルの曲だって」「プークスクス」と私を嗤っているような気がした。幻聴をどうにか振り払いながら、新調したシューズと共に、私は決死の思いでスタジオの扉を開けた。

すると、スタジオの中にいた女性全員の視線が、正面の鏡に一回バウンドしたのち、一気に突き刺さってきた。

違うんです!!!

誰にも訊かれていないのに、私はそう叫びそうになった。ぐっと口をつぐみ、キャップのつばで顔を隠すようにして、そそくさとスタジオの隅へ移動する。中にいた八名は、年齢は十代から四十代くらいまでと幅広いものの、講師含め全員が女性だった。そして、おそらくそれまで楽しそうに番組の話等をしていただろう和やかな空気が、私の登場により明らかに変質したのがわかった。ごめんなさい、違うんです、怪しい者じゃないんです、別にこのナリでアイドルになりたいとか思ってるわけじゃないんです！ちょっと体感してみたかっただけなんです、だからそんな「うわあ……」みたいな感じで私を見ないで！（誰も見ていない）

「ではレッスンを始めていきましょう。まずはストレッチから！」

女性講師の挨拶に、私以外の全員が「よろしくお願いします～」「いけるかな～！」等と軽やかに対応している。講師との距離感から見てもどうやら全員常連のようだし、みんな二人組なり三人組なり友達同士で来ているみたいだ。そんなリラックスした空間に帽子目深《まぶか》男が突如侵入してきたわけである。

わかってはいた。サバイバルオーディション番組の視聴者は（練習生の性別を問わず）女性視聴者が圧倒的多数だということは。覚悟していたつもりだったが、いざ実際に黒一点となると、心身は想像の何倍も萎縮した。私は、足がつるのを防止するためのストレッチで足をつりかけながら、もう逃げ場のない九十分間の幕が開いたことを噛み締める。ショー・マスト・ゴー・オン……ふっ、アイドルっぽくなってきたじゃない！

「やっぱりまずサビを踊れるようになりたいですよね。なので、サビ前のBメロからいきましょうか」

講師が、まずはカウントで振付を教えてくれる。週に一度、九十分、全部で四回のレッスンで一曲。本物のアイドルはこの何倍もの速度で振付を習得するのだろうが、今の私は十年ぶりにスタジオに入る万年在宅勤務人間 featuring 痔。大変な作業であることは火を見るより明らかだ。気合を入れなければ——！

とか言いつつ、私は正直、いけるだろうと思っていた。ダンスにおいて数々の失態を繰り返してきたとはいえ曲がりなりにも経験者。全く歯が立たないということはないだろう。そう高を括っていた。

ところが、だ。とにかく、動きが身体に馴染まないのだ。アイドルの楽曲の振付というものは、同じダンスでも、私がこれまで経験してきたストリートダンスとは全く異なる部分が沢山あった。具体的に言えば、リズムではなくメロディや歌詞に合わせて振付が作られている点、そして何より、一つ一つの動きでいちいちカッコつけなければサマにならない点である。特に後者の発見が大きかった。実際に体験してみて、アイドルたちは常にめちゃくちゃ気合いを入れてカッコつけてくれている、ということがよくわかった。素人が振付の動作を正しくなぞったとて、その完成度は十点くらいなのだ。アイドルたちはその曲の中で常に観客やカメラを意識し、常に自分が一番輝いて見える顔の角度や表情を作り込んでくれていたことが身にしみてわかった。前者に関しては単純に私の引き出しの少なさに問題があるのだが、私以外の参加者は寧ろそちらの動きのほうに馴染みがあるようで、どんどん振付をマスターしていた。明らかに一人だけ踊れていなかったが、「出来ません」と言い出すこともできず、私は歪《いびつ》に舞い続けるほかなかった。

「うん、みんな出来てますね！　いい感じです！」

嘘つかないで！　私は講師の言葉にそう思ったが、当然声には出せない。でも、講師を除いて八人しかいないスタジオの中で明らかに出来ていない人間が一人いるのだから、絶対に見えているはずなのである。ねえ！　あなたが統べる空間のうちの八分の一で薄気味悪い舞いが繰り広げられているんだよ！　その明らかに見えている綻びを直視しないまま次に進もうとしないで！

「それでは今やったところまで、最初から通してみましょう。八人なので、半分に分けて、四人ずつ踊ってみましょうか」

やっぱり次に進んで！　ねえ！　私が空間の四分の一を占めるの、このスタジオにとってよくないよ！（号泣）

「では鏡に向かって左側にいる四人からやってみましょうか。残りの人は水を飲んだり休憩したりしててくださいね〜」

鏡に向かって左側にいた私は突如、シューズが真新しいということがめちゃくちゃ恥ずかしくなった。この人シューズ新調したんだ、明らかに一人だけ踊れていないのに——脳内の自分がそう囁いている。お願いだから誰も靴が新しいことに気づかないで、と、そもそも誰にも見られていないのに強く願った。そう、四人ずつに分かれたところで、友達同士で来ている人たちは自分の友達を見ているわけで、私のことなんて本当に誰も見ていないのだ。

「ハイ皆さん順調ですね。それでは次に進みますね！」

私はだんだんわかってきた。大人の習い事とはこういうものなのだと。十年以上前に通っていたダンススタジオの講師は、必死に食らいつく若者にビシバシ指導をしてくれた。当事者がそのときは恥をかくことになろうとも、出来ていない人がいれば、皆の前でその人にだけ付きっきりで指導したりしていた。だが、大人の習い事の目的はスキルアップではない。日常の中の癒やしとなることなのだ。だから講師はただひたすら褒めてくれる。受講者をいい気分にさせてくれる。ここで私が突如盆踊りを披露したとて、この人は「出来てますね！」と笑ってくれるのだろう。

「全員、いい感じですね！　ではサビをやっていきましょう！　サビにはキリングパートがありますからね、気合い入れていきましょう！」

Killing Part。その単語に、私の背筋がぶるっと震える。

キリングパートとは、最近のアイドルが披露する曲中にほぼ必ずひとつは仕込まれている、短い時間で強烈な印象を残すパートのことだ。例としては、アイドルではないものの、オリエンタルラジオによる楽曲『PERFECT HUMAN』がわかりやすいだろうか。サビに入る直前、サウンドがどんどん盛り上がってきたところで突如無音となり、満を持して「I'm a perfect human」というセリフが放たれるあの部分である。あのような、一番オイシイ、ゆえに絶対に外してはならない決め台詞的なパートのことを、キリングパートと呼ぶ。

そのとき習っていた楽曲にも、キリングパートは存在した。そこをアイドルがバッチリとキメることで観客がギャアアアアと歯でも抜かれたかのように絶叫する場面を、私は何度も観ていた。そここそがアイドル楽曲の醍醐味《だいごみ》といっても過言ではないような、とっておきの見せ場だ。

「次のセブン、エイトのところがキリングパートです。ここはそうですね、セブンで全員真ん中に集まって、エイトで鏡に向かってびしっとキメましょうか！」

ワン、ツー、スリー、フォー、ファイブ、シックスまでは振付を踊り、セブンで中心に集まり、エイトで鏡に向かってキメる。それを、私はこれからするらしい。

キメる？　私が？　どの立場で？

私は、「何の資格があって？」と思いながら必死にそこまでの振付を覚えようと努めた。一体私はどの立場で、八カウント目でキメにかかるのだろうか。誰にも見られていないどころか存在そのものを若干警戒され続けている今の私が、そこまでの振付を踊れているわけでもない私が、満を持して八カウント目でキメる？　何をもって？　何のために？

「ではやってみましょう！　ワン、ツー、スリー……」

相変わらず振付が身体に馴染んでいない私はバタバタと四肢を振り回すほかない。バタバタしている帽子目深男がよりによって新しい靴で寄ってきてキメるなんて、女性たちは怖かったと思う。

「……シックス、セブン、エイト！」

講師のカウントに合わせて、私は虚空に向かってキメた。

哀しかった。

鏡の中の私だけが、私を見ていた。

「めちゃくちゃカッコいいですねー！　皆さんすごくカッコいいです！」

優しさは時に厳しさより人を追い詰める。私は、たくさん動いているのに全く体温が上がっていない指先をきゅっと丸めた。和やかなスタジオの中でこれまで一言も発してこなかった奴がおもむろに真ん中に寄ってきて虚空にキメてすぐ俯《うつむ》いたのだ。そんなの物悲しいに決まっている。もう私は講師に正直に言ってほしかった。「めちゃくちゃ物悲しかったですねー！」と。

「いい感じだったので、もう一回やりましょう！　あとで動画も撮りましょうね！」

ヤダよ！　ヤダ！　ヤダヤダヤダヤダヤダ！

「ここがやりたかったんだよね」「この曲踊ってるって感じ！」仲間たちと楽しそうにキャッキャはしゃいでいる受講生の中で、私の声にならない嘆願など真昼の月だった。大人の習い事とは、一番おいしい部分をキャッキャ楽しんで、動画を撮るためにあるのだ。私はその後、何度も虚空に向かってキメた。そのたび、鏡の中にいる昏《くら》い瞳の自分と目が合った。

　しかし、やはり体験は発見を引きずり出してくれる。やってみるまでは、ちゃんと振付についていけるだろうかとか、どれくらい体力的にきついのかとかそういうことを考えていたわけだが、いざ心身に刻まれたのは全く予想外の回答だった。アイドル体験をしてみたらどんな気持ちになるんだろう——その答えは、「どの立場で？」だ。

　例えば今日私がレッスンに遅刻してきたとしよう。それだけで私は、今よりもずっとキメられないと思う。「遅刻してきた人間が、どの立場で？」と思ってしまうからだ。私たちは普段、アイドルたちが素敵にキメてくれているシーンばかりを目にしているわけだが、ここぞという場面でびしっとキメられるということはつまり、それ以外の部分を完璧にこなしているということでもあるのだろう。これは実際にキリングパートを体験してみないとわからない大きな発見だった。七カウント目までを正しく踊れていないと、七カウント目までの時間を真っ当に生きていないと、人は八カウント目で堂々とキメられない。中には殺人を犯した直後にキメられる人もいるかもしれないが、少なくとも自分自身の肉体を通して得られた発見は新鮮な輝きを持っていた。大衆の面前で堂々とキメるためには、「どの立場で？」という疑問が入り込む隙のない人生を送っていなければならないのだ。輝く一瞬のために、その一瞬以外の人生全体を真っ当に生きなければならないのである。

なんていい感じの空気を醸し出したが、心が折れた私はもちろん、次の週からのレッスンを全部サボった。料金は四週分前払いしていたが、何の迷いもなく行かなかった。というわけで私の今の最終学歴は、某ダンススタジオ中退ということになります。

今では、気心知れた仲間だけでスタジオを借り、お金を払って講師を呼ぶというプライベートレッスン方式で好きな曲の振付を楽しんでいる。もちろん料金は割高になるのだが、あんな、新しい靴でさえ自分を辱《はずかし》める格好の材料になり得る環境にはもう身を置きたくない。ちなみに、その活動に某出版社の編集者が数名参加してくれたことがあるのだが、その編集者がとある作家に「最近朝井リョウさんにダンススタジオに連れて行かれたりしてるらしいけど……嫌だったらちゃんと断りなね？」と優しくされるという事案が発生したりしている。【朝井リョウ、編集者にパワハラ】というニュースを見かけたら、「ああ、キメたくない、私にはキメる資格がないと懇願する編集者に八カウント目で無理やりキメさせたんだな」と思っていただければ幸いである。

MOTTAINAIの囁き

もったいない。これは、環境分野で初のノーベル平和賞を受賞したワンガリ・マータイ氏が世界へ提唱した日本語である。マータイ氏は、来日した際、もったいないという言葉が「ゴミ削減、再利用、再資源化」という環境活動の三本柱をたった一言で表せるということで、非常に感銘を受けたそうだ。それ以来、「MOTTAINAI」を世界共通語として広めつつ、持続可能な循環型社会の構築を目指す世界的な活動を展開されているのである。

MOTTAINAI。この気持ちは確かに、日々の生活に深く根付いていると感じる。環境活動と直接的に関係していないところでも、「せっかくなのに」「もったいないのでは？」という囁きが私の四肢を動かしてくれることは多い。特に、私のように芯がなく貧乏性な人間は、「それでいいのォ……？」という囁きにあれよあれよと流されやすく、結果、よくわからない思い出をガンガン創出していたりする。今回はそんなくだらない記憶を少しお裾分けしたいと思う。

MOTTAINAIからやったことその1「バンジージャンプ」

『時をかけるゆとり』の中に、「旅行を失敗する（その2）」という章がある。いま文字列を打ち込み、なんて情けない章タイトルなのだろうと瞼を伏せた。「旅行を失敗する」だけでも、そんなことで一章分書くなよという気持ちになったのに、その2、と続いたのだ。情けない。加えて、今作にも成功したとはいえない旅行のエピソードが複数収められている。いい加減にしてほしい。IIKAGENNISITEHOSHII。

その「旅行を失敗する（その2）」は、こんな一文で締められている。

〝最終日、高さ四十二メートルの橋から飛び降りることになる東北テント一週間の旅については、またいずれ。〟

何が、またいずれ、だ！　エッセイを第二弾以降も出版できるという前提で話すのをやめろ、二十三歳の私！　MATAIZUREWOYAMERO!!

ある夏、私はバンジージャンプをした。先程の引用の通りテント泊をしながら東北を巡るという旅をしたのだが、その最終日に群馬県利根《とね》郡みなかみ町付近を通過することが発覚したというのがきっかけだった。調べてみると、みなかみ町には高さ四十二メートルのバンジージャンプがあるというではないか。せっかく付近を通るのだから、経験しておこう──まさに、もったいない精神発動の好例である。

そもそも「テント泊をしながら東北を巡る」という時点で変な精神が働いている。こんなの今だったら絶対に設けない、単に負荷がかかるだけの不要すぎる条件である。ただ、当時の私は体力と時間を大量に持て余しているヒトとして非常に危険な状態、別名〝大学四年生〟であったため、何をするにも「ホテルに泊まるゆったり旅行なんて今後いくらでもできる！　今のうちに体力的にしんどい思いをしておかなければもったいない！」という、ワンガリ・マータイ氏が首を横に振るほうの〝MOTTAINAI〟を掲げていたのだ。ワガママ・アーサイ氏。

案の定、ある夜はテントを張った場所の地面が固すぎて寝転ぶだけで身体が痛く、やっと入眠できるというタイミングで友人に虫除けスプレーを乱射されるという非常に悲しい事件が発生した。その友人はのちに、「自分以外の人たちが眠れそうになっていることに腹が立った。起こしてやろうと思った。誰でもよかった」等と能面のような表情で語った。自分たちを体力的に追い詰めるようなルールを乱立させた結果、絶対に知らなくてもいい友人の一面に向き合わされた瞬間だった。

毎夜テントを「で、何のために？」と思いながら組み立てるという不可思議な一週間だったのだが、それでも蔵《ざ》王《おう》のキャンプ場に泊まった翌日に山形へ移動して大花火大会を楽しんだり、松島の絶景を眺めたあとなぜか近くのテニスコートを借りて試合をしたり、当時ならではの無茶苦茶なスケジューリングはなかなか趣深い記憶となっている。ちなみに移動手段は全て車だった。合計で千五百キロほど移動していたのだが、運転は全て車を出してくれた友人が担当してくれた。私は助手席や後部座席でひたすらグースカ寝ており、その後、「本当に何度かマジで殴りそうになった」という評価をいただいた。私がAmazonに出品されたら星ひとつ確定である。

その旅の最終日。私たちは、自ら「最終日はバンジーだネ！」と決め、事前に予約までしていたにもかかわらず、前夜あたりから「このまま旅を終えられれば最高なのに、なぜ我々は最後に高所から飛び降りるのか？」と自問自答していた。冷静に考えれば別に誰も自発的にバンジーをやりたいわけではなかったのだ。私に至っては、ジェットコースターに乗るのも嫌な人間だ。あの、胃がフワッとなる感覚がめちゃくちゃ苦手なのだ。それなのに、せっかく通るのだからもったいない、ただそれだけの理由で私たちは群馬の橋から落下しようとしているのである。

みなかみ町に向かう車中、私たちは無言だった。嫌だなァ……と全員が思っていた。

「嫌だなァ……」と口に出したりもしてみた。

「あ、あれじゃない？」

やがて、巨大な橋が見えてきた。「あれだ」「あれだね」私たちが予約した『BUNGY JAPAN みなかみバンジー』は、利根川に掛かる諏訪峡大橋という橋にある施設だ。その橋の高さが、地上四十二メートルなのである。

車が進む。その橋の全貌が見えてくる。どれくらいの高さにある橋なのか、五感が理解していく。

「ちょっと一回、通り過ぎよう」

私たちは一度、何事もなかったかのようにその橋を通り過ぎた。「……」「……」「……」その後、適当なところで止まった車の中で、私たちは何も話さなかった。ただひたすら、嫌だなァ……と思っていた。願わくはそのまま東京へ戻り、「やっぱり家が落ち着くな～」「あー洗濯しなきゃ」等と言いながら、今日はいいかという気持ちで出前やテイクアウト等で夕食を済ませ自分を甘やかしたかった。でもそれは叶わない。私たちはこれから、ひとり一万円という大金を支払ってまで、利根川へ転落するのである。何で⁉︎MOTTAINAIからです‼

観念した私たちは、近くの駐車場に車を駐め、受付に向かった。残念ながらしっかり予約がされていた。そして名前の確認後、「ではまずこちらにサインをいただきます」と、とある紙を差し出された。

簡単に言えばそれは、死んでも文句は言いません、という誓約書だった。

そっかァ……そうだよなァ……一万円払って死ぬかもしれないんだよなァ……テレビとかでもよく事前に誓約書にサインしながら「怖い～」とか言ってる芸能人いるもんねエ……ごめんなさいね今まで「大げさだな(苦笑)」とか白い目で見ててさァ……実際〝保証いたしません〟ってキッパリ言い切ってる誓約書にサインするの、結構怖いんだねエ……。

「それでは予約の時間まではまだ余裕ありますので、予約の十分ほど前にはこちらに戻ってきていただければ」

この、受付の人からすると所詮毎日大量に出会う客のうちの一人という感じ、私には心当たりがあった。そう、決死の思いで臀部《でんぶ》を露出したとて何のリアクションもない肛門科での診療である。こっちは勇気振り絞ってんの！　たまには優しく抱きしめてよ！

「どこで時間潰そうか」「さっき喫茶店あったよ」「そこ行こう」

計三万払って死へのチャンスを買ったっぽい私たちは、近くの喫茶店に入った。お腹は空いていたが食欲はなかった。全員、頼んだドリンクにも口をつけず、爪を見たりしていた。明らかに全員が嫌がりすぎていた。誰かひとりが「ねえ!!!　やめようよ!!!（号泣）」と決死の意思表示をしさえすれば辞退が受理される、そんな雰囲気だった。

「ねえ」

虫除けスプレー乱射事件の犯人が口を開いた。

「なんか、音楽とか流せる場所に行きたいかも……」

その友人は音楽好きであり、普段から精神的に落ち着くためにもよく音楽を聴いているのだった。調べた結果、少し移動したところにカラオケボックスがあることが判明した。部屋に入ってわかったが、巨大な不安に覆われているときの人間は、自然と、身体のどこにも力を入れなくてもいい体勢を求めるらしい。私たちはまるで示し合わせたように、群馬の薄暗いカラオケボックスのソファの上にそれぞれ寝転んだ。

煙草臭い部屋の中、よく知らない歌手がインタビューに答えている映像が垂れ流しになっていた。隣の部屋から下手くそな hitomi が聴こえてきた。すぐそばに友人の足があった。

　人生の中で、絶対的に不要な時間だった。

「なんか、流せば？」

　私は友人に水を向けた。歌えば、とならないことはその場にいる誰もがわかっていた。

「うん……じゃあ、これ」友人はデンモクを操作し、テーブルに置いた。

　流れ始めたのは、加藤ミリヤの楽曲『WHY』だった。しかもPVが観られる仕様を選択していたらしく、加藤ミリヤの物憂げな表情がドンと画面を占めた。

　選曲の理由がわからないまま、私たちは〝離れられない彼への沸騰寸前の激しい感情をむき出しの言葉で歌ったミリヤ節全開の歌詞〟を味わった。〝全ての女性共感必至の注目作〟を歌う画面の中のミリヤは、さすがスタイリッシュな格好で、「PAIN」や「TOO LATE!」等と書かれたプラカードのようなものと共に現れては消えたり、スタンドマイクに絡まるように身を捩《よじ》って熱唱したりしていた。

　成人三人が寝転んでいる密室でも、ミリヤは沸騰寸前の激しい感情をむき出しの言葉で歌ってくれるんだなァ……。私がそう感心していると、選曲した友人が口を開いた。

「あ、ほら」

　私は画面を見る。

「肩に鳥、乗っけてる」

　よく見ると、スタンドマイクを使って歌唱しているミリヤの肩には、鳥の模型が乗っていた。

「ほんとだ」「鳥だ」「肩に鳥、乗っけてるね」

私たちは口々にそう言うと、また押し黙った。ミリヤは私たちの状態などお構いなく、「HOPELESS」や「SAD」、「MAD」、「IT'S OVER」等のミリヤ節を全開に、歌唱を続けていた。

なぜ今ミリヤの肩に鎮座する鳥をレコメンドされたのか全くわからなかったが、その理由すら誰にとってもどうでもよかった。ただただ私たちは、迫りくる運命の刻《とき》に向けて、ミリヤの肩にいる鳥を見つめながら精神を統一していた。そこに言葉は必要なかった。〝気の進まない事態を前にして判断能力が鈍っている状態〟を表す世界共通語が必要になったときは、胸を張ってこれを提唱する。〝KATANITORI，NOKKETERU〟。

カラオケを出て、橋へと向かう。

話し合った結果、私は二番目に飛ぶことに決まった。虫除けスプレーを乱射しバンジー直前にミリヤを浴びせてきた前科二犯がトップバッターとなったのだが、さっさと終わらせたかったのか、あっという間に装具を身に着け、こちらと会話をする時間もそんなにないまま、スタッフの流れ作業的なカウントダウンと共に橋の上から落下していった。最終的に気が触れたのか、爆笑しながら落ちていったのがとても怖かった。

自分の番になってしまった。

感覚としては、嫌だとか怖いというよりも、もう必要以上に自分自身を刺激することをせず、通常通りの速度で時間が経過するのを待とう、というような気持ちだった。私は、注射や傷口の消毒など、絶対に痛い思いをする前にもそういう感覚になる。現実を把握するアンテナをわざと鈍らせ、ボヤッとした心地のまま時間の流れに身を任せるのだ。

「次の人、こちらにどうぞ」

私は、次に飛ぶ人間のみが入場できる、橋の外側に設置されているブースに進んだ。ふうと息を吐き、そこに用意されていた椅子に腰かける。当然のように、私の両足と腰に装具が着けられていく。大丈夫大丈夫、橋の高さにもう目が慣れてきたし、こんな感じで毎日大量の人が飛んでいるのだから。ミリヤも肩に鳥乗っけてたわけだし、大丈夫。

「では準備ができましたら、そこの足場まで移動してください」

ハイハイ、オッケー。足場ってあそこだよね？　ブースから飛び出てる、人間が一人分乗れる板みたいな、飛び込み台みたいなところで合ってるよね？　ハイ、じゃあ移動しちゃいますねー、よいしょっとー。

私は、スタッフがいるブースから一歩踏み出し、自分の両足ほどしか乗ることのできない飛び込み台へと移動した。

視界に、空と川以外、何も映らなくなった。

あ、ムリだ。

私はひどく自然にそう思った。怖いとか嫌だとかそういう感覚ではなく「あ、ムリなんで〜」と思った。インターフォンに出たらセールスだったときのような感じで、「あ、ウチは大丈夫です。失礼します〜」と滑らかに踵《きびす》を返しそうになった。それくらい、論理ではなく脳や神経に埋め込まれたＤＮＡ的なものが拒否しているのがわかった。この場所から、いま視認している景色の中へ飛び込む？　私が？　どうして？　肩に鳥乗ったろか？

「それではカウントダウンしていきますね」

何で⁉　と思ったのも束の間、後方からは次に飛ぶ友人からの「がんばれ〜」という何の足しにもならない声援が聞こえてきた。その友人だけではない、橋の上には常に大勢の観客がおり、沢山の人が私を見ていた。

もう、引き返せない。

私の背中に、そっと、スタッフの掌が添えられた。

「カウントダウン、５からいきますねー」

SAD!　MAD!

咄嗟《とっさ》に私の頭に浮かんだのは、先程カラオケボックスで浴びたミリヤ節だった。

「５、４」

PAIN!　HOPELESS!

「3、2、1、レッツバンジー！」

TOO LATE!　IT'S OVER!!!

私はミリヤと共に飛んだ。全ての女性共感必至と謳《うた》われている曲だが、バンジージャンパーの共感も必至、と付け加えてもよかろう。

ジャンプ後、全員で再集合した際には「気持ちよかったねー！」「景色が綺麗だったよね！」「思ったより一瞬だったし、またやりたい！」等と言い合ったが、私はもちろん二度とやりたくなかったし、滞空時間は永遠と思われるくらい長かった。途中、ついに内臓全部出たかな？　とも思った。それでも「最高だった！」等とその場の空気に合わせて虚偽の申告を繰り返していたのだが、後にスタッフから受け取ったコマ撮り写真により、白目を剝き絶望に満ちた表情をしていたことが全員に共有され（画像20参照）、強がりはすぐにバレた。ただ、飛んだ後の、もう終わったんだ、もうやらなくていいんだという爽快感は確かに凄まじかったので、その部分だけならばまた体験したい。

画像20　北関東の空中で白目を剝く著者

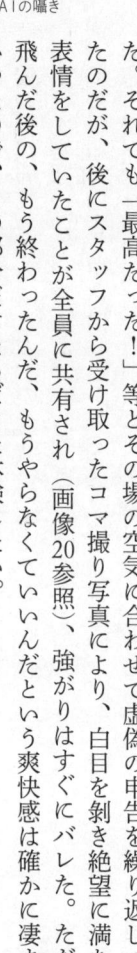

MOTTAINAIからやったことその2「滝行」

ある日、友人が熱烈に応援しているアイドルが滝行をしている映像が世に放たれた。私はそれを観ながら、その友人から滝行に行こうと誘われるだろうな、と予感した。

案の定、即誘われた。この話の速さ、信頼できる。

「今はまだ寒いので、夏になったら行きましょうよ」

私は番組の内容を思い出しながらそう答えた。番組では真冬の滝行を敢行しており、極寒のなか全身の表面積を最小限にせんと奮闘する若者たちの姿からは、その過酷さが存分に伝わってきた。私はそのシーンを観ながら、そりゃうどんを締めたきゃ冷水に放るよなと思った。

「夏になったらすぐ行きましょう。こんなの、我に返ったらできないので」

友人は真っ直ぐな目でこう続けた。

「こういうのは気が触れているうちにやらないと、もったいないので！」

せっかく近場を通るのだから、というもったいなさに突き動かされたバンジージャンプがひどく真っ当な行動に思えてくる発言だった。「せっかく気が触れているのだから」という文脈でMOTTAINAIが駆り出されたなんて、ワンガリ・マータイ氏には絶対に知られてはならない。

当日は午前六時発の電車に乗らなければならなかったため、四度の排便を経てからでないと公共交通機関に乗れない私は必然的に四時起きとなった。もっといえば、二日前の夕飯から、消化のことを考えて食事の内容を見極めなければならなかった。この体質にはこういうとき本当に泣かされる。

四時に起床し、まだ暗い明け方の空を見上げながら、私は「マジで今から自分は滝行に行くんか？」と思った。「何のために？」とも思ったし、「めちゃくちゃめんどくさいなァ……」「だるいなァ……」とも思った。「今からキャンセルしてベッドに飛び込めたら最高だろうなァ」「なんで安くないお金を払ってまでこんなことをするんだろう」とも思った。思い過ぎである。でも、私にとってのＭＯＴＴＡＩＮＡＩで始まる出来事にはいつも、この最悪の精神状態がくっついてくる。本当にやるの？　今から？　何のために？――この三本柱に支えられてやっと、北関東の空中で白目を剝くといった素敵な瞬間に恵まれるのだ。

指定された駅で待ち合わせた女性スタッフは、慣れていない早起きにより大ダメージを食らっている三十代自営業二人組が束になっても全く勝てない爽やかさだった。そのスタッフの手慣れた運転に身を任せていると、車はあっという間に山道に差し掛かった。いつしか周囲は大自然、アウトドア万歳という雰囲気だ。滝がある場所は昔話で有名な「金太郎」の縁《ゆかり》の地らしく、その説明をウンウン頷きながら聞いているとすぐに目的地に到着した。

滝行は、その日に申し込みがあった複数の参加者と共に行われるということで、駐車場には数人のスタッフと老若男女八人ほどの参加者が集まっていた。女性スタッフ含め皆これから滝行をするとは思えないラフさだったが、ひとり、長髪&長髭の白装束という滝行感を単独で背負いすぎている男性スタッフがいた。このたった一人によって、その場の滝行感の平均値が爆上げされていた。

「ではまず、そちらの更衣室で道着に着替えていただきます。その後出発になりますので、事前に連絡しました通り、持参された安全な靴に履き替えてくださいね。着替え終わったらまたこの場所に集合でお願いします」

スタッフ陣から、柔道着に似た白い道着が手渡される。事前に参加者に用意をお願いされていたものは、道着の下に着るもの、着替え（というか、朝着てきた服）、バスタオル、河川に入るための靴くらいだった。この道着によって、長髪&長髭の男性のみに担当させていた滝行感がやっと、集団全体に分散された。

「あ、あのー」

道着姿で再集合した私たちを一通り確認した女性スタッフが、とある参加者に声を掛けた。

「足元がその状態だと怪我をしてしまうかもしれないので……持参されていないならばこちらでレンタルしているものがありますので、そちらに履き替えていただけますか」

声を掛けられた女性は、思いっきりミュールを履いていた。つまり、足のほとんどがむき出しの状態だった。「あ、そうなんですねーじゃあ履き替えます！」笑顔で応じる女性を横目に、私は、直感した。

この人、生きていく力がある、と。

当の私は、滝行の際は岩場を歩くことになるだろうということで、汚れることを覚悟したうえで生地の分厚いスニーカーを持参していた。私は海や川などに遊びに行くときでさえ、サンダルではなくスニーカーを履いていく。サンダルだと、ゴツゴツまたはヌルヌルする砂場や岩場で気兼ねなく踏ん張れないし、何かしら怪我をする予感でソワソワしてしまうのだ。私はこれまで、そういう不注意に悉《ことごと》く足を掬《すく》われてきた。排便の時間を設けるため出発の二時間前に起床することもそれに当てはまるが、私は自分の生命力に常に深い疑念を抱いているので、丁寧にリスクヘッジをしておきたいのである。だからこそ、丸腰でアウトドアに臨む人に出会うと、その無意識の自信に手を翳《かざ》してしまう。私はずっと、周到に準備するより、丸腰で臨んで「準備忘れた〜！」とケラケラ笑っている人になりたかった。そういう人は結局、準備不足だったとしても周囲の人に助けてもらえるのだ。そうやって世界を信頼して生きている人のほうが絶対にいい。事実、私はその日、丈夫なスニーカーを持参したことにより荷物がパンパンに膨らんでいた。滝行後は水を吸って更に重くなったスニーカーとの帰宅が待っているわけで、既にうんざりだ。一方、ミュールの彼女にはそれがない。借りた靴を返却する彼女だけが、身軽なまま帰れるのである。

「では、参ります」

集団が動き出したかと思うと、長髪＆長髭の男性スタッフが突然、法螺貝《ほらがい》のようなものを取り出しボーと吹いた。

それはやりすぎでは？　私は咄嗟にそう思った。正直、長髪＆長髭の時点で、やりすぎだなと思っていたのだ。そのうえに白装束と法螺貝である。これはもう〝頭痛が痛い〟みたいなことだ。

山道を五分ほど進むと、本日のメインディッシュである滝がその姿を現した。落差二十三メートル、幅五メートルということで、そこまで大きな規模ではないな〜なんて思っていたのだが、いざ目の前にしてみるとかなりの迫力だった。雲ひとつない青空に太陽が高く昇り、比例するように気温もどんどん上がっている。夏、午前九時前、滝の飛沫《しぶき》。この気持ちよさのまましいよいよ入水か——そう気分を昂《たか》ぶらせていると、

「こちらで、滝に入る前の儀式を行います」

女性スタッフが、滝の付近にある不動堂の手前で私たちを止めた。れっきとした儀式が始まるらしいが、ここでもまたボーボー吹かれる法螺貝により、作り物感が漂った。

まず不動堂にお線香を捧げ、不動明王のご真言、般若心経《はんにゃしんぎょう》などを順に唱えたのち、滝行の安全をお祈りする。そして、塩と酒をそれぞれ頭から全身に振りかけ身を浄めた後、指定された掛け声と動作を東西南北それぞれに向けて行う。これは「九字切《くじぎ》り」と呼ばれる儀式らしく、四方に向かって漢字の九の字を書きながら祝詞《のりと》を唱えることで、自分

の周囲に結界を張ることができるのだという。

途中、法螺貝をボーボー吹いていた男性スタッフが、「唱えるだけで修行の辛苦を感じなくなる言葉がある」と言い出した場面があった。その言葉を唱えていれば痛みを忘れることができ、「火の上だって歩けるようになる。私は歩ける」ということらしい。私が、火の上を歩けるっていうのは嘘かもなァ……等とボンヤリ思っていると、男性スタッフは「その言葉を唱えることで自分の身体がどうなるのか、誰かに試していただくこともできますよ。どなたかどうぞ」と、我々に挙手を求めてきた。

何だかなァ……という空気が参加者全体に漂う中、

「え、やりまーす」

という声がした。ミュールの彼女である。

「言葉を唱えていないときと唱えているときで身体の感覚が変わるはずだから」そう説明する男性スタッフから様々に刺激を与えられたようだが、当の彼女は、「うーん、うん？　そうかもしれないですね～ハハハ！」と笑っていた。すごい。試験体に名乗り出る勇気はもちろん、安易にその場の空気に合わせない強さが眩しい。さすが道着にミュールというコーデを組んだだけのことはある。

「ではまず前半組から行きます！　エイッ、エイッと声に出しながら進みますよ！」

私と友人、そしてミュールの彼女とそのお連れ合いの男性が前半組となった。女性スタッフに先導され、四人で木の杖をつきながら滝へと進んでいく。水はすぐに腰ほどの高さになり、真夏とはいえその冷たさに呼吸が自然と浅くなった。肺がきゅっと締まる感覚から、身体が本能的に危機感を察知しているのがわかった。はじめはエイッという口馴染みのない掛け声が気恥ずかしかったのだが、すぐに、定期的に発声していないと呼吸がしづらくなるのだと理解できた。冷たさに慣れるため肩まで十秒間水に浸かったときは、エイッどころではなくギャーッ！と声が出た。

「滝へは、正面からではなく、滝を背後にして後ろ向きに進む形で入ってください！首に水を当て続けると痛める可能性があるので、猫背にはならないように！」

私たちはひたすら「エイッ、エイッ」と繰り返しながら、木の杖を頼りになんとか岩場を進み、滝の真下に辿り着いた。いざ滝に打たれてみると、私は、二十三メートルという落差を、いや水そのものをナメていたことを痛感した。落下する水が人体に当たる音は想像以上に大きく、すぐにスタッフの声も何も聞き取れなくなった（画像21参照）。

画像21 水の中でゲンナリしている著者

痛い、冷たい、呼吸がしづらい、ヤバイ――バチバチバチバチという轟音《ごうおん》と衝撃の中でなんとか真っ直ぐ立ち続けながら私は、身体から発せられる危険信号で脳が占領されていることを実感した。ただ、左隣から友人の「エイッ、エイッ」が聴こえてきてからは、いつもはスイーツ情報などをヘラヘラ教え合っている結構年上の友達がエイエイ言いながら必死に生き延びようとしている……と、じわじわ面白くなってしまった。さっきまで塩や酒を被ってまで儀式めいたことをしたのに、邪念が過ぎる。気持ちを落ち着かせていると、今度は右隣から、この場に似つかわしくない音声が聴こえてきた。

ミュールの彼女が爆笑していた。

爆笑してる——私はそう思いながら、つられないよう「エイッ、エイッ」と言い続けた。男性でも結構な身体的負荷なんですけど……さすが生命力強子……。

一分ほどすると、滝の中にいることに急に身体が慣れた感覚に包まれた。呼吸もできるし、水も痛くないし冷たくない。プールに入った瞬間は寒かったけれど今ではプールの中にいたほうが温かい、みたいなアレだ。こうなると逆に冷静になってきてしまい、どうして私は水浸しに？　みたいな疑問が改めて湧いてきてしまった。そもそも滝行って何？　滝に打たれてる間って願い事とかするんだっけ？　どういう気持ちでいればいいの今？

そんな調子で、数分の滝行を何度か繰り返した。回数を重ね、私たちが早速飽き始めたのを察したのか、男性スタッフがすかさず「上の岩にも行ったら？」と勧めてくれた。示された方向を見ると、高さ三メートルほどの場所に大きな岩があり、そこに登ることができるようだった。「あの岩の上なら座れるから。あそこで座禅を組む人も多いよ」

滝に打たれながらの座禅という響きには心惹かれるものがあったが、そこに辿り着くまでは両手を使って結構な大きさの岩を登らなければならない。苔の生えた岩はかなり滑りやすいうえ、水を吸った道着は存外に重く、身動きはかなり取りづらい状況だ。どうしましょうかねえ、と少々重たい空気が流れた、そのときだった。

「え、行きまーす」

強子である。

ガンガン進む彼女に導かれるようにして、私たちも杖を手放し岩を登り始めた。これまでも彼女には、水の中で躓《つまず》いたのか思い切り杖代わりにしがみつかれたりしていたのだが、そんなこと気にしているのはこちらだけなのだ。強子は強い。とりあえずやってみる、無理なら頼る、その精神で生きているのだ。彼女からしたら、ピンチなんて見舞われて当然なのである。

無事辿り着いた岩の上での座禅も、数分経ってみると即行で日常と化してしまった。人間は怖い。すぐ慣れる。同じことの繰り返しの毎日に風穴を開けるような気持ちで来た場所で退屈を見つけ出すなんて、人間は哀しい生き物だ。結局滝行とは何のために行うのかということがイマイチ摑みきれなかったので、最終的に私はめちゃくちゃお願い事をしておいた。滝側が引くくらい願いまくったので、何かしら効果があると信じている。

全ての行程を終え着替えを済ませると、更衣室の出口であの長髪&長髭の男性スタッフが何かを準備しているところに出くわした。よく見るとそれは、火を付けて燃やした薪炭《しんたん》だった。パチパチと火を放つ真っ黒い薪炭が十メートルほど並べられており、その周辺は、焚き火をしているときのように温かくなっていた。

「はい、さっき説明した痛みを感じなくなる言葉。あれを唱えていれば火の上も歩けるって話、覚えてる？」

まだ言ってる！　私は驚いた。確かにさっき聞いたときは嘘かなァって顔をしてしまいましたけれども！　神聖な感じを出すために儀式感上乗せしすぎではとか思いましたけれども！

「はい、誰か挑戦する人いるかな？」

私たち参加者は、パチパチと火が弾ける音の中で押し黙った。だって、さっきまで水の中にいたのに、今度は火の上を歩けと言われているのである。地獄じゃあるまいし、何でこんな状況になってるんだろう。さすがにこれはやりたくないなァ――無言の混乱を治めたのは、案の定、彼女だった。

「え、やりまーす」

強子、アッパレである。

更衣室から出てきた彼女はお馴染みのミュールを即脱ぎ捨てると、燃える薪炭の上を動く歩道みたいな感じでスタスタと歩いていった。そして「うーん、あんまり熱くない？　よくわからない？　でも大丈夫だったー！」と笑顔で語り、足を洗いに行った。すごい。ていうか、あの痛みを感じなくなる言葉みたいなやつ、全然唱えてなくなかった？　あの人、ただただ火の上をスムーズに移動しただけじゃなかった？

結局、帰りの電車では、滝行よりも彼女についてばかり友人と話してしまった。「あ あいう人いるよね」「羨ましいよね」「こう、生きていくことへの信頼に満ちてたよね」「愛されて育ったんだろうね」「で、一緒にいた男の人、彼氏ではなかったよね」「絶対そう。めちゃくちゃボディタッチしてたし男の方は絶対あの子に惚れてたけど、付き合ってはない」ボソボソ呟き合いながら帰った私のリュックは、水浸しのスニーカーでめちゃくちゃ汚れていた。

似合わない店にいこう

似合わない街にいこう　睨まれて帰りたいな
これは、歌手・大森靖子《おおもりせいこ》氏の楽曲『イミテーションガール』の一節である。私はこの歌詞を、いわゆる高級と名のつく場所に足を踏み入れるときにほぼ必ず思い出す。似合わない店にいこう、睨まれて帰りたいな……。
この、睨まれて帰りたい、というフレーズが、自分に似つかわしくないと感じられる場所に向かうときの愛憎入り交じる気持ちをあまりにも見事に表現していると思う。自分はこんなところに相応しくないという自己卑下の感覚、とはいえこれでその値段って高すぎだろおかしいだろみたいに少々茶化したくなる意地悪心、間違っているのはこっちだって初めからわかってましたよ～と予防線を張っておきたい弱さ、そして落ち着く空間に帰りながら「睨まれてやりましたわ」なんて虚勢を張りたくなる小物感……せっかくいい店行くんだから素直にワクワクしてろよ痔持ち、という話なのだが、どうしても〝睨まれて帰りたいな〟のほうが性《しょう》に合ってしまうのである。

　というわけで今回は、似合わない店に行って睨まれて帰った経験を記したいと思う。ちなみに私が睨まれたのは、その場にいた他のお客さんや店員さん等では勿論なく、「お前の人生はそうじゃない」という気持ちのみをモチベーションに私のことをずっと監視している、神である。

その一「まわらない寿司屋」

　家族が東京にいるタイミングがあったので、せっかくならば、と皆でまわらない寿司屋に行った。

その寿司屋は作家の柚木麻子さんに教えてもらったお店で、過去に柚木さんと一緒に行ったことがあった。つまり、地上で唯一、似合わないという気持ちに負けず私が足を運べる〝まわらない寿司屋〟なのである。そうでなければ及び腰になってしまうような、非常に格式高いお店だ。

　とはいえ普段なかなか行かない場所であることには違いないので、事前にマナーを確認し、家族間で共有した。匂いの強い制汗剤や香水はつけていかないこと、手から手へお寿司が渡されるスタイルということもあり、派手なネイルなどは控えたほうがよさそうであること。お店に行く前にマナーを確認するということ自体なかなかないことであり、それだけでそわそわした。

待ち合わせ場所に現れた家族は、やはりどこか緊張した面持ちで、それが何だか妙に面白かった。各々〝まわらない寿司屋に適した服装〟を考慮してきた感じの出で立ちをしていることも含め、（家族が全員、ちょっと緊張してる……）と、じわじわくるものがあった。とはいえ私も、「一度来たことあるから」等と余裕ぶっていたものの、でもこの前は柚木さんについていっただけだったからな、今日はホスト役だけど大丈夫かなと、不安の芽吹きを感じていた。

そのとき私は思い出した。そうだ、この前、食事が始まる前にお店側に伝えておけばよかったと思ったことがあったんだった。今日はそれを忘れないようにしないと——。

「いらっしゃいませ。お久しぶりですね！」

店のドアを開けると、女将さんが非常に溌剌とした笑顔で出迎えてくださった。予約のために連絡をした時点で思い切り柚木さんの名前を出していたことが功を奏したのか、前回の訪問を思い出してもらえていたみたいだ。これは心強い。

「この前は大勢でワイワイとすみませんでした」

「いえいえ、また皆さんでもいらしてくださいね」

常連感、出てる……！

私は自分に惚れ惚れしながら、案内されたL字カウンターの長辺に腰を下ろす。

「柚木さんは元気にされていますか？」と、女将さん。

「もちろんですよー、また皆でここに来たいねって話してます」

え〜何この会話、ますます常連っぽ〜い！　こういうところに通い慣れてる人間っぽ〜い！　家族のみんな、リョウは東京でがんばってます！　私は、長辺にずらりと並んでいる朝井家の様子をチラチラと確認する。

また、L字型カウンターの短辺には別のグループがすでに着席しており、私はそちらの様子もチラチラとうかがっていた。若い男女グループ三人組だったと記憶しているが、私はその三人組に対してもココ初めてではないんですよマウントを取っていたのだ。くだらなすぎる。早く睨まれて帰れ。

席からは、カウンターの内部、つまりつけ場が一望できる構造になっており、いわゆる大将と呼ばれる立場の男性の手元には宝石のように輝くネタたちが並んでいた。「おいしそうだねえ」「すごいねえ」コソコソ言い合う家族に私は、「前もすごくおいしかったんだよね〜」とアピールを重ねた。それは本当で、ネタを眺めていると、とても楽しかった前回訪問時の記憶が舌の上にじゅわじゅわと蘇ってくるようだった。

「ご家族の皆さんは、初めてですよね」

はい、と頷く私たちに、大将や女将さんが丁寧にお店についての説明をしてくれる。空気を含んだ状態でシャリを握るため、お寿司は寿司下駄に置いたりせず大将の手から直接受け取ってすぐ食べたほうがおいしいこと。お任せであれば、大将が今日仕入れているネタを最も適切な順番で握ってくれること。それを一通り楽しんだあとは、お気に入りのネタの〝おかわり〟が可能なので、気に入ったものは是非覚えておいてほしいこと。

その流れで、「ちょっと、こちら見てみてください」と、大将が何か手元を動かし始めた。〝まわらない寿司屋の大将とコミュニケーションを取る〟という、人生で一度は経験しておいたほうがいいっぽいイベントに、朝井家は雁首《がんくび》を揃えて臨む。

大将はその大きな手で何か見慣れないものをぐわしと掴み、おろし金にごりごりと擦《す》り付けていた。まるで山芋を擦っているかのようにも見えるが、そんなわけもない。これは何だろう——そう思っていると、母が口を開いた。

「立派なワサビですね」

「そうです。今日はとってもいいワサビが手に入ったんですよ」

擦られる前の状態のワサビをあまり見たことがなかった私は、こんな形なんだァ、と呑気に感心した。

「とても粘り気が強いワサビなんです。いいワサビほど粘り気が増すんですよ」

いつしか、L字型カウンターの短辺に座っている三人組も一緒に大将のパフォーマンスを楽しむような状況になっていた。三人組は既にこのくだりをやり終えた後なのかもしれないが、店内にいる全員で〝まわらない寿司屋の大将とコミュニケーションを取る〟という成人式的な一大イベントを乗りこなしている雰囲気は、その場に不思議な一体感を生み出していた。

「ほら、御覧ください」

大将はそう言うと、ワサビを擦り付けていたおろし金のほうを手に持ち、全体を逆さにして高く掲げた。

「えっ」「わあ」「すごい」

L字の短辺からも長辺からも感嘆の声が漏れる。それこそ立派な長芋ほどあるワサビの本体は、おろし金のほうにぴったりとくっついており、落下する気配を全く見せない。在りし日のニュートンが見つめていたのが林檎の木ではなく擦り下ろし中の高級ワサビだったら、万有引力の概念の解明は少々遅れていたことだろう。

「すごーい！」

「このワサビかなり重そうなのに」

「これだけ粘り気の強いワサビが手に入ることも稀なんですよ」

私もパチパチと拍手をしながら、「粘り気の強度なんて考えたことなかったです」等と至極普通のことを宣った。その場にいる全員、明らかにテンションが上がっていた。短辺の三人組も「すごい」「ねえ」等と非常に楽しそうにしており、今この場で偶然出会った人たちとポジティブな感情で繋がっていることの空間が、とても幸福なものに感じられた。しかもこれからが幸せの本番なのだ。これから皆で、おいしいお寿司をお腹いっぱい食べるのだ。

いよいよ食事が始まる——そんな空気の中で、私はアッと思い立ったことがあった。そうだ、今日こそは、大将が寿司を握り始める前に伝えておかなきゃって思ってたんだった。

私は楽しい気分のまま、「そうだそうだ」と右のてのひらを挙げ、

「私、サビ抜きでお願いします」

と言った。

店内が一瞬、静かになった。ワサビは健気に、渾身の逆さ吊り芸を披露し続けていた。L字の短辺にいた三人組がサッと表情を変えたことが印象的だった。大将は「かしこまりました」とかしこまってくれたが、長辺では家族が絶句していた。楽しくなっていた私は、いつもよりも場の空気を読む能力を明らかに失っていた。

そもそも寿司をサビ抜きで食うやつがこういうところに来んなよ！――主にL字の長辺から、そんな声が聞こえてくるようだった。さっきまで「私は常連なんですよ」という空気を過剰に醸し出していたことが、ここに来て格好悪さに拍車をかけていた。私の人生にはこういう瞬間が多々ある。いい感じに楽しくなってきたところで、私の人生を監視している神が「お前の人生はそうじゃないよな？」と冷や水を浴びせてくるのだ。

でもさー神聞いて、前回反省したんだよね。寿司にワサビが少量ついているだけで味が全部ワサビに占領されるレベルの舌なんだから、予めサビ抜きでって言えばよかったな～って。え？　一番好きなネタ？　サーモンだね。コーンマヨとかチーズ天とかも好き。なんですか？　その目は。

このお店のことは大好きなので、是非また行きたいと思っている。ただそのときは、

電話で予約する時点でワサビを抜いてもらうことをお願いしようとも思っている。

その2「大人気の鰻屋」

友人からの連絡は突然だった。

【今日の夜予約してた店の同行者が来られなくなっちゃって。もしよかったら一緒に行ってくれない？】

その日、私は原稿が全く進んでいなかった。

そういうとき、私は満足に食事を摂ることに抵抗を感じる。私の頭の中には〝働かざる者食うべからず〟デモをすぐに起こす私による集団が常駐しており「今日一日なんの生産性もなかったお前がおいしいご飯を食べるなんてありえない！」とすぐに最低なデモを始めるのだ。こいつら（私）との共生は本当に疲れる。自分の中に自分へ立ち向かうデモ隊を飼ってしまうと、別にやらなくてもいいことをやってまで「ほうら、ちゃんと疲労感あります！ってことは今日の私は何かしたはずです！生産したのだから消費してもいいですよね!?」といちいち自分を納得させなければならないので、毎日大変なのだ。

「今日はちょっと仕事が滞ってて……」と、私。

【そっか、予約一年待ちの鰻屋さんなんだけど】

「行く」

行くことにした。一年待ちの鰻の前ではデモ隊も即解散である。

友人は来店するたびに予約をして、一年に一度、貴重な鰻料理を楽しんでいるらしい。「今日も予約してから帰るつもりだけど、次来られるのも一年後だと思う」。そんなレベルの人気店で食事をするのは初めてのことだったので私は非常に緊張していたのだが、今回の場合、自分との似合わなさを感じるポイントがもう一つあった。

それは、お酒である。

調べれば調べるほど、店の風貌自体は普通というか、非常に親しみやすい雰囲気だということがわかってきた。が、その分、堅苦しい感じはやめて鰻に合った酒を楽しみましょうや！　というような、高級感よりも庶民感的な〝粋〟を重視したメッセージが伝わってきてしまった。私は食事にアルコールがいらない。お酒を全く飲めないというわけではないのだが、弱いし、そもそも必要ないのである。ないほうが純粋に食事の味を楽しめて、ありがたいのだ。

余談だが、これまた自らの意志とは関係なく行った別の店で、コースで出てくる料理ごとに最も適切なお酒が提供される〝ペアリング〟というシステムに放り込まれたことがある。私の場合〝麦茶〟で全問正解となるのだが、もちろんそうはいかず、テーブルにグラスをどんどん渋滞させてしまった。また、私はずっと「人生で一度は大好きな穴子でお腹を膨らませてみたいなァ」と夢見ていたのだが、専門店について調べれば調べるほど、ここでお酒を頼まないのは違うんだろうなと店に行くことを諦めていた。なので、感染症対策のため酒類の提供が禁止となった瞬間、今がチャンスとばかりに駆け込み、お酒と楽しめないなんて残念ですよね〜日本酒と合わせたかったなァ！　みたいな顔でバクバク色んな穴子料理を楽しんだ。最高だった。

鰻屋に誘ってくれた友人がお酒を楽しむ人だということもわかっていたため、誘ってもらった私が全く飲まないというのもどうなんだろう——そんな、友人からしたら全く不必要だろう心配を胸に、私はそそくさと指定された店へと向かった。

「あ、久しぶりですー」

友人は店長と顔見知りらしく、慣れた手付きでカウンター席に座った。私は顔面いっぱいに（私は初めましてです！）のメッセージを充満させ、その隣に腰を下ろした。店内は、カウンター、テーブル含め十五人も入れば満員という感じのこぢんまりとした雰囲気で、私の左隣にはいかにも「年に一度、通い続けてン十年です」といった風貌の男性客がおり、その左がもう店の入口だった。ここにいる人たち全員が年に一度の予約チャンスを勝ち取ってここに辿り着いているのだと思うと、家で原稿を投げ出しゴロゴロしていた自分の罪深さがより濃厚に薫った。

料理は当然、ものすごくおいしかった。私はそれまでうな丼（タレ多め）以外の方法で鰻を食べたことがなかったので、続々と登場する「え、アンタ……鰻なの？」な料理はどれも衝撃的だった。常々思うが、特に私のような保守的で冒険心のない人間は、誰かがこうして家から引っ張り出してくれないと自分の興味の範囲外の世界に触れられない。左隣にいるような、渋いスーツをしっとり着こなす男性が一人で通うような店に自分がいること自体、非常に珍しいことだった。

今日の自分ならば、アルコールだって楽しめるかもしれない――このときの私は、慣れない環境に適応していることへの昂《たかぶ》りもあり、徐々に気が大きくなっていた。そもそも自分は、確かにアルコールに弱いが、一切お酒を飲めないというわけではなく飲まないだけなのだ。特に日本酒に関しては、料理との組み合わせを考えて飲むということをしたことがなかった。もしかしたら今日の私は、蒲焼き以外の鰻の食べ方を知ったように、自分の知らない自分にもっと出会えるのではないか。

私は、友人が頼んでいた日本酒と同じものを飲んでみることにした。届いて早々、少し口に含んでみる。いかにもアルコールという風味が鼻に抜けていって、おいしい――のだろう、きっと、これは。私は「おいしい（んだと思います）」と語尾をモニャモニャさせながら、不安げな感想を重ね続けた。

食事も後半に差し掛かったころだっただろうか。アルコールが回っているのか、私は普段よりも五感がフワフワとしていることを自覚していた。だから、自分の左側で起きていることに、あまり気づいていなかった。

先述した通り、私の左側には男性の一人客がおり、その向こうには店の入口である引き戸があった。引き戸はガラス張りなので、外からは店内の様子が丸見えであり、それはつまり店内からも外の様子が丸見えということでもあった。

　そんな様子の左側から、いつしか、ガシャン、ガシャン、と、何かモノがぶつかるような音が聞こえてきていた。

　料理や友人との話に意識を注いでいた私が感知したころには、その音は結構大きなものになっていた。何だろう、と視線をいよいよ左側に向けると、引き戸の向こう側に男性が立っているのが見えた。

　その男性は、自らの額を引き戸のガラスに何度も何度も打ち付けていた。

　おや？

　私の上半身は、左側を向いたまま固まった。ガシャン。ガシャン。音は絶え間なく続いている。ガシャン。やがて、額を打ち付けている男性がその顔を上げた。

　あ、ヤバーイ！

　私はそう直感した。なぜならばその男性は、白目と黒目のバランスが明らかにおかしくなっていたからだ。背後から、店内にいる誰かの呟きがやけにはっきりと聞こえた。

「完全にキマってるね」

　私はその日、いわゆる〝キマっている〟状態にある人間を人生で初めて生で目撃した。ただそれ以上に、店内の誰も特に慌てている様子ではなかったことが怖かった。え、これってそんな日常茶飯事ですか？　これがトウキョウってことですか？　凍狂ってことですか……？

「すでに警察に通報しておりますので――」

店のスタッフにより既に通報済みだというアナウンスがされると、店内はいよいよ元の空気に戻っていった。私も、あまり気にしていませんよ～というフリをしながら顔の向きを元に戻したが、あの白と黒のバランスが崩れた目がどうしても忘れられなかった。ガラスに額を打ち続けながら、あの人は、私にこう伝えているような気がした。

お前はその中にいる人間ではない、と。

私はそのとき、私の人生を監視し、あらゆるタイミングで「お前の人生はそうじゃない」と呼びかけ続けている名も姿も知らぬ神が、あの男性の身体を乗っ取って遂に私を迎えに来たのだと思った。そんな考えが、なぜかどうしても頭から消えてくれなかった。

たった引き戸一枚でしか隔てられていないのに、この店の中にいる人たち――この店を訪れているということは、食にかなりの興味と金銭と時間を注いでいるはずで、生活をするうえでその余裕がある人たち――とあの男性には何か大きな差があるように感じられた。だけどその差が本質的に何なのかは、私にはよくわからなかった。そして、私がいるべきは引き戸の内側なのか外側なのかということは、もっとよくわからなかった。

ふと、私はあることに気づいた。そうだ、男性が額を打ち付けているガラスは、ただの引き戸だったはず。鍵とかを掛けているわけでもない、シンプルな引き戸だったはず。ってことは、あの男性が入ってこようと思えばすぐに入ってこられるってことじゃ――と、もう一度顔を左に向けたそのときだった。

私は気づいた。左隣にいる常連感のある一人客の男性が、右手で食事を続けながら、左手で引き戸を固定していることに。

それは常連すぎない⁉ 私は動揺した。小室哲哉以来の鮮やかな両手使いだった。あなたもしかしてこの状況初めてじゃない感じ？ 何でその状況で食事を楽しむことも諦めずにいられるの？ 二兎追って二兎得てる……。

私を迎えに来た神、もとい額をぶつけ続けていた男性は、やがて駆け付けた警察に連行されていった。その様子も店内からはバッチリ見えており、店内には祝福ムードが漂ったが、私はなんとなく、あの男性の鋭い目つきにずっと問われ続けている気がしていた。お前は何でこの引き戸の内側にいるんだと。

完全入れ替え制ということもあり少し早めに店を出た私と友人は、その後、近くにあったバー的な場所に入った。胸の中に渦巻いているネガティブな気持ちを払拭しようと、私はそこでも珍しくアルコールを摂取した。貴重な席をお裾分けしてもらったことを友人に改めて感謝しつつ、そこでも色んな話をした。「今日は珍しくお酒飲んでるね」なんて言われ、ご機嫌に「おいしいお店に連れて行ってもらったからねえ～」等と返しつつ、私はアルコールでさらに五感を鈍らせていった。あの男性の視線を忘れたかった。

しばらくして、そろそろ帰ろうかということになった。友人と別れ、駅に向かう道中、私はアレ？ と思った。

気持ちが悪い。確実に酔っている。

友人といるときは平気だったのだが、離れた途端、私の全身を包んでいた緊張感のようなものが、せーので一斉にその手を離したらしい。監視の目がなくなった感覚の中で、私はどうにか無事に家に辿り着くことだけを考えることにした。そうやって意識的に他の情報をシャットダウンしていないと、気持ち悪さに駆逐《くちく》されてしまいそうだった。幸いにも店から家まではそこまで遠くなかったので、粗相もなく家に着くことができた。

家のドアを開け、私は迷わずトイレに向かった。

年に一度しか予約の取れない店に行ったこと、初めての調理方法で鰻をたくさん食べたこと、色んな日本酒を飲んでみたこと、初めてキマっている状態の人を見たこと、隣の席の男性の鮮やかな両手使い——そういう、今日経験した〝新しい私〟的なものが、あまりにも見慣れた自宅のトイレという景色の中で、全部逆流していったのがわかった。さっきまでのお前はお前じゃない、慣れないもの飲み食いしやがって調子のんな、お前の人生なんてこんな状態がお似合いなんだというように、その日摂取したすべてのものが、私の体内から一斉に逃げていった。

似合わない街にいこう　睨まれて帰りたいな

私はトイレットペーパーで口元を拭いながら、白目と黒目のバランスの乱れたあの目を思い出していた。似合わない場所で明確に私を睨んでくれる視線の存在は、どんな形であれ、ありがたいなと感じた。その日摂取したものを全て吐いた自宅のトイレで、私はやっと、いつもの自分に戻ったのだった。

ホールケーキの乱

ホールケーキの独り占め。この世の中で、これ以上の幸福感を醸し出せる言葉の組み合わせは存在するだろうか。

十二時までチェックアウト延長無料。電源とWi-Fi使い放題。あと半日で三連休……どれも魅惑的ではあるが、〝ホールケーキの独り占め〟を前にすれば白旗を上げるほかなくなる。ケーキを縁取るクリームの生垣に初めてフォークを突き刺すあの瞬間、私はいつも、たっぷり積もった新雪に一歩目を踏み出すときの快感は冬でなくとも味わえるのだと心底思う。

そんな、生粋の甘党（過激派）の私にとって、クリスマスとは、イエス・キリストの降誕祭という認識ではない。もちろん、恋人同士でよろしく過ごす日でも、友人同士や家族でパーティを催す日でも、「私はぼっちです！（でもそんな自分が実は嫌いじゃないの！）」とインターネット上で過剰に喧伝する日でもない。

ひとりでホールケーキを食べても社会から弾圧されない日、だ。

許されるならば、私は毎日でもホールケーキと共に在りたいと思っている。ホールケーキとの共生。だけど、社会はそんなに甘くない（スイーツの話なのに）。まず悲鳴を上げるのは、身体である。ホールケーキと共に在った翌日は、ニキビが出来たり太ったり胸焼けをしたりするのだ。なんですかその顔は？　社会は甘くないとか大袈裟なこと言っといてお前の身体のしょうもない食べすぎあるあるかよとか思ってるんですか？　私の身体も紛れもなく社会の一部でしょう？

そして意外と、精神的なハードルも高い。何か特別なお祝い事でもないと、果たしてホールケーキに臨むに相応しい人間なのか、自分で自分が疑わしくなってしまう。何でもない平日にホールケーキを前にしても、気分が盛り上がらないどころか自分はとんでもないバカなんじゃないかと急に不安になったりするのだ。ケーキライフバランスの実現はなかなか難しいのである。

以上のような障壁が全てなくなるのが、クリスマス期間だ。まず地球上の全員が健康に悪いものを食べているので、健康問題は気にならなくなる。全員の寿命が縮まるのだからそれは寿命が縮まっていないも同然だ。そして、期間限定の特別なケーキがそこらじゅうで売り出されるどころかコンビニにまでホールケーキが並ぶこの期間は、街じゅうが「ホールケーキと共生しましょう！」というメッセージでいっぱいになる。弾圧どころか推奨されるわけだ。は～最高。イエス・キリストの降誕祭に〝ケーキ〟という全く関係のないものを根付かせた洋菓子業界のがめつい商魂に感謝～！

というわけで迎えた二〇二〇年のクリスマスシーズン。私は例年にない熱量でホールケーキに入れあげていた。

この年は皆さんも骨身に染みて感じた通り、感染症が流行した年だった。

それ以前から在宅ワークのような日々ではあったものの、二〇二〇年は人生で一番家にいた。そうなると、お金を使う機会も、パッと気持ちが明るくなるようなイベントもなくなる。読者の皆様もそうだったと思うが、今年はこんな感じで終わるんだなァと、十一月下旬の私はどこか盛り上がらない気持ちを燻《くす》ぶらせていた。

都内のホテルたちが、クリスマスケーキのラインアップを発表するまでは。

私はこれまで、コンビニやカフェ、ドーナツショップなどの新作を日々の楽しみとしてきた。あの日まで頑張ればミスタードーナツの新作が、あの日まで頑張ればローソンのスイーツの新作が、という要領で、なんにも起きない日常に一つ数百円のスイーツたちが素敵な旗を立ててくれていたのだ。特に感染症が流行してからはひたすら家の中でパソコンに向かう日々で、月に何度か訪れるささやかなご褒美は大きな心の支えとなっていた。

そこに訪れたのが、ほぼ毎日のように新作かつ期間限定かつゴージャス感丸出しのケーキが放出され続ける怒濤のクリスマス期間である。

私は各ホテルのラインアップがまとめられている特集ページを眺めながら、もう上京して十数年になるのに、どうして今までこの豪華《ごうか》絢爛《けんらん》なケーキたちを手に入れようとしなかったのだろうと不思議に思った。私はきっと、予約と支払いさえ済ませれば手に入れられると知ってはいながら、こんな贅沢品は自分とは無関係だと思っていたのだ。ケーキにこんなお金は使えないと、一般常識に自分自身を当てはめて遠慮をしていたのだ。だけどもういいじゃないか。他の何にお金を使うわけでもないのだし、年に一度、各ホテルのパティシエの叡智が集結した一品を楽しむくらい、いいではないか。今年は本当にずっと家にいた。ここでお金を使わないでいつ使うつもりなのか、自分！　――そう自問自答していた、そのときだった。

全部食べなさい――。

えっ？　いま何か聞こえたような……

私はスイーツの神様。全部、食べなさい。

スイーツの神様？　と、今話してる？　すごい、『魔女の宅急便』のキキとジジみたいですね！

食べたいと思ったものは、全部食べるのです――。

でも神様、いいんですか？　ホテルが出してるクリスマスケーキって、なんかもっと『東京カレンダー』に出てくるみたいな人が食べるものなのかなって……やっぱり高いし、甘いものにこれだけお金使うのはもったいないのかなって思う自分もいるんです。

明日死ぬかもしれないのに？

え？

明日死ぬかもしれないのにって言ってるの。

怖……そういう極論ぶつけてくるタイプなんだ。

もう大人なんだから、お金の使い道くらい自分で決めなさい。

大人なんだからとか言い出した……でも本当にそうかも。私は一体誰の許しを得ようとしていたんだろう。自分で稼いだお金で自分が欲しいものを買う、それでいいんだよね。

そうです。生まれ変わったあなたにまた会える日を楽しみにしていますね——……

ありがとう！　スイーツの神様！　バイバーイ！

というわけで、私は神の啓示に従って、この年は思い切りホテルのクリスマスケーキを楽しむことに決めた。そして私は今、自問自答等で描写が冗長になりそうな部分は神との対話で乗り切れるという非常に狡《ずる》い気づきを得た。これは使えるぞ！　ありがとう神様！

まず、戦況の確認から始めることにした。

どのホテルも基本的に、クリスマスケーキの最終販売日は十二月二十五日であった。

これは想定内だったが、中にはイブと当日の二日間しか販売しないホテルもあり、せっかくのスペシャルでボナペティなケーキなのだからもっと売ればいいのに、と思わざるを得なかった。そのために研究や開発を重ねてきたのでしょう？　だったらもう門松とかブチのけて売っちゃおうよ！

というわけで、いくつ買うとしても最終購入日は十二月二十五日で決定。生ケーキの消費期限は購入したその日中というのが関の山だが、私はひとつのホールケーキを食べ切るのに二日は要する。そのくらいの延長は仕方ないだろう（良い子は真似しないでね――……）。つまり、胃の休息日を一日挟むとして、引取日と引取日の間隔は三日間ほど空けるべきだ。私は、二十五日に最後のケーキを引き取るところから逆算しつつ、自分の予定、各ホテルの販売開始日を照らし合わせ、最大値でいくつケーキを回収できるのかを割り出していった。

結果、二〇二〇年のクリスマス、私は五つのホールケーキを引き取ることが決定した。ざっと調べたところ、都内で最も早い引取日を設定しているのは、某ホテルの【十二月七日から】だった。その日から始まって、十一日、十六日、二十日、二十五日。これが私の叩き出した最適解となった。

ということで、二〇二〇年の私のクリスマスは、十二月七日から二十五日まで、計十九日間の開催ということで落ち着いた。

大人って最高だなァ。次々にケーキの引き取り予約をキメていきながら、私は染み入るようにそう思った。子どものころ、大人になるっていうのは辛く苦しいことが増えるイメージがあった。でも今は、それだけではないと確信を持って言える。辛く苦しいこともあるけれど、大人になればクリスマスの期間だって自分で決められるのだ。

十二月七日。某ホテルが他のどこよりも早く、クリスマスケーキの引き渡しを開始する日。

私は朝から気合いを入れていた。ホームページによると、このホテルの場合、地下にある洋菓子店が引き渡し会場となっているらしい。引き渡し開始時刻は午前十一時だ。

私は、そのホテルに午前十一時に到着できるようすべてを調整していた。というのも、今日引き取るケーキをケーキその1とするならば、この日の昼食からケーキその1を食べ始めないと、十一日にケーキその2を引き取る際、ケーキその1からその2までの間に胃に十分な休息期間を与えられない可能性が高かったからだ。十九日あるクリスマス期間中、いかに胃腸、そして冷蔵庫内のバトンタッチをスムーズに行えるかが最重要課題であった。一日三食のうちケーキに当てると見込んだ食事は、絶対にそうしなければならない。急な外食の誘いに応じたり食事を抜いたりすることは自殺行為だ。絶対に許されない。

午前十一時の少し前、私はホテルに到着した。地下の洋菓子店に赴くと、やはりまだ十一時にはなっていないからだろうか、オープンしてはおらず、閉じたままのガラス扉の向こう側で店員さんたちが忙しなく動き回っている様子が見て取れた。

私は、閉まったままのガラスのドアの前にぴたりと寄り添うように立った。そのフロアに、他に客は一人もいなかった。

店内で準備に勤しむ店員さんと、ガラス越しに目が合う。オープンまでの一分間、不思議な緊張感が二人を繋いでいた。

「いらっしゃいませ」

ドアが開いた瞬間、私はレジに直行した。開店前からドア前で待機していたくせに店内の商品やショーケースに一瞥《いちべつ》もくれない客に、店員さんたちは明らかに動揺していた。

「予約した○○です。クリスマスケーキの引き取りに来ました」

始まった――。

私は予約の詳細を伝えながら、そう思った。たった今、私のクリスマスが始まった。

戦いの火蓋が切られたのだ。

まさか店員さんも、引き渡し期間開始一秒でスーパークリスマスボーイが現れるとは思っていなかったのだろう。「少々お待ち下さい」と何かしら確認したのち、やっと納得した様子で、レジの背後から輝く白い箱を持ってきてくれた。

「中身をご確認いただきます。こちらで大丈夫でしょうか？」

そこには、この日までに画像や紹介文を何度見直したかわからない、クリスマスの幕開けに相応しい上品なホールケーキが鎮座していた。王道の、苺のショートケーキだ。

ふんわりと香る甘い匂い、職人の熟練の業《わざ》が生み出す生クリームの曲線美と、瑞々しく輝く苺の張った肌。このシーズンの主役は私でしょうと言わんばかりのそのクラシックな佇まいに、私はうっとりした。やはり一つ目のケーキをキミにして正解だったよ――。

「ありがとうございます」

私は帰りの電車に揺られながら、不思議な優越感に浸っていた。いま視界に映る誰も、同じ車両に、もうクリスマスケーキを手にしている人間がいるなんて想像もしていないだろう。だってまだ十二月七日、しかも午前中なのだ。でも、あなたたちの知らないところで、クリスマスはもう始まっているんですよ。

その通りです。

わ！　神様！　久しぶり！

クリスマス開始、おめでとうございます。だけど、おめでとうを伝えたいのは、あなただけではないんですよ。

ど、どういうことですか？

あのホテルにとっても、たった今が、クリスマスの始まりだったということです。

はっ確かに……言われてみれば、私が絶対に一人目ですよね、クリスマスケーキを引き取ったの。私によって、あのホテルのクリスマスが始まったということになるんですね！

その通りです。あのホテルのクリスマス初めを担ったのは、他ならぬあなたなのです。

そう考えると、なんだかより誇らしいですね！　書き初めならぬケキ初め！　神様またね、バイバーイ！

十二月十一日。ケーキその2の引き渡しが始まる日。もちろん、私の冷蔵庫にケーキその1は残っていない。大変美味しゅうございました。

さて、ケーキその2の引き渡し開始は十一日の正午からである。私は当然のように、正午にはホテルに到着しているよう逆算し、家を出た。私はいつしか、設定したクリスマス期間にいくつケーキを回収できるかだけでなく、各ホテルのケキ初めを担当するという大役を勝手に背負い始めていた。

ケーキその2の引き渡し場所は、都内某ホテルの一階ロビーにあるチョコレート専門店だった。私は地図を確認しながら、駅からホテルまでの道を急ぐ。電車を降りてからトイレに寄っていたということもあり、到着は正午ちょうどくらいになりそうだった。

ホテルに入ると、広々としたフロアの奥の方に、シックな雰囲気のブースのようなものが設置されていることが確認できた。チョコレート専門店の入口に、ケーキ引き渡し専用のスペースが設けられているのだ。

私は四日前と同様、最短距離でそのブースに直行した。まだ正午を一分も過ぎていない。周囲を見渡しても、だだっ広いロビーにはいかにも大規模なホテル感を醸し出している装飾品ややたら太い柱があるだけで、私以外の客はやはり一人も見当たらない。やれやれ、ここのケキ初めも私ですか――。

「予約した〇〇です。クリスマスケーキの引き取りに来ました」

四日前と全く同じセリフを口にしながら、私は、四日前と全く同じ展開になることを予想していた。またこの街で私だけ、クリスマスの仲間入りってわけである。

「少々お待ちくださいませ」

店員さんは、内線電話を手に取った。そして、おそらくケーキが保管されている厨房にでも連絡を入れているのだろう、「もしもし、チョコレートサロン××です。クリスマスケーキの引き渡しなのですが」と続けたあと、こう言った。

「二つ、手配をお願いいたします」

二つ？

もしかして、予約する際、数を間違えてしまったのだろうか。そうだとしたら、今からキャンセルできるものなのだろうか――そんなことを考えているうち、別のスタッフがどこからか〝いかにもホールケーキが入っていますよ〟という箱を二つ持って現れた。やはり二つある。どうしよう。早めに間違いを伝えなければ。

私が口を開きかけた、そのときだった。

「申し訳ございませんが、順番となりますので」

店員さんはそう言うと、箱を一つ抱え、私の前を素通りしたのだ。

え……？

私は硬直する全身の中で、眼球だけをどうにか動かした。箱を抱えた店員さんは、私から見て右手のほうにある、やたら太い柱へと向かっている。

そのとき私は、目を疑った。

柱の陰から、オレンジ色のアウターを羽織った右肩が出ていたのである。

あの人が、一人目――？

「中身、ご確認ください」

店員さんが、柱の向こう側にいる誰かに向かって、箱の中身を差し向けている。私のいる場所からは未だ肩しか見えないが、その位置、「大丈夫です」と受け答えする声色からして、おそらく男性だろう。

うそ、でしょ……？　この私が、二番目……？

私は崩れ落ちそうになる脚でなんとかその場に踏ん張り続けた。確かに今日、私は、正午を数十秒ほど過ぎてこのホテルに到着してしまった。前回のケキ初め成功によって、少し気が緩んでいたかもしれない。それは認める。でも、ほんの数十秒だ。その間に出し抜かれるなんて、一体誰が予想できただろうか。

――あの男、只者じゃない。

神！

あなたもわかっているはずです。あの男は只者ではないと。

神……。

油断してしまったのですね。甘く見るのは、ケーキだけにしておかないと――。

私は深呼吸をする。神の言うとおりだ。引き渡し開始時刻に寸分違《たが》わず訪れるなんて、あの男は絶対に「仲間とのパーティのためのお使いで来ました（照）」みたいな殊勝な人間ではない。変態的な甘党だ。私にはわかる。そもそも今日は十二月十一日なのだ。まともな人間がこんな時期にクリスマスケーキを引き取りにくるもんか。それに、今日私が引き取ろうとしていたのは、ケーキその1のような王道の苺ショートではなく、他のどこのホテルも扱っていない非常に個性的なケーキなのだ。彼はきっと、発売の情報が解禁されたときから他の何にも代替できないこのケーキを食べたくて食べたくて仕方がなくて、引き渡し開始時刻と同時にホテルにやってきた生粋の超甘党だ！

そのときだった。

「ありがとうございました」

柱の陰から、オレンジ色のアウターが、その姿を現した。

私はあえて、彼の顔を直視しなかった。彼とはきっとまた、どこかで会うことになるだろうと思ったからだ。本人の意志など問わず巡り会い続けるのが宿命のライバルというもの。今回覚えておくのは、〝オレンジ色のアウター〟という情報だけで十分だろう。きっとまたどこかで、私はこの色を目にすることになるのだから。

彼がケーキの入った箱を抱えて、私の前を通り過ぎていく。

今回は負けを喫しましたけれど、次はきっと――。

小さくなっていく彼の背中に、私はそう強く念じた。

十二月十六日、二十日、二十五日。あれからどの引き渡し会場に行っても、オレンジ色のアウターを見かけることはなかった。それもそのはずだ。後半三つは、その日が引き渡し初日というわけではなく、私のケーキ消費ペースに合わせて設定した引取日なのである。あの男——コードネーム：オレンジアウターは、そんな、引き渡しが始まって何日も経ったような現場には現れない。私は残り三つのケーキを引き取りながら、勝負は来年か、と独り言《ご》ちた。来年は、冷蔵庫内のバトンタッチがスムーズにいくように〜等と悠長なことを言っていられないかもしれない。今年のようなぬるいスケジュールを組んでいては、彼との勝負の場にすら立てないのだから。

あなたもホールケーキを引き取りに行くときは、近くに太い柱がないか気をつけて見てみてほしい。その陰から派手な色のアウターをまとった姿が飛び出ていたら——おっと、今はこの辺りまでにしておこう。

と、この話はここで終わらない。

十二月二十九日。私は人生で初めて人間ドックに行った。同世代の友人と、三十歳を越えたのだから一度しっかり受けてみたいよね、と、二〇二〇年じゅうずっと言い合っていたのだ。予定が合ったのが年末ギリギリだったため、年が替わる直前、やっとフルコースで身体をチェックすることができた。

人間ドックには事前に記入しておく問診票というものがあり、そこでは、日常の酒量や睡眠時間、通勤時間の長さ、喫煙の有無などが問われる。お酒飲まない、毎日七時間寝てる、通勤時間ゼロ、喫煙なし……問診票を埋めていくうち、私は「こいつ絶対健康だろ」と確信し、突如大金を払うことがバカバカしくなったりしたのだが、これも経験だということで記入を続けた。

実際、人生初の胃カメラのあとに、「ご覧の通りめちゃくちゃきれいなので、あと三年くらい来ていただかなくて大丈夫ですよ」とやんわり邪魔者扱いされたりしながら、私は検査を順調にこなしていった。そして、採血の結果をもとに医師が面談をしてくれるという、最後のパートに辿り着いた。

「えー、そうですね、胃カメラも尿検査も心電図も特に問題ないのですが」

女性の医師はカルテをぱらぱらとめくりながら、

「コレステロール値が異常に高いんですよね」

と言った。異常に、というところに、グッと力がこもっていた。

「問診票によると飲酒はされないようですよね。喫煙もしない、他の項目も問題はなさそうで……最近の食生活はどんな感じですか？　正直かなり高めの数値なので、再検査になると思いますが」

「えー、と」

私は、ここ最近の食生活を思い出した。

「甘いものが好きなので、その影響かもしれないです」

「なるほど。毎日とか、そういう頻度で食べる感じですか？」

「あ、でもさすがに毎日ではないです」私はケーキの引き取りの間に胃の休息日を設けていたことを思い出す。

「そうですか。ここ最近もですか？」

「そうですね。年末ですし、はい」

なるほどね、と、医者の顔に納得が広がる。

「血液検査は直前に食べたもので結果が変動したりもするんですが、最近特に羽目を外した感じだったりします？」

医者は、そのコレステロール値が一時的なものであると思いたいようだった。さすがにこの数値を記録するような食生活が日常ではないですよね、という心の内が見て取れたので、私は医者を安心させるためにもこう続けた。

「そうですね、最近はクリスマスケーキを五つとか食べてしまって」

「それはちょっと食べ過ぎですね。そういうのもあってのこの数値かもしれないので」

「そうですよね、ホールでしたし」

そのときの医者の顔を、私は忘れられない。ホールで五つ？　という声なき声が瞳いっぱいに満ちており、そこに映る私の呆《ぼ》け顔含めて、非常に印象深い表情であった。

バカッ！　何ほんとのこと言ってるんだ！

あ、神！　おひさ〜。

何でみすみす誘導尋問に引っかかってるんだって言ってるの！

だって明らかに一時的な数値だと思いたい感じだったから……協力してあげようかなと。

そんな正直に話したら、甘いもの控えろって言われるに決まってるでしょ！

でも嘘ついて日常的な数値だと思われるほうがまずいんじゃないの？

もういいよ、君には呆れた。その医師の話をちゃんと聞くがいいよ——……

「それは明らかに食べ過ぎです。特に洋菓子は脂肪分が多いので、できるだけ控えてください」

医師は淡々と面談を続けてくれたが、〝ホールで五つ？　嘘だろ？〟という感情が顔面にべったりと残っていた。一方で私は堂々としていた。だって私は、嘘はついていない。事前に提出する問診票には酒、タバコ、通勤時間、睡眠時間などの記入欄があったが、ホールケーキの摂取数を申告する欄はなかった。私はお酒もタバコもやらないし、通勤時間もゼロなので毎日ぐっすり眠っています。だけどホールケーキを十九日間で五つ食べました。

「詳しい結果は一ヶ月ほどで郵送されますが、三ヶ月後、再検査にいらしてください」

私は「わかりました」と頷きながら、一緒に人間ドックに来た友人とこのあと行こうと約束しているパンケーキ屋のことを考えていた。十二月の限定メニューが、あと数日で終売となってしまうのだ。クリスマスケーキのシーズンが終わった今、各チェーン店などの新作を楽しみにする生活に戻るしかないのだから、これは仕方がないことなのである。

とか言っていたら、一ヶ月後、思い切り「脂質異常症」と印字された通知が届いた。その日以来私は、スイーツの神様に出会えていない。『魔女の宅急便』で成長を遂げたキキがジジと話せなくなったように、脂質異常症になった人間にスイーツの神様はもう降りてこないのだった。

脱・脂質異常症への道

　というわけで、私の二〇二一年は、脂質異常症の宣告と共にその幕を開けた。華々しい幕開けといえよう。

　しかし改めて、健康診断というのは年末年始に行くものではないと思い知った。私の場合、十二月二十九日に人間ドックを受診したため、そこで期せずして人生最高体重と人生最高体脂肪率と対面することになったわけだが、「やっと認識してくれたね、これからよろしくね！」とズカズカ脳内に入り込んできたその数値たちは、ダラダラしながら美味しいものを食べても誰にも怒られないし罪悪感も生まれない無敵スター期間・別名年末年始に何度も何度もその顔を出しやがった。おもちを焼いていると「うわあ、ボクらにとっては都合のいい食べ物だね！」、ぜんざいを作っていると「ボクたちを認知したうえでぜんざいを自ら生成しているんだから、大したタマだよね！」、きな粉に砂糖だけでなく塩を追加していると「うわあ、ちょっとでもおいしく食べようと塩分を追加してる！」……うるさいうるさいうるさい！　必殺呪文・ボディポジティブ！　年末年始くらい好きなもの食べさせて！　と、ここで私はふと立ち止まるのである。今自分は、年末年始くらい好きなもの食べさせて、と体内に向けて絶叫したわけだが、少し前までは、クリスマスくらいは好きなもの食べさせて（訳：十九日間でホールケーキ五つ食べさせて）と思っていた。その前は、食欲の秋くらいは好きなもの食べさせて。その前は、期間限定商品なんだから食べさせて。重めな仕事を無事終えられたんだからご褒美にいいもの食べさせて。食べたいんだから食べさせて――私は、延々と自分に許可を出し続けていたのだ。その結果が、「脂質異常症」と印字された再検査への赤紙なのである。ボディポジティブと不健康は違う。

といってもパッと見は「別に……普通じゃん？」と言われるような見た目ではあるため、ダイエットなんて別にしなくていいよ、なんて甘い言葉を囁いてくる人も多くいた。実際、「脂質異常症の人って意外と多いんだよ、私も昔そう診断されたけど再検査とか行ってないな〜」という友人もいたし、共にスイーツ狂として様々な店に同行してくれている友人からは「整理しよう。人間ドックに行ったから脂質異常症だってわかっただけで、行ってなかったら脂質異常症だとはわからなかった。そして、これまでも別に身体に不調があったわけじゃない――ということはつまり、人間ドックに行ったという記憶さえ消すことができれば、脂質異常症を認識する前の、いや、脂質異常症が存在していない世界線に戻ることだって可能じゃないかな？」等というそれっぽい響きの激ヤバ説得を繰り出されたりした。気持ちはわかる。この年齢になると、毎月真剣な眼差しでパンケーキ専門店に赴き月替りのメニューを共に味わう仲間など、なかなか出会えない。その仲間が摂生を始めるなんて梯子《はしご》外しもいいところだ。彼とエッグスンシングスに「ハワイアンマカダミアナッツパンケーキ」（二〇二〇年十二月二十六日から二〇二一年一月十五日にかけて販売していた限定商品）を食べに行き、あまりの血糖値上昇により食後に入ったトイレの個室で気絶するが如く一眠りしたというのは、非常にくだらないがかけがえのない思い出なのである。

赤紙を前に、私の心は揺れ続けた。この召集に向き合い摂生に励むのか、この世の摂理をまるで無視して脂質異常症の診断がくだっていない世界線へ飛び移るのか——ていうかまず、脂質異常症という名称に一言申したい。あまりにも症状を正直に申告しすぎてはいないか。調べれば、昔は高脂血症という呼び名だったそうだ。まだ、そちらのほうがよかった。自分の身体の不調を口に出すときくらい、少々陰のある雰囲気を演出し相手に心配してもらいたいところなのに、〝脂質異常症〟なんて心配のしがいがないではないか。「私、高脂血症なんです」には、「なんだかよくわからないけど大丈夫……？」という同情を引き出せるポテンシャルがある気がするのだが、「私、脂質異常症なんです」には肥満に関する漫才でも始まりそうな雰囲気がある。肛門科、というほぼ面白ワードと化した看板が掲げられた建物に長く通い続けていたときも「せめて〝神秘の丸窓科〟だったならなァ……」とそのたび唇を噛んだものだが、脂質異常症にもそれに近いものを感じる。

なんて話を大学時代からの友人にしたところ、その友人は「あー」とつまらなそうに相槌を打ちながら、「まあ、ほんと太ったもんね、リョウって」と言った。

私は、アレ？　と思った。この話をすると大体、今の自分が置かれている状況が笑い話に化けてくれるものなのだが、このときは様相が違った。

「大学生のころに比べたら、ほんと太ったよ」

学生のころと比べるなんてドイヒ〜と応戦しようとしたものの、目の前の友人は学生のころと体型が変わっていなかった。私は奥歯を噛みしめる。

私はずっと目を逸らしていた。社会人になってから年に一キロのペースで体重が増え続けており、二十歳のころに比べて見事十二キロほど増量しているということに。

なんとなく、どこかで止まると思っていたのだ。さすがにこのまま延々と年一キロのペースで増え続けるこたぁないでしょ〜本気出せば昔みたいに痩せられるっしょ！　なんて胡座《あぐら》をかいていたのだ。

三十代前半。今がその、本気を出すときなのかもしれない。継続は力なり。そうしないと、いよいよ止まれなくなるのかもしれない。

「リョウは今、脂質異常症って名前にはしゃいで面白くしようとしてるけど、その太り方ってもう生活習慣病だからね」

生活習慣病――。

その言葉は、じっとりと重く響いた。〝脂質異常症〟にあった面白みが〝生活習慣病〟には一切なかった。嫌だ。面白くないなんて嫌だ。一見して「プロフィール写真、めちゃくちゃ若いころ&映りがいいときのやつを使い回しまくってるな〜！」とわかる小説家になるのは嫌だ！

私は、体重、体脂肪率、脂質異常症の引き金となっているLDLコレステロール値、この三つの数値を本気で見直すことを決めた。

調べてみると、身長一七四センチ、三十代男性の標準値は順に、66キロ、16〜17%、70〜139。二〇二〇年の十二月末時点で私はそれぞれ、71・5キロ、23・5%、189を記録していた。つまり体重は六キロ、体脂肪率は七パーセント、LDLコレステロール値は50以上のマイナスを目指さねばならないということだ。これは大変である。

しかし、私がなぜ十二キロ分膨らむまで自分の変化に他人事でいられたかというと、そもそも体重計を家に置いていなかったということもあるが、大学三年生ごろからずっと区民プール通いを継続していたことが大きい。十年以上、（工事やコロナによる閉鎖期間などを除けば）最低でも週に一度、多くて三度、二十五メートルプールで八十本、つまり二キロは泳ぐようにしていた。プールといえば、おすすめの有酸素運動として真っ先に挙げられていることの多い、フィットネス界の優等生である。そのため私は、多少身体が膨らんでいるように感じられても、「水泳によって身体が鍛えられているのだ！」等と天才バカボン並のポジティブさを発揮していたのである。プールに通っているという事実をアテにしまくっていたし、周囲に「プールおすすめだよ！　全身スッキリするし夜ぐっすり眠れるし、何よりダイエット効果すごいんだよ〜♪」等とどれほど布教してきたかわからない。みんな〜、十二キロ太って脂質異常症になったよ！

　全幅の信頼を置いていたものに頼れなくなった今、私は、遂にアレに手を出すときがきたのか、と考え込んだ。そう、パーソナルトレーニングである。

　しかしながら私は、パーソナルトレーニングというものに精神的な距離を感じていた。まず単純に区民プールの百倍くらいお金がかかるわけで、どうしても〝自分とは違う世界の人のもの〟というイメージが根深くあったのだ。加えて、トレーニングにより自分の肉体が動物としての限界を迎えているところを、じっ……と誰かに見守られるという構図への羞恥心も大きい。決定的なのは食事管理とその報告だ。周囲にパーソナルに通っている友人がいるのだが、食事の内容や写真を逐一ラインで報告していたりして、そんなの自分には絶対できない、と思っていた。だって、十九日間に亘って様々な種類のケーキの写真を送ることになるのだ。そんなの激ギレされて逆ギレしてラインブロックで終わり、である。

　とはいえプールは十二キロ太るということがわかったしなァ、と悩んでいると、家の近くにそこまで月額も高くなく、かつ、イメージしている〝パーソナルトレーニング〟よりも緩い感じで臨めるジムがあることを知った。というのも、トレーニング機器が個人の筋力等を記憶し、勝手に負荷を調整してくれるらしいのだ。対機械ということになれば、羞恥心も乗り越えられるかもしれない。

一人では心細かったので、私は早速、「生きる世界線を変えてみては？」というウルトラCな提案をブチかましてきた甘党仲間（三十代後半・男性・健康診断のない世界線を生きているので自称健康）に声を掛け、そのジムの無料体験へと向かった。迎えてくれたのは、今にも反復横跳びでも始めそうな溌剌とした若い女性だった。Tシャツ短パンの似合うパッキリとした骨格から、代謝の高さが伝わってくる。

「よろしくお願いします！　今日は実際にトレーニング機器を体験していただきますが、その前にカウンセリングを行いますね！」

私たちは「はい」と頷くと、ぼそぼそと質問に答えていった。自営業のため通勤などもなく、一日の歩数が百歩未満になる日も少なくないこと。お酒は飲まないが甘いものが大好きで、新発売のスイーツを追っているうちに四季があっという間に過ぎ去ること。プールに全ての責任を負わせていたら十二キロ太ったこと、よりにもよって年末に脂質異常症と診断されたこと、それでも年始にはぜんざいをたくさん作ってたくさん食べたこと――途中からは教会で懺悔《ざんげ》でもしているような雰囲気だった。

そんな状況の中でも、トレーナーの女性は「大丈夫ですよ！」と明るく笑った。

「これまで何もしていなかったのなら、ちょっと食事制限してトレーニングすればすぐ変わると思います。一緒に頑張っていきましょう！」

どんなときだってポジティブさを忘れない、明るい表情。目の前の人を助けたいという思いから来ているだろう、そのパワー。

私は、この人を――。

突如、脳天を貫いた予感のようなものを必死に打ち消す。余計なことを考えてはいけない。今は集中しなければ。

「では、食事管理についての説明をさせていただきます。トレーニングももちろん大切ですが、特に体脂肪を落としたいのであれば、食事管理も重要になってきます」

女性はそう言いながら、「こちら、御覧ください」と、A4サイズほどの、ラミネート加工がされたシートのようなものを差し出してきた。そこには、様々な食べ物と、それらに含まれる糖質や脂質の量が記載されていた。

「主にこの、赤いゾーンに書かれているほうの食べ物は、摂取を控えていただきたいです」

そこには、普段の私がバクバク食べているものがずらりと並んでいた。

「こちらの青いゾーンにあるほうが、今後積極的に摂取していただきたい食べものです」

そこには、普段の私が見向きもしないようなものが恭しく整列していた。

「安心してください。赤いほうを絶対に食べちゃダメってわけじゃないんです。食べすぎないようにしながら、主に青いほうを摂っていきましょうってことなんです。ガチガチに考えすぎるとストレスが溜まってしまうので、相談しながらやっていきましょう！」

代謝の高さどころか日頃から親孝行をしている姿まで伝わってくるような彼女の殊勝

な姿に、私は改めて思った。

私は、この人を——絶対に傷つける。

だって今の時点で私は、自分で予約をして自分で足を運んだにも拘らず、どうして今日初めて会った人に日々の唯一の楽しみである食事を管理されなければならないのだろうか、とうっすら思ったのだ。まだ何も始まっていないのに、既にちょいギレしていたのである。私にはわかる。どうせ私はすぐに、赤いゾーンにある食べ物をバクバク食べるようになる。そして平気で嘘の申告をするが、結果に表れていないのだから彼女にも当然バレて、それでも嘘をつき通そうとする。彼女は呆れる。どうしてこの人は自分の体のためなのに頑張れないのだろうと。私は反抗する。運動でどうにかしてくれるのがパーソナルトレーニングじゃないのかと。これまでの人生のあらゆる場面で行ってきた逃亡、責任転嫁、開き直り……それにより疎遠になった色んな人々……いつしか、様々な記憶のすべてがその手を繋いで、「ニンジンも意外と、糖質が高いんですねえ」等と嘘相槌を打つ私の周りを囲んでいた。

必ず訪れる暗澹たる未来と、「大丈夫です、バックアップは任せて下さい！」と張り切る彼女の現在とのギャップに、私はもう既に悲しくなり始めていた。どうして未来の私は食事制限を破るのだろう。どうして未来の私は彼女の助言を素直に聞き入れず、言い訳をして開き直るのだろう。今はこんなにも素敵な関係を築けそうな雰囲気なのに、この施設の付近を通ることとさえ避けるようになるほど険悪な仲になってしまうのは何故なのだろう。私の怠惰さが、夢と希望を胸にフィットネス業界に就職した若者の気持ちを踏みにじってしまうことに、私はその時点で深く落ち込んだ。

その後、一通り機器を体験させてもらい、そのジムが売り出しているプロテインの試飲までさせてもらい、「いや〜久しぶりに身体を動かしたので、ほんと気持ちいいです！　入会するかどうか検討させてください！　今日は本当にありがとうございました！」と彼女に負けない爽やかさで御礼を告げたその足で、我々は爆裂カロリー専門店ことエッグスンシングスへと向かった。どうせ彼女の気持ちを踏みにじるならば早いほうがいいと思った。その一方で、見せてもらった表の赤いゾーンには〝じゃがいも〟、〝ご飯〟、〝バナナ〟等の表記はありつつも〝エッグスンシングス〟の表記はなかったので、やけに堂々としてもいた。ちなみに同じく久しぶりにトレーニングというものを体験した友人は、地下鉄の階段を上りきったところで、何かに躓いたとかそういうわけでもなく突如膝から崩れ落ちた。転んだ、ではなく、下半身が上半身を支えきれなくなった、としか表現しようのないその様子は、現代日本ではなかなか見ることの出来ない映像で、観客（私）は大いに沸いた。

帰宅後、私はエッグスンシングスで撮影した生クリーム山盛りのパンケーキの写真を眺めながら、パーソナルジムに入会するということはこの写真をあの女性に送りつけることと同義なのだ、と思った。こんな喧嘩の売り方はない。これ以上、私の人間的欠陥が原因で誰かを幻滅させたり呆れさせたりしたくない。まずは自分なりに、長期的に取り組めることを考えよう──私はそう決めた。これまでの数十行を一言でまとめると、私は逃げた。

色々調べたり試したりした結果、私の脱・脂質異常症ルーティンは左記のようなものに定まってきた。

まず毎朝身体を動かすこと。十分のストレッチと二十分の筋トレまたは有酸素運動。後者に関してはYouTubeで見つけたワークアウト動画でその日の気分に合ったものを行う。それくらいの緩さにしておかないと、すぐに「ガーッ‼」となってしまうのが私なのだ。

そして食生活。朝食は①食塩不使用のサバ水煮缶で作るサバの味噌汁か、②イワシ水煮缶とかつおだしで作る和風スープの二択になった。一瞬で作れるのでとても楽だし、何よりものすごく腹持ちがいい。これまでは朝食を摂ったとしても午前十一時くらいに空腹になってしまい、「あ〜痩せたいなァ」等と言いつつ平然と菓子パン等を貪《むさぼ》っていたのだが、その必要がなくなった。青魚の満腹感は私にとって非常に革命的であった。

そして、月に二度ほど③トマト缶とコンソメ、④ニンニク粉末とコンソメ、⑤コチュジャンとダシダをそれぞれベースとした野菜&ササミスープを大量に作って、昼食&夕食用に冷凍しておくことにした。もちろんそれだけでは足りないので、ヘルシーを売りにしているおかずのみの宅配弁当も併用。③④⑤いずれも鍋で温め直すときに卵を二つほど投入するため、おかずのみの宅配弁当でも併せて食べればそれなりに満腹感が得られた。巷《ちまた》でよく聞くPFCバランス等の計算は、継続できる気が全くしなかったので手を出さなかった。とにかく朝は魚、昼夜は野菜や肉で腹を満たすことを心がけ、もずく、納豆、プロテイン、干しいも等を常備し間食をそれらで賄うことを心がけた。

この生活に移行してからまず訪れたのは、異常な自己肯定感の向上だった。脂質異常症と診断された当初は、その後インタビュー等を受ける機会があっても、文末に「――と、脂質異常症が申しております」と脳内で付け足してしまうほど自己卑下に陥っていたのだが、作り置きのため大量の野菜をスーパーのカゴに投入するようになってからは、「みんな見て！　このカゴの中を！　この食生活を見て!!!」というカゴ界における露出狂と化していた。大量に作ったスープをタッパーに小分けして冷凍しているときなど、「丁寧な暮らし!!!」と家の中で絶叫していた。いちいち影響を受けすぎである。

ただその期間もすぐに終息し、次に訪れたのは飽きだった。意外と朝食は飽きないのだが、昼と夜がとにかく飽きる。スープも宅配弁当もいくらか種類はあるとはいえ、「またこれか〜」と気持ちが萎《な》えてくるのだ。なんというか、味に飽きるというよりは、〝家の冷蔵庫（冷凍庫）にあるものを取り出して温めて食べる〟という一連の動作に心身が倦《う》んでいる、という感覚に近い。インタビュー等も全てリモートとなり、家から一歩も出ずに完結する日がひたすら続くようになると、本当に食事くらいしか楽しみがなくなる。すると余計に、刺激を欲してしまうのだ。

それをパーソナルジムに通っている友人に吐露したところ、こんなことを言われた。

「私のトレーナーは、六食、つまり二日で身体はリセットされるって言ってるよ」ふむ。

「つまり、六食に一度なら好きなもの食べても問題ないって。で、食べるなら昼がいいらしいから、私は二日に一回、昼食に好きなもの食べてる」

私はそのアドバイスをそのまま実践した。もはやパーソナルジムの万引きである。無料体験をしたうえに他店から情報を盗むなんて、そんなやつ太らせてやりたい。

さて、二日に一度（昼食）は好きなものを食べていいというルールを設けた結果、私は、自身に眠る〝食欲〟の巨大さと対面することとなった。端的に言うと、二日に一度の自由な昼食を終えたその瞬間から、二日後に来《きた》る次のチャンス目掛けて生きすぎてしまうのだ。限定的な自由を設けたことで逆に不自由な状態が際立った感覚があり、それに伴って日常における空腹感も強まってしまった。四十八時間じゅう「二日後の昼は何を食べようかな⁉⁉」と宅配できるもの等を調べ続けてしまい、やるべきことに手がつかなくなった。結果、次に好きなものを食べてもいい時間帯まで〝ただ生きている〟という状態に徹するというケースが頻発した。空腹だから執筆に集中できない、だけど今は好きなものを食べていい時間帯ではない、じゃあソファに身を委《ゆだ》ね命を一秒ずつ次の食事まで引き延ばすことに徹しよう——健康に暮らすために始めた食生活で、私は遂に生きる屍《しかばね》と化したのである。愉快愉快。

だけど、こんなメンタル乱高下な生活もとりあえず四月上旬に行われる再検査までである。再検査では、ＬＤＬコレステロール値の測定がある。そこで正常値を叩き出せば、いつのまにかWikipediaの〝人物・経歴〟欄に記載されてしまった脂質異常症とオサラバできるのだ（画像22参照）。

再検査当日、朝イチで採血をしたあと、面談室に呼ばれた。私のことを「脂質が異常な人間」としか認識していない医者が、様々な数値が記された紙を前に、こう呟いた。

「ＬＤＬコレステロール値が、１８９から１３３まで落ちてますね」

！

「１３９以下が正常値なので、ギリギリではありますが、正常値に戻っています」

!!!

「なかなか短期間では戻らないものなんですけどね。食生活を見直されたんですね」

見直しました！　友人に「その作り置きっておいしいの？」と訊かれ「おいしいとかまずいとかじゃなくて、

画像22　追記したの誰ですか？

人物・経歴 ［編集］

岐阜県垂井町の出身である。岐阜県立大垣北高等学校、早稲田大学文化構想学部を卒業した。2009年、『桐島、部活やめるってよ』で第22回小説すばる新人賞を受賞しデビュー、2012年には同作が映画化された。同年、『もういちど生まれる』で第147回直木三十五賞候補。2013年、『何者』で第148回直木三十五賞受賞。直木賞史上初の平成生まれの受賞者であり、男性受賞者としては最年少となる[2]。直木賞受賞後第一作『世界地図の下書き』で、第29回坪田譲治文学賞受賞。2016年、英語圏最大の文芸誌「Granta」日本語版でGranta Best of Young Japanese Novelistsに選出される。2021年、ラジオで脂質異常症であることを告白。2021年、「正欲」で柴田錬三郎賞受賞。

かなしい」と答えるしかないような食生活ですが、間違いなく見直しました‼

それからも医者は「正常値とはいえギリギリではあるので、今後も注意しつつ〜」やら何やら話していたが、私の五感は事前に調べておいた病院最寄りのクレープ屋に向かってロケットスタートを切っていた。私は診察を終えたあと、五感に置き去りにされた肉体をそのクレープ屋までズルズルと運んだ。感染症対策による時短営業ということで開店時間が事前に調べた時刻より三十分遅くなっていたが、私は店の前で待った。店内で仕込み作業をしていた店員さんは、開店時刻である午前九時半に現れた目のギラついた男をどう思っただろうか。四つ買った。

自分はもう脂質異常症ではない。その事実は乱高下メンタルの地盤を想像以上に固めてくれ、私は再検査後、やっと体組成計を購入することができた。それまでは、購入した途端自分はきっと数字に取り憑かれ大変なことになるだろうと予想でき、怖かったのだ。

でも私はもう脂質異常症ではない。ブランニュー私。ブランニューWikipedia。誰かあの記述を消してください！

それからは週に一度体組成計に乗りながら、この食生活を少し緩いモードで半年ほど続けた。その結果、じわじわとどころか、じわ……………じわ……………というレベルではあったが、体重も体脂肪も微減を続けてくれ、食生活の改善を始めて九ヶ月が経ったころ、やっと、体重と体脂肪がそれぞれ私の体型での平均値付近（65・5キロ、

17・5%）に達してくれた。この喜びを一番に伝えたい人、ですか？　そうですね……やっぱり、ずっと支えてくれた両親、ですかね？（笑）

このときの私の自己肯定感は異常だった。別にムキになったわけでもないのに、芸能人がフルヌード写真集を出すときってこんな気持ちなんだろうなァ、と感じ入った。何も聞かれてもいないのに「ねぇねぇ、痩せたと思わない？」「どうやって痩せたと思う？　食生活を変えたんだよね」等と吹聴して回り、普通に嫌がられていた。

そんな中、これまでの試みを総括できるような機会に恵まれた。『週刊新潮』の【私の週間食卓日記】というコーナーからお声が掛かったのだ。

見開き二ページに亘って週替りの担当者が一週間の食生活を記録する連載なのだが、なんと、コーナーの最後で管理栄養士の方から採点をしていただけるのである。こんなの、脂質異常症を脱した私にとっては「受賞の言葉」みたいなものである。ウィニングランの会場まで用意していただきありがとうございます。

こういう依頼をいただく際には大抵、例として過去の掲載回をいくつか送っていただける。確認したところ、皆さんかなり細かく食生活を描写されていた。採点に関して言えば、タレントの川瀬良子さんは八十一点、女優の吉本多香美さんは七十九点、城郭考古学者の千田《せんだ》嘉博《よしひろ》さんも七十九点。千田さんは城郭考古学者ということで地方に行かれることも多いらしく、熊本で夕食にラーメン等を食べており、それでこの点数である。

私は、さすがの管理栄養士も甘めに採点しているのかな、と思った。同時に、自分は百点を取ってしまうのでは？　と心配になった。そんな原稿、面白みがないかもしれない。だけどこの九ヶ月で食生活を改善したのは事実なのだから、ありのままを書こう。優等生すぎて面白みのない原稿になってしまうかもしれないが、嘘を書くほうがおかしいのだ。

原稿に無事ＯＫが出たので、あとは発売を待つだけとなった。管理栄養士からの採点は、ゲラの段階では記載されていない。世に出回って、私も初めて知るのだ。

その号が発売される前夜。私は偶然にも新潮社の方々と会っていた。出版社の方々と直接顔を合わせるのも久しぶりだったので、色んな話に花が咲いた。帰り際、ひとりの男性社員が、「見ましたよ、【食卓日記】担当されてましたね」と声を掛けてくれた。

私はその時点でなんとなく照れた。あの完璧日記を読まれちゃったかァ、と思っていた。

「最近食生活がらっと変えたので結構真剣に書いちゃったんですよね〜。あれって採点つくじゃないですか？　ちょっと楽しみだなみたいな」

はしゃぐ私に対し、その男性社員は眉を下げ、優しい口調で言った。

「五十五点でしたね」

え⁉

ごごごごごじゅうごてん⁉

五十五点♪　五十五点♪　五十五点、アそれ五十五点♪

その場で五十五点音頭を舞わないと衝撃を発散できないほどだったが、私は全奥歯を嚙み締めることで自分を抑え込むことに成功した。「五十五点、ウケますね！　今日はお疲れ様でした、またよろしくお願いしますー！」五十五点って、五十五点……？　夕食にラーメンとか食べてないのに……？　平均点高めだと本当に点数高い人が目立ちにくいんだよなァ、とか思ってたのに……？

結局、それからも緩いルールのまま食生活の改善を続けている。しかし体重も体脂肪も、平均値あたりでピタッと止まり、それ以上は落ちなくなってしまった。いよいよあのパーソナルジムに入会すべきか、悶々と悩む日々である。

私なりの「おめでとう新福さん」

さくらももこ氏の著書『さくら日和』に収録されている「おめでとう新福さん」が相変わらず大好きだ。前作では、あの〝無駄なことに（金銭を含めた）全力を注ぐ〟という姿勢に憧れてちょっとした慰労会を催そうとした顚末を記したが、出版後、「私も『おめでとう新福さん』が大好きなんです」という反響が多く届き、私は嬉しくなった。

というのも、『さくら日和』発売時の反響がどうだったのかはわからないが、現代において「おめでとう新福さん」的なことはハラスメント認定されかねないと感じていたからだ。そんな中、読者の反応によって、どんな時代であっても「おめでとう新福さん」的なことが好きな人たちは一定数存在していることがわかった。あのエッセイ最高だよね～！

というわけで今回は、令和を生きる私なりの「おめでとう新福さん」への再挑戦について記す。

尚この章には、まともな読者ならば「とはいえハラスメントだと思います」「どんな形であれルール違反はよくないと思います」等と非常に真っ当な声を上げたくなる記述が登場する可能性がある。そのため、高い倫理観を持っている、または不快指数を感じ取るアンテナが敏感なほうだという自覚のある読者は、この章は飛ばしていただけると双方にとって安全かもしれない。しかし、この注意書きが複数回登場するこの本、一体なんなのだろうか。

というわけで、「あ、わりかし何でも楽しめるタイプです！」という方々だけ、次のページに進んでいただければと思います。また、この章で書かれていることは、絶対に真似してはいけないことです。もう一度言います。絶対に、真似してはいけないことです。

また会いましたね、倫理観の欠けた皆さん。前のページの〝真似してはいけないことです〟の連発に少々身構えたことかと思いますが、一応全身に力を込めたまま読み進めていただけると幸いです。

二〇一五年から、『CD Journal』という日本で唯一の総合音楽情報誌にて、ありがたいことに連載を続けられている。当初は作家の柚木麻子さんと二人でハロー！プロジェクトの楽曲についてアレコレ語る対談連載だったのだが、紆余曲折あり、今では同じくハロプロが大好きなでか美ちゃんが加わり、『柚木麻子と朝井リョウとでか美ちゃんの流れる雲に飛び乗ってハロプロを見てみたい』というタイトルの鼎談《ていだん》連載となっている。

そしてこの連載を共に作っている仲間として、（先述した三人が約三時間好き勝手に喋り倒す魔の音源を毎度文章化してくれる）ベテランライターのT氏、（常に工夫を凝らして扉写真を撮ってくれる）カメラマンのK氏、そしてこの連載を立ち上げてくださった編集者のC氏の三名がいる。つまり、このメンバーともかなり長い付き合いとなるわけだ。

目ざとい読者なら今「いやC氏て！」と発声したことだろう。気分がノっている読者なら「イニシャルがCになる名前なんてあらへんやろ！」とご機嫌にツッコんだに違いない。

このC氏が、今回の主役である。

基本情報から入ると、C氏の年齢は四十代後半、短髪で少し髭を生やしており、その風貌は俳優の塩見三省《しおみさんせい》を思わせる。そして、なぜCというイニシャルにしたのかというと、この条件をもってして、彼の総合的な外見が〝ちいかわ〟というキャラクターにも似ているからだ。

ここをスムーズに飲み込んでいただければ、話は早い。逆に、ここで躓くと今後が大変である。ちいかわと塩見三省を足して2で割った、アラフィフ男性（画像23〜25参照）。ハイ、もう次に進みますからね。ちいかわを知らない方は検索してみてくださいね。「この生命体に似ている人間などいるわけがない」と声をあげたくもなるでしょうが、いるんです。むしろこの世に出現した順番に則《のっと》れば、ちいかわがC氏に似ているんです。

画像23　塩見三省（著者画）

画像24　ちいかわ（著者画）

画像25　C氏（イメージ）

そんなC氏の特徴として、生粋の〝姫〟ポジションである、というものがある。アリはどんな集団でも【働きアリ：たまにサボるアリ：ずっとサボるアリ】が【2：6：2】の割合になるという説があるが、人間の集団でもリーダー役やムードメーカー役が自然発生的に振り分けられるのは皆さん承知の通りだ。そういう感じで、この世には〝姫〟というポジションが存在する。誰かが明言したわけでもないのに構成員の愛が自然と集まってしまう、皆が暗黙の了解で大切に扱ってしまう、そんな対象のことである。血縁者でできた集団の場合、このポジションは大体、孫を始めとする最年少者となる。

姫の特徴は、いつ何時でも受け身でいられ、どんな言動も周囲から「カワイイ」と愛《め》でられるところだ。C氏は、鼎談収録のために入った店で一番カワイイ飲み物を頼む。ラインのアイコンを月に一度はその月のベスト・ソロ・ショットに変更する。我々連載チームは、そんなC氏を「カワイイ」と無条件で愛でている。たとえC氏が世界を崩壊させるボタンを手違いで押してしまったとしても、「手元が狂ってカワイイ」となるだろう。

そんな姫の最大の特徴は、本人が意識的に目指せるポジションではないというところにある。むしろ意識的に目指せばあざとさが際立ち、集団の中に嫌悪を生む可能性が高い。姫は本人のあずかり知らぬところで、神に特別なティアラを載せられているのだ。

つまりC氏は、塩見三省と愛され姫を奇跡的なバランスで両立させている非常に稀有な生命体なのである。秘密結社等に存在を知られたら、その謎のポテンシャルを解き明かすため攫《さら》われたりしてしまうかもしれない。そんなときは絶対に皆で守る。大切な姫だから。

ことの発端は、連載チーム全員が収録以外で集まる日を設けた四年前に遡る。

その日は偶然にもC氏の誕生日付近であったため、じゃあサプライズでC氏をお祝いしようという流れになった。誰かの誕生日付近に集まることなんてこれまでも何度もあったはずなのに、C氏が誕生日のときだけこういう流れになるというところからも彼の愛され力が伝わるだろう。

プレゼントは何がいいかな、何が好きかな、何を御用意すればC様は一番の笑顔を見せてくださるかな——そんなふうに話しているうち、私たちは一つの結論に辿り着いた。それは、C氏が最も愛しているものはC氏自身なのだから、それに準じたものを贈ろうというものだった。辿り着いたというよりは、皆が常々思っていたことを確認し合った、という感じだった。

姫には神からティアラを載せられるだけでなく、そのティアラの存在を疑わない、という才能もある。これはネガティブな意味では一切ない。むしろ、そのほうが周りもしっくりくるのだ。あるべき場所にあるべきものがある、その落ち着き。これは姫の長所でも短所でもなく、林檎は赤いみたいな、ただの特性だ。

というわけでその年は、C氏の素敵な写真を大集合させたボードを作成し、そこに皆で寄せ書きをし、額装してプレゼントした。先述の通りC氏は、毎月、ラインのアイコンをその時点でのベスト・ソロ・ショットに変えてくれるため、それを保存し続けるだけで制作に必要な素材は十分に確保できた。ちなみに、別のコミュニティでC氏と仕事をしている人にも一応【C氏のカワイイ写真を集めているので、持っているものを送って下さい】と連絡してみたところ、秒で【C氏のカワイイ写真？　そんなのあるわけないじゃん】と返され、一瞬、目が覚めかけた。危なかった。

想定通り、C氏はとても喜んでくれた。素敵な御尊顔を拝することができ我々も大変な幸福を感じたわけだが、このとき我々はまだ気づいていなかった。姫へ注ぐ愛は、決して縮小させてはいけないのだ。つまり、額装されたボードを最低基準とした誕生日プレゼントレースが、この瞬間から始まったのである。

翌年は、話し合った結果、C氏のカワイイ写真をたっぷり使用したオリジナルのカップホルダー、通称カプホルを製作した（画像26参照）。カプホルとはアイドル界隈で人気のグッズで、特に、ファンが自分の好きなアイドルの誕生日に勝手に作って勝手に配布するものとしてよく知られている。結果的にスタバ等で使用してもあのやけに愛想のいい店員から「お客様」と睨まれはしないだろう代物が完成したのだが、大量のカプホルを手作りするというのは想像以上に骨の折れる作業で、複数の大人で挑んでも丸一日を要した。途中、塩見三省似の中年男性がソフトクリームに顔を寄せている写真を何枚も切り抜きながら、（は？）と激昂しかけたものの、C氏のみならず関係者の方々にカプホルを配り絶句されるうち、ネガティブな感情は達成感に変わっていった。危なかった。

さあ、三年目である。立派な額装でボードを作って、カップホルダーを作って、その次だ。私たちは頭を悩ませた。ホップ・ステップ・ジャンプという感じで、ここで派手に一花咲かせたい。だが、なかなかいい案が出ない。

そんなある日、ハロプロにまつわる連載についてのネタ出しも兼ねて、グループラインでダラダラと雑談をしていたときだった。柚木麻子さんがふと、こんなことを言った。

【今日久々に首都高乗ったんですけど……首都高から見える広告あるじゃないですか？　あの枠買えないかな？　首都高にハロプロがいたらいいのに】

当時は二〇二〇年の十一月。オーディション番組等の影響から、企業ではなく一般人が街の広告枠を購入し、自身の愛する対象を世にアピールするという現象が市民権を得始めていた頃合いだった。連載で枠買って首都高にハロプロ掲出、愉快愉快〜というやりとりの中、【C氏の広告も出した〜い】なんて冗談を、誰かが言った。

画像26　丸一日かけて作った中年男性のカップホルダー

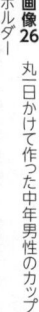

最初はご機嫌な冗談だったのだ。

【やばいよ、みんな広告二度見して首都高で大事故が起きちゃう】

【それってうちらが罪問われるのかな？】

【シリアスな裁判になるね】

【小説だったら帯は〝罪の在《あ》り処《か》は、どこなのか――？〟】

【渋い刑事に「命の誕生を祝って出した広告が、命を奪った……皮肉ですね」って言われるシーンつらい】

楽しく冗談を言い合った後、私たちはC氏抜きのライングループを作成していた。

全員、やる気になっていたのだ。

【今年の誕生日は広告出すくらいのことしないと、割に合わないよね】

【我々だけでC氏のかわいさを独占してるっていうのも、よくなかった】

首都高は金額含め手続き上の難易度が高かったため断念せざるを得なかったが、話し合いの結果、C氏の誕生日付近に毎年予約している店の最寄り駅がいいのではないか、ということになった。駅の中にある広告枠を一つ買うのである。この年は感染症の流行もあり会合を開けるかわからなかったため、どちらにせよC氏には「今年はさすがにプレゼントを用意できなかった」と嘘の報告をしておくという算段だ。会合が実施されればその帰路で初披露することができるし、会合ができなくとも写真や動画等で種明かしができる。with コロナ時代に適した贈り物である。

いいねいいねと盛り上がっていたら、後日、チームの特攻隊長である柚木さんからこんな連絡が届いた。

【店の最寄り駅の広告を取り仕切っている会社に電話しました。私は『CD Journal』の編集者だと名乗りました】

こういうときの柚木さんの行動力はすごい。いつの間にか〝誕生日を迎える社員を編集部としてサプライズで祝う〟という設定で、代理店に連絡をしていたのだ。

【若い女性が担当してくれました。詳しいことはメールをもらったので共有します】

柚木さんの珍プレー好プレーにより広告会社による詳細が共有されたのだが、まず何より、掲出する枠を確定し申し込むことを最優先事項としたほうがよさそうだった。メールには駅構内にある広告枠の空き表と駅図面が添付されており、どの枠がどの位置にあるのか、どの枠がいつ空いているのかを照らし合わせられるようになっていた。

C氏との会合の予定日が翌年の一月二十三日（土）だったため、枠はそこを含めた一週間単位での取得ということになる。感染症の流行で人の往来が減っていたことも影響しているのか、幸運なことに、十二月初旬時点でまだ翌年の一月十八日（月）から二十四日（日）までの枠がいくつか空いていた。最適な枠をなる早で確保したいところだ。

【現地に下見、行ってきます】

翌日の午前中、私とカメラマンのK氏は該当の駅にいた。バインダーに挟んだ駅図面とにらめっこをしながら徘徊していた我々は、業者の人間の如き真剣味を漂わせていたに違いない。少なくとも、塩見三省とちいかわを足して2で割らせない奇跡の生命体を世に喧伝するためだなんて誰も思わなかったはずだ。

【下見、終わりました。○○駅××線のボード5、003、B1サイズ一枚の枠でお願いします。帰りの動線的にもちょうどいいと思います】

【ちなみに、こんな感じです】

カメラマンK氏が早速、実際にその枠に広告を嵌《は》め込んだ時にどう見えるかという合成写真を作ってくれた。下見の際に撮影した景色に、C氏の肖像が浮かんでいる。プロのカメラマンの技術が迅速かつ無駄に発揮された瞬間だった。

【この枠でいきましょう。申し込みが通れば先方が発注書を送ってくれるみたいなので、その内容を確認して捺印することになります】

【了解しました。よろしくお願いいたします】

なんて心強い仲間たちなのだろう。私は誉れ高い思いだった。私たちはC氏のためならば、こんなにもスムーズに動けるのだ。普段の連載は校了日ギリッギリに仕上がるのに。

枠が無事確保できれば、次は広告のデザインだ。データ納品のデッドラインは一月十二日の午前中。納品前のデザイン審査に二日ほどかかるため、修正の指摘があった場合のことを考えると年内には一度完成させておくべきだろう。

【広告のデザインですが、最初の電話の感じだと、一般人の個人を祝うというよりはきちんとしたクオリティのものを求められている感じがしました】と、柚木さん。

【確かに、我々の広告でその駅の品位を下げるわけにはいかないですもんね】ぽんぽんと会議が進んでいく。【じゃあ、あくまで『CD Journal』の広告に見えるようにしてC氏を祝うっていうのはどうですか】

【それいい。ロゴとかちゃんと使用して、パッと見は雑誌の広告に見せる】

【でもそれなら、ちゃんと雑誌側には許可取ったほうがいいですよね？　勝手に雑誌名使ってイメージに影響するようなことするのはよくない】

【つまり、版元に乗り気になってもらえばいいってことか】

【なるほど。では、内部の人に協力してもらいましょう】

今度はベテランライターのT氏がその職能を無駄に発揮する番だった。長年様々な音楽雑誌と仕事をしてきた人脈によって、『CD Journal』の版元である株式会社シーディージャーナル内にこちらの味方となるスパイをひとり生成することに成功したのである。そのスパイの立ち回りは見事であった。C氏本人に気づかれないよう社長を含めて話を通してくれ、こちらが雑誌の名前や公式ロゴのデータ等を使用できるよう調整してくれたのだ。かつ、広告の内容に関しても会社的にオーケーかどうかチェックしてくれるという。私はそのとき、世の中の悪事というのはこうやって遂行されていくのだと得心した。間違えた。株式会社シーディージャーナルはなんて素晴らしい会社なんだろうと思いました。

【ところで、納品ってイラレとかのデータでやることになると思うんですけど、その作業できる人、この中にいないですよね？】

【連載ページを担当してくれているデザイナーさんに頼んでみましょうか。きちんと報酬を支払っての依頼という形で】

こうして無事デザイナーも買収された。もはやC氏のみがノホホンと冬の東京でおでん等を食べているという状況だった。

【連載ページのデザイナーさんならC氏のキャラクターも把握しているし、いいですね】

【本誌とのイメージも近くなりますね】

イチ編集者をメインに据えた広告を掲出するという時点で雑誌のイメージもへったくれもないのだが、もはや何かに疑問を持つこと自体がナンセンスという空気が出来上がっていた。なおデザイナーさんへの入金は、当時外出が難しかった会計担当の柚木さんの代わりに、柚木さんの夫が行ってくれた。ちなみに、前作で記した税理士の結婚式の余興で、『今夜はブギー・バック』の音源から歌声のみを消し独自のインストゥルメンタル音源を製作してくれたのも柚木さんの夫である。今回も見事すぎる暗躍。ワンチーム！

【では、デザイナーさんに渡すラフデザインを決めるために、近々Zoomで打ち合わせしましょう】

話し合った結果、ゴチャゴチャ情報があっても仕方がないので、上部に雑誌名のロゴ、中心にC氏のベスト・オブ・ベストショット、下部にHAPPY BIRTHDAYという、非常にシンプルなものにまとまった。ちなみに、B1サイズに耐えうる画質が必要ということで今回はC氏渾身の自撮りは使えなかったのだが、孫の写真は親族の誰のカメラにも収められているように、カメラマンK氏のカメラには高画質のC氏が大量に存在してくれていた。彼の溢れんばかりの姫みが、素材不足の危機をも結果的に救ってくれたのである。C氏、ありがとう。なぜかいつもかわいくて、本当にありがとう——。

打ち合わせ後、柚木さんの夫から金銭を振り込まれたとは毛頭思っていないデザイナーさんに必要な素材をまとめて送り、我々は一息ついた。時は二〇二〇年の師走。世界が感染症の流行に揺れる中、私たちは様々な人の力を借りて〝中年男性の誕生日広告を出す〟というただ一点を目指し突っ走っていた。その団結感は、映画『サマーウォーズ』の終盤に近い強度だった。栄おばあちゃんが色んなところに電話しまくっていたあのシーンである。大事なのは、昔のように人と人とが声を掛け合って、コミュニケーションを取ること——栄おばあちゃんの言葉は地球を救うときにもおじさんの広告を出すときにも当てはまるのだ。

しかしその数日後、広告会社からこんな連絡があった。

【今回、社員の方の誕生日に部署からのサプライズで広告実施をしたいとのご依頼でしたが、生誕の言葉がデザイン内に入る可能性はありますでしょうか。個人のお祝い文が入りますと、意見広告と判断されてしまう可能性がございます】

困った。〝誕生日にサプライズであなたを祝う広告を出しました〟はギリ笑えるが、〝誕生日にサプライズであなたを掲げた意見広告を出しました〟は怖すぎる。しかし、どうやらHAPPY BIRTHDAYは個人のお祝い文とみなされてしまうらしい。〝個人のお祝い文〟の定義が謎ではあるが、それを避けた形でどのようにしてC氏の生誕を祝福できるだろうか。私たちは悩んだ。HAPPY BIRTHDAYの気持ちを、個人のお祝い文ではない言葉で表現するには一体どうすればいいのだろう。果たしてそんなことができるのだろうか。

——諦めなさんな。

栄おばあちゃん再登板である。

——諦めない事が肝心だよ。あんたなら出来る。出来るって。そうだよ。その意気だよ。あんたなら、できる！

【あの】

口火を切ったのは、ベテランライターT氏だった。

【SPECIAL FEATURE、はどうですか？】

ス、ス、スッペシャル・フィ〜チャ〜!!!

つまり和訳で〝特集〟だ。上部に雑誌のロゴ、真ん中にC氏のベスト・ベストショット、下部にSPECIAL FEATUREとくれば、字面的にも意味合い的にも一気に雑誌の表紙感、ひいては広告感が強まり、むしろHAPPY BIRTHDAYよりも適切かもしれない。

【いいと思います！】【素敵です！】【ライター力がまた無駄に発揮されましたね！】

【これでデザイナーさんに伝えます！】

よろしくお願いしま〜〜〜〜〜〜〜〜〜〜〜〜す!!!

こうして、もはや誕生日を祝っているわけでもない、壮年期の一般男性が突如スペシャルにフィーチャーされた広告がこの世に爆誕した。

忘れもしない、二〇二一年一月十八日の朝。私はカーテンを開け、いつもと変わらない外の景色を眺めながら非常に感慨深い気持ちを抱いていた。昨日から何も変わっていないように感じられる街並みだが、今朝、確実に変わった場所がある。下見に行ったあの駅の、728㎜×1030㎜区画のうちの一つだ。そこは間違いなく、昨日からは誰も全く想像していない景色に様変わりしているのだ。

【もう、アレ、貼られてるんですよね】【不思議な気持ちですね】【C氏、本当に愛されてますよね】【早くみんなで観に行きたいですよね】

相変わらず旺盛なやりとりが続くグループラインの中に、私はふと、疑問を投げかけた。

【これって、愛、なのかな？】

私たちはどうしてC氏をこんなにも愛でてしまうのだろう。しかも時に暴力的に。生粋の姫の引力であるということはわかっているが、それだけでは収まりのつかないこの感情は何なのだろう。私たちはずっとそれを言語化できていなかった。

【愛、っていうか……】

答えをくれたのは、柚木さんだった。

【蹴りたい背中、じゃない?】

!!!!!

私は雷に打たれたような衝撃を受けた。これが、これがあの〝蹴りたい背中〟!!!!!『蹴りたい背中』とはご存知二〇〇三年に出版された綿矢《わたや》りさ氏の小説である。主人公が同世代の異性に抱く愛しさでも憎たらしさでもどんな言葉でも掬い上げきれない感情が、著者独特の文体で活写されている傑作だ。私はこの瞬間、有名すぎてほぼ記号化していた〝蹴りたい背中〟という言葉の意味を実は全然わかっていなかったのだと実感した。C氏へのこの気持ちが、蹴りたい背中! 嗚呼、なんか今ものすごく腹落ちしている! あの小説の醍醐味が、本当の旨味ともいえる大トロ的な部分が、初めて読んでから二十年近く経ったこの瞬間に五臓六腑の隅々にまで染み渡っていったのを感じた。蹴りたい背中、貼りたいC氏……綿矢さんは、C氏を黙って愛するだけではいられない我々のこの気持ちをもう二十年近く前に書いていたんだ……! 今度綿矢さんに会ったら感謝を伝えよう。おじさんの広告を出してしまった気持ちを教えてくれてありがとう

ございます、と――。

【C氏に伝えるときが楽しみですね！】【びっくりするだろうな〜！】【ドキドキですね！】

C氏に会う、つまりC氏にサプライズで広告の存在を伝えるまで、数日あった。もう掲出されているのにそれを誰にも言えない期間が、とてももどかしい。会合の日までに一度くらい、自分の目で見に行ってみちゃおうかな――そんなふうに悠長に構えていた、十八時過ぎのことだ。

【ちょっと!!!!】

C氏からメッセージが届いた。

【友達からラインきたんですが……これは……これは……まじですか！！！！！！】

（原文ママ）

C氏のメッセージには、自分がスペシャルにフィーチャーされている写真が添付されていた。

バレたのだ。初日に。その駅を偶然利用したC氏の友達によって。

このとき私が思ったのは、駅の広告って意外と効果があるんだなァ、ということだった。正直、一般人が好きな対象のために広告枠を買うという文化が浸透してからも、街の、特に駅の広告ってあんまり気を付けて見ないよなァ、実際どれくらい効果があるんだろうなァ……と疑問に思っていたのだ。今回の調査で、掲出から半日ほどで本人の耳が届くらいには効果があるということがわかりました。広告枠購入をご検討の方はぜひ参考にしてみてください。【誕生日プレゼントです】という非常にシンプルかつ堂々とした種明かしの後、C氏は【ちょっと今でも信じられない……】と動揺していた様子だったが、一分後には【わ〜〜んうれP】（原文ママ）というかわいくてたまらないリアクションを返してくれた。もう一度言うが、わ〜〜〜んうれP、である。これぞ、貼りたいC氏たる所以だ。その後もSNSにて友人たちに向けて【今日から一週間、××駅に私のポスターが貼られています】という世にも奇妙な物語みたいな投稿をしていたので、私たちはほっと胸を撫で下ろした。よかった、嫌がってない、喜んでいる。……喜んでいましたよね⁉

その後、実際にC氏と共にその広告を見に行ったわけだが、広告の中に映っている人がその前に立っているというのは何だか悪夢みたいな感じで非常に感慨深かった。ちなみに我々が製作したポスターの隣はその駅が独自で掲出している都内おすすめスポット特集コーナーであり、豊洲や神保町の紹介の隣で見知らぬ男性がその何倍ものサイズで特集されているのは壮観だった。この二つの枠が同じ法律の国から生まれたなんて嘘、と、そんな気持ちになった。

さて、聡明な読者ならもうおわかりだろう。そう、この年を超えるにはどうすればいいのか、という新たな悩みが生まれてしまったのだ。何かいい案がある方はぜひ文藝春秋までご連絡ください。そして最後にもう一度だけ。皆様、絶対に真似をしないでください。

特別寄稿

柚木麻子

　コロナ感染拡大後、私は肺が弱いため、厳しい自粛生活を送っていた。歴史物を書いていたので、来る日も来る日も資料を読み、年表を作っていた。そんなわけで、『CD Journal』の対談仕事はオンライン上とはいえ、家族以外と顔をあわせる数少ない仕事。画面越しに見るCさんはなんだか本当にアイドルみたいに可愛らしく、これはいつもびっくりするのだが、ニコニコと人当たりが良いけれど、私にも朝井さんにもまったく興味を持っていない。対談中も話なんて聞いていない。そんな様子を見ていると、なんとかしてでも、こちらを印象づけてやりたくなる。

　彼の広告を出したいと自ら提案したのは、Cさんを喜ばせたいからというより、一度でもいい。彼の顔に強い感情が走るところを見てみたかったのだ。目の前にいる私たちの存在を鮮やかに認識させたかったのだ。とはいえ、呼吸器系の医師、家族は私の外出に対してかなり厳しい基準を設けている。仕事でもない、善意でもない、なんだったら嫌がらせになりかねない行為で、誰が肺を病みがちな人間を外に出す？　そんなわけで私は身分を偽って電話をかけたり、スマホで朝井さんらに横柄な口調で命令し、夫を顎で使ってデザイナーさんにお金を振り込ませたり、お礼の品を送ったり、家から一歩も出ることなくポスター制作を進めていった。

そして迎えた披露の日。予想より少し早くバレてしまったとはいえ、Cさんはとても驚き、喜んだようだ。みんなでポスター前で撮った写真を送ってもらい、私は自宅でお酒をくゆらしながら満足げにそれを眺めた。

が──。Cさんの目をみて、私の笑顔は引っ込んだ。彼は私たちなんてみていなかった。ひたすらかわいい自分のポスターを眺めていた。みんなに愛される自分。自分、自分。期待していたような衝撃も驚愕も、私たちへの承認もそこにはない。

今、私たちは気持ちを切り替え、来年のサプライズに向けて、準備を進めているところだ。Cさんはまだ何も知らない。

精神的スタンプラリー in 北米 前編

前作で「能動的成長期」という、渡米を決断した友人の送別会にまつわるエッセイを書いた。あの場で送別された友人は、実際、その後すぐに渡米した。「すぐに渡米したなァ……」とボンヤリ思っているうち、あっというまに時は過ぎ、気づけば一年半が経過しようとしていた。

結局その友人は永住権を取得し今もアメリカはカリフォルニア州に住んでいるのだが、当初予定していた渡航期間は二年間であり、その後アメリカに留まるのか帰国するのか当時は決まっていなかった。だから送別会をしたときは、皆で「二年の間に一回は遊びに行くね！」「楽しみ！」「サイコ〜！」等ギリギリの語彙《ごい》で盛り上がったのだが、コンビニスイーツ等を追いかけているうちその二年があっという間に過ぎ去ろうとしていたのである。

私は思った。このままだと、作家のエッセイやらによく出てくる謎の文言「海外に暮らす友人を訪ねて……」のやつができなくなる！　と。

子どものころ、作家のエッセイやらによく出てくる「海外で暮らす友人を訪ねて……」のやつに巡り会うたび、私は実家の片隅で「どんなおしゃれな人間関係だよ！」とブチギレていた。そんなポンポン友人が海外で暮らすう⁉ どんだけハイソな階級のお話なんですかねえ⁉ とやけに攻撃的な気持ちになっていたものだが、いつしか私にも〝海外で暮らす友人〟ができました。ワーイワーイ、エッセイも書く作家っぽい〜。

というわけで、友人に会いに、今度は北米へ行くことにした。

ただ、読者ならおわかりだろう。私が自らこんな計画を立てるわけがないということを。

お察しの通り、旅の言い出しっぺは、一緒に送別会をしたメンバー二人だった。その二人は夫婦なのだが（今後、夫の表記をA、妻をBとする）、新婚旅行ではヨーロッパを巡ったりしており、海外へ行く精神的ハードルが低い。私は二人の「家に泊めてくれるって言ってるし、せっかくだから行っとこうよ！」というアッツアツの旅行熱にまんまと乗ることにした。そうでもしないと自分がカリフォルニア州に降り立つことなんて今後一生ないという確信があった。ちなみに渡米した友人は現地で出会ったパートナー（それぞれC、Dとする）と暮らしているため、構図としては、一組のカップルが同棲している家に、一組の夫婦と私が赴く、となるわけである。私が邪魔過ぎる。

A&B夫妻は、サーモグラフィカメラで覗けば血液が〝AMERICA〟と波打っていそうなほど昂ぶっており、ちょうど転職するタイミングだったAが最大でどれほど休暇が取れるかを嬉々として計算していた（Bは私と同じく自営業である）。一方、かつて義務感に駆られ南米に発ったことのある、重いんだか軽いんだかよくわからない腰の持ち主である私は、どちらにせよ海外にまつわる情報に疎く、カリフォルニア州という場所に何があるのかその時点では全くピンと来ていなかった。そんなボンヤリとした状態のまま、滞在中の計画を立てるべくCとの通話が始まった。

【私もDも週末は休みだし、車があるから色んなところ行けるよ。金曜に来てくれればそこ休み取って、三日間は一緒にいられる。せっかくこっちまで来るなら三日はあったほうがいいよ！】

「ほんと？　ありがとう！」と、A。「土地勘ないから非現実的なこと言うかもしれないけど、とりあえず行きたいと思ってたところ挙げていくね？」と、B。

その後の通話では、私を除く三人の間で具体的な名称がバンバン飛び交っており、今やすっかりその土地の住民であるCはもちろんAもBもカリフォルニア州への解像度がとても高かった。その様子からは、Cに会いに行くと決まってから、もしかするとCが移住すると知ってから、二人が友人の暮らす土地について調べた時間の存在を感じられた。Cも、何か話せば「そこ行ってみたいと思ってた！」「そこ気になってた！」と反応する二人の興味関心の高さに喜びを滲ませていた。

興味関心。それは即ち〝愛〟と言い換えられるものだと思う。

ここに、私の旅への苦手意識の根本的な原因がある。前作の「朝井家 in ハワイ」にて、私は自分のことを、旅に関する感受性が低いためハワイとはいえ何処へ行っても予定より早く退散してしまう、というような書き方をした。だが、今思えばもっと的確な表現があった。それは、自分自身以外へ向く愛の少なさである。他者や旅先への興味関心とは、対象への愛にほかならない。即ち旅とは、私という体内に貯蔵されている愛の総量の少なさと向き合う作業でもあるのだ。行きたい場所も見たいところもあんまりないんスよねェ～等とヘラヘラ笑っていられるのは今のうちで、様々なものに対して愛を注いでこなかったこの生き方は、今後の人生に必ず、何かしらの形で影響してくるだろう。私はそれを引き受けなければならない――と、楽しいはずの旅行計画がいつしか人生への漠然とした不安をじっくりと味わう時間に変貌したところで、もとの場面に戻る。

【で、せっかくだからハリウッドにも行って――】

ん？

私は電話口から漏れ聞こえてきた声を手繰り寄せる。今、ハリウッドって言った？

カリフォルニア州にはハリウッドがあるの？

「ってことは……『ラ・ラ・ランド』ごっこができるってこと？」

私はそのころ、体内に貯蔵されているただでさえ少ない愛を、何を思ったのか全部束ねて『ラ・ラ・ランド』に全振りしていた。どうかしていたと言える。正確に言えばあの映画自体というよりも、主題歌である『Another Day of Sun』に夢中だった。当時の私は、あの泣き笑いのような絶妙なメロディに取り憑かれており、ピアノ楽譜を購入し自身でいつでも演奏できるようになるだけでは飽き足らず、その場にキーボードを搬入してまでラジオや新刊イベント等で勝手に歌詞を乗せて歌ったりしていた。つまり、まともな状態ではなかった。あの曲を聴きながら映画の冒頭みたいに高速道路でカラフルに踊りたい！　と思い表参道で独り通行人に怪しまれない程度に踊ってみた時は、息切れと共に（私は一体……？）と危うく我に返りかけたものだ。とにかく、そんな行動に移ってしまうくらいにはあの曲が大好きだった。

「あの高速道路に行けるってこと？　グリフィス天文台で宙を舞えるってこと⁉」

私はそのあたりからやっと、自分たちがこれから訪ねる場所について理解していった。Cが移住した街はカリフォルニア州ロサンゼルス郡の南部にあるらしい。そうか、自分はロサンゼルスに行くのか！『ラ・ラ・ランド』の冒頭に出てくる高速道路で『Another Day of Sun』を歌うことだってできるかもしれないのか！　ロサンゼルスという地名は、これまでの人生でいっぱい聞いたことがあるぞ！

私がようやく「ロサンゼルスはこれまでにいっぱい聞いたことがある場所」とか思っているうちに、AB夫妻の興味はカリフォルニアを突き抜け既に別の州に到達していた。

「せっかくだからニューヨークも行っちゃおう！」「Cの家に二泊して、そのあと一週間くらいニューヨーク行こ！　全力で有休使えばそれくらい行けるよね⁉」当時の私はロサンゼルスとニューヨークは気軽に行き来できると思っていたほど脳みそツルピカ丸だったため、「そうしようか～」と適当に話に乗った。ニューヨークに関しては、もはや具体的に行きたい場所があるわけでもなく、その場の雰囲気と「ニューヨークに行ったことがある人間としての人生を送りたい」という宛先不明のマウント魂による訪問となった。南米の旅でも顔を出した〝その経験をしたい〟ではなく〝それをした人生を送りたい〟という、もはや他者というよりはその選択をしなかった未来の自分へのマウント的思考である。なんと無意味な考えだろう。ただこれで、突如「ニューヨークへ行きたいかぁ～⁉」等と拳を突き上げられたとて、「ま、行ったことあるし」と軽く受け流すことができるわけだ。

航空券にホテルにその他様々な手配を進め、あとは各自パッキングをするだけとなったころ、私は、かねてから考えていたことをAB夫妻に伝えようと「大事な話があるんだけど」と切り出した。

「このアメリカ旅行に限り、トイレ税法を施行します」

突然の法改正、突然の一億総トイレ時代の到来に二人は戸惑っていた。国民の混乱を抑えるためにも、トイレ担当大臣と化した私は会見を続行した。

「ただ、トイレ税を支払うのは私のみです」

二人の混乱が深まる。私は続ける。

「私と長時間行動を共にするということは、私のトイレトラブルに幾度となく振り回される未来が確定したということでもあります。旅の行程がストップする回数や時間は、今あなたが想像したものの数倍、数十倍です。そんなの気にしないよ、という振る舞いをしてくれたとて、気になるに決まってんだろ!!!というレベルで私はあなたたちに迷惑をかけ続けます。それは約束された未来なんです」

突如不幸な運命を言い渡された二人に同情しながらも、私は話を続ける。

「だから私は、今回の旅費を少し多く支払うことに決めました。それが先ほど申し上げたトイレ税です。私はトイレ税を納めます。だから、堂々と旅の行程を止めまくります。そのとき、ネガティブな雰囲気を一切漂わせないでほしい、とは言いません。ただ、今回の旅はそういうものなんだ、と、今この時点で受け入れてほしいんです」

思い浮かべてみてほしい。旅行中、誰かが携帯をなくしたとか財布を落としたとかで、楽しかった空気がパッと停滞するあの瞬間を。私はあれを、「トイレに行きたい」という呪文により、とんでもない頻度で生み出す。特に海外の場合、日本のようにコンビニにも駅にも自由に使える清潔なトイレがあるわけではないし、今回我々はロサンゼルスでもニューヨークでもずっと同室で過ごすのだ。アメリカは、住宅でもホテルでも、洗面所とシャワーとトイレが一つの空間に収められていることが多い。今回、CとDのアパートでは五人で三日間、ニューヨークのホテルでは三人で一週間ほど過ごすわけで、その中で私はトイレを、つまり洗面所とシャワーも相当の時間占領することになるのだ。これが一日や二日の話ならば私もそこまで気にしないのだが、十日間となると同行者にとっては大変なストレスとなるはずだ。だけど生理現象であるゆえ私の努力ではどうにもならない。そのうち同行者の苛立ちが募り、私も申し訳無さが募り、空気が悪化し——と、せっかくの旅行でそんな哀しいサイクルに陥ることだけは避けたいのである。

「別に気にしないのに」「どっちかっていうと金を多く支払われることのほうが気になるんだけど」様々な国民の声を無視して、トイレ担当大臣は強行採決の道を選んだ。地元住民には次の選挙で絶対に落としてもらいたい。

皆、はじめは笑顔で言うのだ。気にしないよ迷惑なんかじゃないよって。だけど私は知っている。その表情がやがて（コイツさえいなければ……）くらいの域まで達するということを。だから私はトイレ税法を施行しました。たっぷり迷惑をかけたところで

「でも税金払っとるからのォ！」と最も下品な形で開き直れるように——。

二人は結局、渋々といった形で納税させてくれた。確かに、いくらリスクヘッジのためとはいえ金銭で友情の安定を図るような真似はよくないのではと逡巡したわけだが、この後、私は心から痛感することになる。

納税しといてよかった〜！　と。

金曜の十七時に成田空港を発ち、金曜の十時にロサンゼルス国際空港に到着した。十一時間近いフライトで、術後数ヶ月というタイミングだった私の痔は早々に死んだ。空港にはCとパートナーのDが迎えに来てくれていた。ちなみにDはかつて日本で教師をしていた経験があり、日本語に不自由はない。そのため、五人のコミュニケーショ

ンは非常にスムーズだった。

CとDが二人で暮らしているアパートはトーランスという都市にあり、ロサンゼルス国際空港から車で三十分もかからなかった。トーランスは人口およそ十五万人の中規模都市で、その約一割が日系人だという。そのため日系人向けのビジネスも盛んで、特に食事に関しては、日本在住時とほぼ変わらない食生活を送れる環境が整っているらしい。Dの運転する車から眺める街並みからは都会感も田舎感もバランスよく受け取ることができ、車の運転が苦でなければとても住みやすい環境であることが窺《うかが》えた。道路をはじめとする敷地がいちいち広く、二人が暮らすアパートにもたっぷりとした中庭があった。東京の、狭い土地を細々《こまごま》と区切り、ひたすら上へ上へと建物を積み上げている光景とは全く空気感が異なっており、そういう構造が苦手な人にとっては精神的にも良いのだろうなと感じた。

私はロス上陸や再会の興奮もそこそこに、まず現地組の二人に「一番伝わりやすい〝最も近いトイレはどこですか?〟の言い方を教えてほしい」と乞うた。私の身体は普段だと午前中のうちに三、四度の排泄を行う。言い換えると、私は、三、四度の排泄を済ませたあとでないと家を出るのがとても怖いし、車両移動なんて以《もっ》ての外《ほか》なのだ。だから、時差で狂った体内時計が戻るまでの数日間、私はずっと「外出すべきでないタイミングで外出しているのでは」という恐怖と戦っている状態なわけで、事実、あらゆる場面で急に「やばっ」となるわけである。私が【Where is the nearest bathroom?】という魔法のフレーズを手に入れたあたりで、我々の乗る車は高速道路に差し掛かった。

そこで私はハッとした。ロサンゼルスの高速道路。これはまさか――。

「『ラ・ラ・ランド』の高速⁉」

車窓から見える景色はまさに映画の冒頭のそれだった。現地組の二人は「あー、確かこのへんの道路だったはず」等と非常に落ち着いた様子だったが、私はべったりと窓に張り付いては（この道幅の広さ、このカーブの感じ、空の広さ……私はセブ！　※ライアン・ゴズリングの役名）という気持ちになり、慌てて携帯で『Another Day of Sun』を再生した。この旅で一番やりたかったことが、初日の空港からの移動で果たされた瞬間だった。Cと再会できたし『ラ・ラ・ランド』も味わえたし、あー旅行楽しかった！

ということにはもちろんならず、CとDが暮らすアパートに荷物を置いた後すぐ、Dの運転で我々は再び街に繰り出した。まず訪れたベニスは、それこそ丸ごと映画のセットのようなビーチタウンで、インテリアに興味関心の強いAB夫妻は早速〝サボテンの形をした照明〟という日本ではおよそ購入しないだろうアイテムをゲットし旅ならではの判断力の低下を堪能していた。一方インテリアにさほど興味関心のない私は、旅先でも財布の紐がなかなか緩まらない。つくづく、つまらない人間だ。これが体内に貯蔵されている愛の総量の差の一例である。

有名なスケートボードパークや世にも珍しい屋外ジム〝マッスルビーチ〟を散策して、マリブのビーチも歩いた。途中、カフェで購入したホットのほうじ茶が地獄みたいに熱かったり、ビーチで催してしまい駐車場周辺にあるトイレまで独りで全力疾走したりとプチトラブルに見舞われたものの、夕方には無事、世界一有名な桟橋といわれているサンタモニカ・ピアに到着することができた。

よくわからない方は是非〝サンタモニカ・ピア〟で検索してみてほしい。出てくる画像のロサンゼルス感ったらないと思う。私も全く詳しくないまま訪れたのだが、ちょうど海に夕陽が落ちるタイミングだったことも重なり、あまりにも景色全体から「これがロスやで！ 一生の思い出にしいや！」と言われているような気がして足がもつれそうになった。

その後、Dが予約してくれていた海鮮料理店で夕飯を摂った。生ガキ、ウニ、エビ、貝類、カニ等が山盛りになって出てきたので皆ワイワイ大騒ぎだったのだが、Dは殆ど箸を動かさず、やがて「生ガキ、ウニ、エビ、貝類が食べられないんだ」と神妙な面持ちで告白した。

現地組二人のホスピタリティはとんでもなかった。案内や運転も全て請け負ってくれたうえ、移動中に思い切り爆睡をかます三人組のために家ではエアーベッドを用意してくれたりと、本当に何不自由なく過ごさせてくれた。その分私は、洗面所とシャワーとトイレが一続きの空間に収められている家でいかに家主二人に迷惑を掛けないでいられるか、ということに心を砕きまくっていた。私の胃腸が最も活発に動くのは午前中だ。アメリカに到着したその日は体内時計が狂ったままだったが、その後就寝を挟めば身体が時差に順応する可能性が高い。そうなると、朝という、皆が洗面所やシャワーを最も使いたいときに私がそれらを丸ごと人質に取って籠城してしまう危険性があるのだ。いや、もっと怖いのは逆のパターンかもしれない。つまり誰かが、特に女性がシャワーを浴びているときに私が催した場合、である。私は便意を感じ取ってから、数分しか我慢ができない。車社会であるトーランスは、東京のように一歩外に出れば公共トイレの役割を果たしているコンビニや駅があるわけではない。土地勘もないので、家を飛び出したところで「腹と修羅～ロサンゼルス編～」が華麗に幕を開けてしまうだけだ。

旅行の話なのにまたこんな描写ばっかりかよと皆様がウンザリしていることはわかっている。だけどこれが、私という身体が見ている景色なのだ。私という人間を生きるには、どんな場面でもこういうことをずっと考え続けなければならないのである。

翌朝、CとDは私たちをファーマーズマーケットに連れて行ってくれた。週末や決まった曜日に行われる、その地域の生産者から農産物等を直接購入できる形式の大規模な市場である。トーランスのファーマーズマーケットは有名らしく、確かに会場となっている公園はとても広かったし、農産物だけでなく様々な料理を提供する屋台も多く並んでいた。ただ、時差に身体が順応するという本来喜ぶべき状況下にあった私は、お目当ての食材や朝食を探索する四人を横目に何よりもまず最寄りのトイレを見つけだす旅に出た。やがてその公園にはスポーツ施設が隣接していることがわかり、私は便意を感じ取る度にその施設のトイレに足繁く通った。この辺りからもう誰も私の単独行動ｆｏｒ

トイレに関して特に言及しなくなり、このわんぱくな便意が皆の日常にも順応したことが窺えた。昨日溜め込んでしまった分を出さねばならないため、私はもはや殆どの時間をファーマーズマーケットではなく隣のスポーツ施設で過ごした。

マーケットでは、新鮮な農作物の他にも、蜂蜜を直吸いできるチューブのような「さすが半袖半ズボンとかで富士山に登っちゃう国～！」と思わず合いの手を入れたくなるアイテムもわんさか売られており、Cは「ここに来るのが毎週楽しみなんだ」「ここの野菜、本当に新鮮でおいしくて最高なんだよ」とDの隣で幸せそうに笑っていた。Cは学生時代から海や山が大好きで、都会というより自然に近しい生活様式を望んでいる人だったので、紆余曲折を経てここでの生活に辿り着いて本当に良かったなァと感じた。どこでどんな風に生きるにしても、その人がしっくりくる景色の中にいられているのか、それが何よりも大切だ。マーケットで売られている野菜や果物たちはどれものびのびと大きく育っており、その内外から伝わる豊かさは今のCの姿と重なるものがあった。

二日目の昼からはハリウッドに行ったのだが、週末だったからか、街はハリウッドスターや有名なキャラクターを模《も》したパフォーマンスに精を出す大道芸人で溢れ返っていた。シザーハンズに扮した男性は完成度に著しく影響を与えるほど太っており、私は彼の奮闘をじっと見つめた。もちろん、スターたちの手形がずらりと並んでいる有名な場所にも行った。ウディ・アレンの手形を探したが、最後まで見つけることができなかった。

訪れてみて、自分はこれまで〝ハリウッド〟という単語が表すものが何なのかよくわかっていなかったのだと痛感した。今なら、ハリウッドとは、という問いにこんな答えを提示できる。ハリウッドとは、ひとつの街のことです。適度に汚れていて、安くないスムージーを売っているカフェがいっぱいある、ある地区のことです。

「よし、『ラ・ラ・ランド』ごっこだ！　グリフィス天文台へ行こう！」

私たちは、ミアとセブがデートで訪れていたグリフィス天文台を目指し車に乗り込んだ。天文台は標高約三四六メートルの山の頂上にあるのだが、その山道は私のような浮かれたミ・ミ・ミーハー集団により信じられないくらい渋滞していた。私ははるばる海を越えてやってきた身で堂々と（どいつもこいつも流行に踊らされやがって）と思った。結局あまりに時間がかかるため訪問は諦めたのだが、〝近くまで行った＝行ったということにしていい〟というマチュピチュ論法の発動により、私は〝グリフィス天文台で『ラ・ラ・ランド』ごっこをした〟という記憶を手に入れることに成功した。マチュピチュもグリフィス天文台もとても素敵でした。

その後、車でダウンタウンへ移動し、ウォルト・ディズニー・コンサートホール、ユニオン・ステーション、ロサンゼルス現代美術館（MOCA）等を巡った。「ラクマ美術館やワッツタワーは明日行こう」と、すっかり地元のように振る舞うCの背景に、私はかつてお邪魔したことのあるCの実家を重ねた。自分も人生もきっと、良くも悪くも、今は露とも想像していないような形にこれから変貌していくのだろうと思った。

そしてその夜、露くらいは想像していた事態が発生してしまう。丸二日間動き続けたことによる疲労が蓄積していたのだろう、その日は皆バタバタと早めに眠りに就いた。私もいつの間にかリビングのソファで入眠しており、はっと目を覚ましたころには深夜一時を回っていた。

家の中はまるでどの星の夜からも外れているかのように、とても静かだった。CとDは揃って寝室で、AB夫妻は私の足元にあるエアーベッドで寝ていた。私は誰のことも起こさぬよう、忍び足でトイレへと向かった。

身体がまだ完全には時差に順応できていなかったのだろうか、普段ならばこんな深夜に催すことはないのだが、この日は違った。しかし、四人が寝ている家の中で音を立てずに用を足すというのはなかなか難易度が高い。私は大きな音を立てぬよう、水を流す際も、こまめに、そっと行うことを心がけた。特に、CとDには何から何までお世話になっているので、こんな時間に物音を立てて睡眠を妨害するなんてことは絶対に避けたかった。

用を足しそっと水を流し、便器の中がきれいになった状態で、私はトイレットペーパーを使用した。アメリカのトイレにウォシュレットはない。そうなると、ウォシュレット漬けの生活に慣れきっている日本人は、本当にきれいにできているのかという不安から、トイレットペーパーを普段より多く使用してしまう。少なくとも私はそうだった。

もう大丈夫だろう——何度目かの清拭《せいしき》を終え、私は水洗のためレバーを回した。

トイレットペーパーが流れていく軌道が、何だか、いつもと違った。

私はしばらくその場に立ったまま、じっと便器を見下ろした。トイレットペーパーは流れ切らなかった。そして便器には、明らかに普段よりも多い水量が溜まっていた。

「ハーイ、詰まりました〜！」

便器の形が急に、バカみたいに大口を開けてそう発言しているように見えてきた。私は一旦、便器の蓋を閉じた。コイツの口を一秒でも早く閉じたかった。

アメリカのトイレは詰まりやすい。そう聞いてはいた。だからどこでも、こまめに水を流す等の対策を取ってきたつもりだった。それなのによりによって、一番迷惑を掛けたくない人の家で、最も物音を立てたくないタイミングで……！

私はそっとリビングに戻り、テーブルに残っていた自分の飲み物からストローを拝借した。そして、下着等を分けておくために沢山持ってきていたビニール袋を手袋代わりにし、そのストローで便器の奥を突っついてみた。やはり、何かが詰まっている感じがする。

物入れ等を勝手に開けてみたものの、ラバーカップは無い。ふう。私は息を吐く。どうしよう。

一度、騒音を気にせず思い切りレバーを回したならば、その水流の勢いで今詰まっているものが流れてくれないだろうか。私はそう思いながら、もう一つの、そしてより有り得そうな可能性に思考を巡らす。もう一回レバーを回したところで、特に詰まりは解消されず、水が便器から溢れ出し――そんな事態は、絶対に絶対に避けたい。ロサンゼルス、深夜一時。便器の真白さと、物音ひとつ差し込む隙のない密度の高い沈黙が、私の五感を煽る。

私は一度、その場に腰を下ろした。

なぜだろう、深夜にそっと目を覚ましたその瞬間から、私は自分がこれから何らかの窮地に陥ることを知っていたような気さえした。私の人生を見下ろしている神様は、オメーの人生そんなはずねえからな、と、本当に絶妙なタイミングで釘を刺してくる。

「海外に暮らす友人を訪ねて……」のやつをスムーズにやらせてくれるはずがないのだ。

と、そんなときだった。

「何してるの？」

突然、背後から声がした。バッと後ろを振り返ると、ぼさぼさの髪の毛を揺らして目を擦る、AとBの姿があった。

私は二人を見て、心底思った。

納税しといてよかった～！　と。

「トイレが詰まりましたので、協力してください」

二人は一瞬（げっ）という表情こそしたものの、やけに堂々とした私の物言いから、私が予め金で友情を買っておいたことを思い出したらしい。すぐに、「バケツとかで勢いよくドバッてやったら結構直ったりするよね？」等と、その状況に順応してくれた。

税金を納めているといざというときに堂々と権利を主張できるわけだ。勉強になる。

時刻は既に深夜一時半を回っていた。私たちの戦いが始まった。

完全に勝手に物色した物入れで見つけたバケツに水を溜め、ドバッと便器に放ってみる。その勢いで流れてくれればと思うが、そんな簡単にはいかなかった。ネットで調べたところお湯でも効果アリとのことだったのでわざわざ湯を沸かして試してみるも、ダメ。さっきまで大口を開けて「詰まりました〜！」と言っていた便器が、今度はすっかり黙り込んでしまったわけである。

私は便器内の水をかき出し隣の洗面台に捨てながら、やはり詰まりの原因であるトイレットペーパーを物理的に押し流すしかないのでは、と感じていた。ただ、ビニール袋を被せた指をいくら伸ばしてみても、排水管へ侵入できる範囲には限界がある。加えてアメリカのトイレの排水管は日本のそれと形状が違い、複雑に曲がりくねっているのだ。

「何か、人の指よりずっと長くて、パイプの形に合わせて曲がってくれる材質のモノがあればいいんだけど……」

私たちは再び勝手に家中を物色した。とはいえ、人の指よりずっと長くてパイプの形に合わせて曲がってくれるなんていうトイレ詰まりを解消させるためだけに生まれたみたいな哀しき物体が都合よく存在しているわけもない。誰もが半ば諦めながら手を動かしていた。

と、そのとき。キッチンで、私はあるものと目が合った。

その日の朝、皆で行ったファーマーズマーケット。そこで売られていた、栄養満点の農作物たち。

立派な、ゴボウ。

ボクを使って――私はゴボウから、そんな声を聞き取った気がした。

……ここに来るのが毎週楽しみなんだー……

……ここで買った野菜とかで作る料理、ほんとにおいしくて……

私は無言で便器にゴボウを突っ込み続けながら、ファーマーズマーケットで聞いたCの声を思い出していた。ごめん。ごめんねC。自分は今、なぜだか、あなたの中にあるとても美しいものを、最も徹底的に辱める形で破壊しているような気持ちになっています――。

しかし、ゴボウの捨て身の突撃も虚しく、状況は好転しなかった。水位が下がったタイミングで水を流してみても、またすぐにたっぷりと水が溜まってしまうのだ。どうやら、こちらからトイレットペーパーを押し流すという方針は諦めたほうがよさそうだ。

私は、新鮮で健康的な有機野菜からあっという間に土左衛門と化したゴボウを、丁寧にビニール袋で包んだ。ごめんね、そして本当にありがとう。ねえ、キッチンから大きなゴボウが一本なくなっていること、Cにどう説明したらいいかな――？

「あの」声がしたほうに振り返ると、スマホを手にしたAの姿があった。「押し流すのが無理なら、溶かす作戦はどう？」

私は大臣然とした表情で「続けてください」と先を促した。

「ネットの情報なんだけど、重曹と酢とお湯で詰まりを溶かせるらしいよ」

私たちは再びキッチンを漁った。時刻は午前二時を回っていた。深夜、物音を立てないよう人の家を這い回るその姿は、もはやゴキブリだった。

「重曹ってどれだろ」「こっちにベーキングパウダーがあった」「それでいこう。お酢は発見済み」「お湯は四十五度くらいがいいらしいから、水を火にかけて冷ましておこう」

まるで皆で手作り料理パーティでも始めかねない会話をしながら、私たちはネットで調べた通りに準備を進めていった。これで、CとDの愛の巣からはベーキングパウダーと酢、そしてゴボウが消失したことになる。何かしら一品ができそうなラインアップだ。

まず、詰まりに最短距離で届くよう、便器の水かさを減らしておく。そして重曹を四分の一カップ、次にお酢を二分の一カップ、最後に四十五度ほどのお湯を入れる。するとしゅわしゅわと泡立ってくるので、その状態で、可能ならば半日ほど放置する。難しければ一時間ほど放置し、様子を見る。

「一時間ほど放置……!?」

深夜二時過ぎ、疲労困憊《こんぱい》、寝落ち厳禁、喋り声等の物音は最小限に――この状況下での一時間は、人生で最も長く感じられた。私たちは暗いリビングで、特に何を話すわけでもなくただただ待った。普段の私ならば、友人をこんなことに付き合わせるのは申し訳ないと思うのだが、税金を支払っているのでヘッチャラだった。

一時間後、祈るような思いで、私たちは再び約束の地（便器前）に集合した（画像27参照）。すると、水かさの減少以外に、とある変化が見られた。

「二人共、ちょっと」

私は換気扇を止めると、そっと囁いた。

「耳を、澄ませてみて」

……こぽこぽこぽこぽ……

そう、静寂の奥深くから、水の流れる音が聞こえたのである。

「わあ……」「聞こえるねぇ」「きれいな音……」

私たちは目を閉じる。暗闇の中、かすかに聞こえる流水音。研ぎ澄まされた五感に染み渡る、鹿威《ししおど》しに勝るとも劣らない風流な響き。淡き光立つ俄雨《にわかあめ》、いとし面影の沈丁花《じんちょうげ》。溢る涙の蕾《つぼみ》から、ひとつひとつ香り始める——実際に聞こえていたのはアメリカ特有のぐねぐね曲がった排水管を通る汚水の音であったが、当時の私たちからするともはや立派な侘《わ》び寂《さ》びの域に達していた。

「よし、一回水流してみようか」「うわー緊張する、それでまた水いっぱい溜まったら心折れそう」「だね……そうなったらまた重曹と酢入れて待とうよ」「ここまでやったんだから、そのときはもう朝まで放置して、正直にCとDに話そう」

画像27 祈りを捧げる著者

便器からは、次の一手を間違えばこれまでの努力が全て水の泡となりそうな非常に繊細なオーラが漂っており、現場は緊迫した空気に包まれていた。そして、AとBが今後について真剣に話し合う中、私はひとり、口を閉ざしていた。

なぜか？

催していたからである★

精神的スタンプラリーin北米　後編

作家エッセイの歴史上、最もくだらない章跨《また》ぎをお届けした気がする。本当にごめんなさい。あともう少しだけお付き合いください。

再三の言及となるが、私のこの過剰排泄体質は、代謝の良さや胃腸の弱さ以外に精神的な影響が大きい。普段、電車を始めとする長距離移動が苦手なのは、そこにトイレがないからだ。トイレがない、という状況からくる緊張が、便意を誘発してしまうのである。

つまり当時の私は、トイレを詰まらせる、という自ら生み出した〝トイレに行けない状況〟に対して緊張し、トイレに行きたくなっていたのである。本当にいい加減にしてほしい。いくらなんでもワガママボディが過ぎる。ていうか一人でずっと何してんの？ミュンヒハウゼン症候群のうんこ版？

「二人とも、聞いて」

非常に繊細な状況にある便器への次の一手について討論し続けるAとBを、私はスッと手を挙げることで見事に制した。長いこと見て見ぬ振りをし続けていた便意は、あっという間に限界値に達していた。

「私は、今から、うんこをしようと思います」

トイレ担当大臣の突然の宣告に、国民は暴動を始めた。ふざけるな、いい加減にしろ、誰のせいでこうなったと思ってんだ、辞任しろ――ハッシュタグで蜂の巣になるくらい、あまりにも真っ当な世論がバンバン飛んできた。

「うるさい！」私は感情のままに振る舞った。最低な政治家である。「仕方ないじゃないか！　これはどうしようもないことなんだ！」

「でもせっかくここまできたのに！　あとちょっとなんだから、我慢してよ！」と、二人。

「わかってる……そんなのわかってる！」

私は一度リビングに戻り、荷物の中から再度、余っていたビニール袋を取り出した。そしてトイレのある空間に戻ると、思春期の子どもさながらに、これまで寄り添ってくれていた大人たちを拒絶した。

「出てって……（うんこするから）出てってよ！」

バタンとドアを閉めると、誰もいなくなった空間に、……こぽこぽこぽこぽ……と排水管の音がかすかに響いた。私はキリッとした表情で下半身を露出させると、座り込むスペースを確保するため、トイレのすぐ隣にある浴槽に移動した。

そして、ビニール袋を被せたバケツを落下予想地点に設置し、その上に跨《また》がった。浴槽は綺麗に掃除されており、白く艶々と輝くホーロー素材には、人生の大一番に臨む勇敢な戦士の姿がうっすら映し出されていた。

私は、臀部の中心にすべての力を注ぎながら、思った。

何で私の人生はいつもこうなんだろう。

真っ直ぐに前を見つめながら、心の底からそう思った。無償で二泊もさせてくれ、運転も案内も何もかも面倒を見てくれた恩人の家の浴槽で、なぜ私は深夜三時に独りでいきんでいるのだろうか。これは、恩人の家で出来うる最大の背信行為なのではないだろうか。ロスとニューヨークに行くんだァ♪と周囲に自慢しまくっていた過去の自分が全く想像もしていなかった現在に、私は愕然とした。ハリウッドではしゃいでいた数時間前の自分が、もはや別人に感じられた。

どこも汚さずコトを終えるという大役を果たした私は、AとBに拍手をもって迎えられた。ありがとう、本当にありがとう。自分のためだけだったら、ここまで踏ん張れなかったかもしれません。待ってくれている誰かがいるから、最後まで踏ん張れたんだと思います。

「それ、捨てに行こう」

私の手元からぶら下がるビニール袋を一切見ないようにしている二人からは、一刻も早く〝それ〟をこの空間から消し去りたいという強い思いが伝わってきた。全くの同感である。私の手元には、そのずっしりとした質量がよりリアルに伝わっていた。早く手放したすぎて、できることならハンマー投げと同じ要領で可能な限り遠方へ捨て去りたかった。

当然だが、家のゴミ箱に捨てるわけにはいかない。友人を二泊させたと思ったら重曹と酢とゴボウが消え袋詰のうんこが残されているなんて、そんな鶴の恩返しの最悪版みたいな悪夢をお見舞いするわけには、絶対にいかない。

「ゴミ箱、外に探しに行こう」

時刻は深夜三時過ぎ。私たちは、真夜中のロサンゼルスに繰り出すことを決めた。

家を出る直前、私は「あ、待って！」と、別のビニール袋に収められていたゴボウを手に取った。これも重要な証拠になってしまう。隠滅しなければならない。

音を立てないよう、そっと三人でアパートを出た。なぜだろう、家主に内緒でこっそり部屋を抜け出すというのは、何歳になったとて丁度いいサイズの悪いことをしている気分になる。

深夜のロサンゼルスには、大通りを走る自動車の音がビームのように響いていた。CとDの暮らす地域は治安が悪い場所ではなかったものの、私たちは少し緊張していたと思う。私たちはこの街のことを知らないし、この街も私たちのことを知らない。大地と足の裏の接地面が少しずつ反発しあっているような感じに、そわそわした。

何のヒントもない夜を、ただただ三人で歩いた。こう書くと、まるで大人の『スタンド・バイ・ミー』みたいで素敵なのだが、私は右手にうんこを提げているわけで、全く素敵ではなかった。だけど私は、三人横並びで異国の深夜を揺蕩《たゆた》いながら、この時間のことはずっと覚えているだろうなァ、と思った。

日本と違い全く公共のゴミ箱がなかったらどうしようかと焦り始めたところで、大口を開けた大きなゴミ箱に巡り会えた。私は一瞬、「ハワイでの飲酒は二十一歳から」みたいな感じでロスでは人糞を捨てる行為が重罪の可能性も……と日和《ひよ》ったが、明日には高飛びするのだから、と、うんことゴボウを一思いに捨てた。うんことの散歩を終えた私たちはそっと家に戻り、一秒で寝た。

時計の針は深夜三時十六分を指していた。

翌朝、起きて即トイレに向かったDの前に、私は往年の武田鉄矢ばりに両手を広げ立ち塞がった。事情を説明すると、Dは「そんなの起こしてくれればよかったのに」と笑いながら、車でひとっ走りしラバーカップを買ってきてくれた。全てが一瞬で解決した後、私は「便利な道具があるもんだね」とヘラヘラ笑った。

その日の夜、Dの運転でロサンゼルス国際空港に送ってもらい、我々はニューヨークへ発った。どこも汚していないとはいえ、浴槽内での大一番については最後まで言い出すことができなかった。

旅四日目の朝七時、ニューアーク・リバティ国際空港到着。ここからはCとDのような、その土地を知る者がいない旅となる。少々不安だったが、初めて海外で利用したUberでの配車が想像以上にスムーズで、おや？　といきなり拍子抜けしてしまった。結論からいうと、ほぼ徒歩と地下鉄で移動できるニューヨークは構造的には東京とそっくりで、携帯の地図アプリを使用すれば困ることは殆どなかった。

ニューヨークでは、マンハッタンの南西部に位置するチェルシーという地区のホテルを取った。ここを拠点にすれば、所謂〝ニューヨーク〟と聞いて思い浮かぶエリア（タイムズスクエアがあるあの辺り）にも行きやすいし、ブルックリン方面も地下鉄ですぐだ。早速ホテルのそばにあるハイラインという空中庭園を散歩したのだが、普段しない散歩はニューヨークだからといってサマになるわけではなかった。ハイラインは美しかった。

散歩の途中に入ったホイットニー美術館というギャラリーに、VRを使ったアートが展示されていた。VR未体験だった当時の私は、英語の説明文等をあまりよく読まないままワーイワーイと前のめりにゴーグルを装着した。だがそれは『〝現実で一秒も見ていたくないもの〟をあえて仮想現実で忠実に作り出す』という皮肉を楽しむアートだったらしく、私はひとりの人間が全身の輪郭が変わるほど殴られ続ける映像をじっと鑑賞する羽目になった。また、菓子メーカーであるナビスコの工場を改装した買い物スポット、チェルシーマーケットでは、ファーマーズマーケットで見た蜂蜜を直吸いできるチューブとの再会を果たした。アメリカ人＝蜂蜜直吸いというイメージがより強固になった瞬間だった。

その日はレストランで夕食を済ませ、ブルックリンブリッジに行った。マンハッタンとブルックリンを結ぶ、大きな大きな吊り橋だ。夜風が気持ち良くて、橋は想像よりずっと長くて、私たちは途中で折り返した。地下鉄で帰ったのだが、AとBは既に乗り換えのタイミングや最寄り駅からホテルまでの道のり等を把握しており、こういうところに人間的な能力の差が出るんだよなァ、と思った。

そのあとも数日かけて、色んなところに行った。

甘党（過激派）として本場のクリスピー・クリーム・ドーナツの喉が焼けるような甘さを体験しておきたいと思い、事前に調べておいた店舗に数十分かけて歩いていったら何故かどこにも辿り着けなかったり、ファッション好きのAについていく形で五番街にあるオールデンの専門店に思い切って入ってみたところ、私の百倍は真剣に靴を選んでいたAだけ「君のサイズの靴はここに一つもない」と宣告されたりした。MoMAで落ち合ってブロードウェイにミュージカルを観に行ったときは、（MoMAで落ち合ってブロードウェイにミュージカルを観に行っている！）と何よりもその事実自体に感動したし、大人気だと聞いてチケットを取った自然史博物館のプラネタリウムでは開始即入眠という非常に自然に則った身体的反応に見舞われた。プラザホテルでは一応「ここでプラザ合意が行われたのか～」と声に出してみたりしたし、ロックフェラーセンターの展望台に上ろうとしたらチケット販売スタッフから「別にきれいな景色じゃないから、やめておきな」と彼の主観のみに依った売り渋りに遭ったりした。グラウンド・ゼロでは思わず全員が言葉を失くし、なぜか皆で入ってみたサウナでは所謂〝ととのう〟に失敗しばらく体調が散らかった。マディソン・スクエア・パークのシェイクシャックから伸びる長蛇の列を眺めては、恵比寿の店も有楽町の店ももう全然並んでないなァ……と目を細め、タイムズスクエアではコスプレをして近づいてくる金の亡者の目を盗んでとりあえず自撮りをした。ホテルの部屋の清掃担当者に普通に「この部屋で充電させてよ」と充電器を使用されたタイミングで丁度いい額の紙幣を切らしており、チップとして泣く泣く十ドルを手放したりした。

ちなみに公共トイレの少なさに関するストレスは日に日に募っていた。セントラルパークを散歩中、馬がぽろぽろと人目も憚らず軽快に糞を落としながら歩く姿を目撃したときは思わず「いいなァ……」と羨望の声を漏らしてしまい、そばにいたAとBに「ほんと、毎日ここを散歩できる人たち羨ましいよねェ」と見事に勘違いされた。突然の腹痛で地下鉄を途中下車した際は、最寄りのトイレを探すため地上に飛び出た途端Googleのニューヨークオフィスに立ちはだかられ、何故か（もう勘弁してください……）と何かに対して全面降伏したくなった（画像28参照）。

そんな、どこを切り取ってもキラキラしているニューヨークライフの中でも、我々が最も楽しみにしていることがあった。それは、【ニューヨーク・フィルハーモニーinセントラルパーク】である！

セントラルパークでは年に一度だけ、ニューヨーク・フィルハーモニックによる無料の野外コンサートが行われる。ちょうど日が暮れ始める午後八時ごろからオーケストラの演奏が始まり、最後には夜空に大きな花火が打ち上がるという人気イベントなのだ。参加者は皆、敷物や食べ物などを用意しピクニック気分で楽しむらしく、広大な芝生エリアに毎年大勢の人々が溢れるという。旅行の日程を決めているとき、うまくいけば滞在中にこのコンサートに行けるのではという話になり、我々は「セントラルパークで野外オーケストラで花火……」「皆で寝転んで空を見上げながら……」「「絶対行きたい！」」と日本にいる時点でかなり盛り上がっていたのだ。だから、たとえ奮発して行ってみたルーフトップバーで突然の豪雨に見舞われようと我々は平気だった。これが待っていたからね！

画像28 友人が「今まで見たリョウの中で一番ブスだったから」という理由で思わず撮影していた、地下鉄で途中下車するかどうか思案中の著者

会場であるグレートローン（セントラルパークの巨大芝生広場）に着いた午後六時半ごろには、既にもう大混雑の様相だった。周囲で場所取りをしているニューヨーカーたちは皆、折り畳みの椅子を用意していたり防寒対策もバッチリだったりと、常連の風格

を漂わせている。私はとにかくトイレに行きたくならないよう、敷物の上で丸くなりながら内なる鬼に（大丈夫……大丈夫だよ……）と優しく語りかけ続けた。

「そろそろだね」

空が暮れ始めた。ああ、と、私は一瞬、胸が締め付けられるような思いになる。日程的にちょうど滞在期間の最終局面にこの夜が来るとわかったとき私は、これを以て旅を終えるんだな、十日間の締めくくりに相応しい大団円だなと感じたものだ。そう思っていた瞬間まで、もう辿り着いてしまったのだ。それにしても、自分の人生においてセントラルパークでニューヨーク・フィルを聴く日が来るなんて全く想像していなかった。重いんだか軽いんだかよくわからないこの腰を動かしてくれた二人の友人に、私は密かに感謝する。

茜色の夕空を背景に、いよいよステージ上で誰かが挨拶を始めた。その後、楽団の方々が恭しく登壇していく。「お、始まる？」「そろそろかな」遂に、である。私は、ニューヨーク・フィルどころかオーケストラを生で聴くこと自体が初めてだった。しかも野外の気持ちのいい風の中で、だ。なんという贅沢なのだろうか。

こちらに背を向けた指揮者が、両手を振り上げた。

楽団のメンバーだけでなく、会場にいる大勢の人の首の角度が変わる。演奏が始まる。

私は目を閉じ、聴覚を研ぎ澄ませた。

やわらかい風の中、初めての野外オーケストラをじっくりと味わう。しばらくそうした後、心の奥深いところで、私はひとつの感想に辿り着いた。

なるほど……

ほとんど聴こえないのか～！

演奏はびっくりするくらい聴こえてこなかった。両耳の後ろに、半月型に広げた手のひらを添えてやっと、ほんのり音が集まってくるくらいの聴こえなさだった。この広大な空間に響き渡る力強く壮大な音楽！　十日間の旅を締めくくる圧巻のフィナーレ！　みたいなものを勝手に想像してしまっていた私たちは、期せずして三人揃って某号泣県議のようなポーズを取っていた。試しに、夢見ていた〝皆で寝転んで空を見上げながら……〟も一応やってみたものの、音がより遠くなっただけだった。

私たちは、しばらくそのまま、そこにいてみた。セントラルパーク、ニューヨーク・フィル、生演奏の野外コンサート——これらのキーワードを結んで浮かびうる理想の全体像を、そう簡単には諦めきれなかったのだ。しかし演奏が聴こえてくるようになることはもちろんないうえに、日は落ち、気温はどんどん下がってきていた。

「……」「……」「……」

もはや我慢比べの域に突入していた。もう誰が言い出しても、それは三人の総意だった。

「帰ろうか」

私たちは帰った。二時間場所取りをして、演奏が始まって割とすぐに帰った。あんなに楽しみにしていた花火も、「花火なら日本でいっぱい見たことがあるし、別にいい」という結論に至った。「寒いしね」「お腹も空いたし」「最後までいたら帰りも混むだろうしね」一歩進む毎に帰る決断をした自分たちを必死に肯定しながら、私たちは着実に帰っていった。

あとから調べたところ、その年はちょうどニューヨーク・フィル創立一七五周年というタイミングだったらしく、その歴史を表現するセットリストにしていたとかで、例年に比べ曲目がしっとりめだったそうだ。マジで聴こえなかったので、バンバン華やかな曲をやってほしかったです。

結局この旅から数年経った今でもよく覚えているのは、セントラルパークからの勇気ある撤退とうんこ散歩 in ロス、この二つだ。他にもたくさん素敵な場所に行ったり楽しいことをしたはずなのに、人の記憶というのはおかしなものである。

とか言いつつ、結局そういうことなのだろうな、と納得もしている。

ロサンゼルスもニューヨークも、確かに人生で一度は行ってみたかった場所だった。よく知らないくせに見上げており、そこに行けば人生における何かしらのスタンプラリーを埋められるんじゃないかと、そんな期待を勝手にしていた。マチュピチュやウユニ塩湖も似たようなものである。セントラルパークでニューヨーク・フィルを寝転んで聴くなんて、まさに勝手な期待の典型的な例だ。

そして私は大抵、その期待のハードルを超えるのではなく無様にくぐり抜けながら、「何だこんなものか〜」と思っている。勝手に何かに期待して、その期待値を下回る現実を咀嚼《そしゃく》しながら、一丁前に「こんなものか〜」と眉を下げるのである。

むしろ私は、「こんなものか〜」のほうにしっくりきているのかもしれない。

誰でも、人生の中で「いつか絶対に行ってみたい」とか、「いつか絶対にやってみたい」というような、スタンプラリー的な願望はあるだろう。そしてそのうちの幾つかはやがて「あれをやっておけばよかった」に変わり、いつしか「あのとき、あれさえしておけば」というような後悔として、心身の奥底に沈殿《ちんでん》したりもする。過去の叶わなかった願いは時に、現在の自分を認められない理由になってしまう。

ただ、たとえば今回のような肩透かしを経験するたび私は、人生をバラ色に塗り替えてくれるような、何かを劇的に一変させてくれるような出来事というのはこの世界に存在しないのだと感じ入る。「あのとき、あれさえしておけば」のあれやこれも、そのとき叶えてみていればきっと、数多《あまた》ある「こんなものか〜」の列の最後尾に並ぶのだと思う。

年齢を重ねるにつれて、押せなかったスタンプは増える。選ばなかったほうの人生が顔を出し、後悔に心を支配されるときはいつ何時でも訪れうる。そんなとき私はきっと、独りロサンゼルスの浴槽でいきんだ夜のことや、全く聴こえなかったニューヨーク・フイルのこと、期待値だけを高く定めいそいそとそのハードルをくぐる羽目になった、このエッセイに書き連ねたようなくだらない記憶たちのことを思い出す気がしている。その、押したくてたまらなかったスタンプを押せていたとしても多分「こんなものか～」なんだよ、と、そのときの自分を甘やかすために。

旅最終日の夜は奮発して、ニューヨークで最も歴史のあるステーキハウス『オールドホームステッドステーキハウス』へ行った。そこのステーキは、期待値のハードルを遥かに超えておいしかった。あれ⁉

おわりに

さくらももこさんのエッセイが子どものころから大好きだった。ただただ楽しい気持ちだけを受け取ることができるからだ。私の脳に、〝文章を読むことは楽しいこと〟という、読書が好きとか本がどうのこうの以前の超基本的なOSを仕込んでくれたのは、間違いなくさくらももこさんのエッセイである。

そのうち、将来もし本を出す人になれたら自分も頭をからっぽにして読めるようなエッセイ集を出すんだ、そのときはさくらさんのように三部作にするんだ、と夢想するようになった。当たり前のようにシリーズ化できると思っているところが子どもの怖さである。あのころの私、聞いてる？　奇跡的な偶然が重なってシリーズ化できたけど、それは大人の私がこの資本主義社会でどうにか頑張ったからだからね？　聞いてる？

読んでくださった方はお気づきかと思うが、どうしても前作を出版した後の時間軸で発生した出来事というよりも、時系列問わず過去の記憶を掘り起こす形で書いたエピソードが多くなってしまった。これまで担当していたラジオ番組で話したエピソードと重なっている部分も多く、全く新しいエッセイ集を期待してくださっていた方には少々物足りない出来になっていると思う。

特にここ数年に関しては、自宅で過ごす時間があまりに多く、もともと少なかった〝新しいことへ身を投じる機会〟がさらに減少している。そのためどんな語り口から始まっても最終的に排便関連に結びつく罠みたいな話がかなりの数を占めてしまった。ただ一つ言っておきたいのは、私はうんこをおもしろいと思っているわけではない。こういう人生なのだから、もう仕方がないのである。汚い話が多くてすみませんでした。

文章を読むことは楽しいことだ。私にそう教えてくれたエッセイを生み出す立場でいるとき、私は純粋に、文章を〝書くこと〟は楽しいことだと思えていた。頭を働かせず本を読みたいときに手に取るのがさくらももこさんのエッセイで、頭を働かせず文章を書きたいときに開くのがこの〝ゆとり〟シリーズの原稿データだった。エッセイがいつしか、読む方でも書く方でも、私にとって貴重な息継ぎの場所となっていたのだ。だから、今作で〝ゆとり〟三部作は完結するけれど、またいつか諳ｻ縺ｲ縺励※邱ｨ繧ｵ縺ｫ蛟､縺吶k繧ｲ繝斐た繝ｼ繝峨′髮√∪縺｣縺溘ｉ縲∫ｺ頑ｯ縺ｧ縺ｾ縺ｨ繧√∪縺ｫ縺ｾ縺ｾ縺ｳ縺ｦ縺ｲ謌昴▲縺ｦ縺吶k。確約できないので文字化けで～！

こんな遊びも小説のほうではなかなかできないですからね。はー楽しかった。皆様、紙の上で一緒に遊んでくれてありがとうございました。明日はなんかおもしろいことないかなァ。

文庫書き下ろし

ホールケーキの乱、その後

こんにちは。二〇二五年の私です。「おわりに」でいい感じに締めましたが、文庫を売りたいあまり、二本分書き下ろしてしまいました。

さて、今回のエッセイ集には、私のクリスマスケーキへの開眼を記録した「ホールケーキの乱」という章がある。この文章が世に出て以降、特にクリスマスシーズンが近づいてくると、それなりの頻度で「今年のクリスマスケーキのご予定は？」と訊かれるようになった。イルミネーションの点灯式だかに出席した芸能人が報道陣から「今年のクリスマスのご予定は？」なんて尋ねられるシーンはよく見るが、その質問に〝ケーキ〟というたった三文字が加わるだけでここまで問いの解像度が上がるのかと膝を打つ思いだ。もちろん、比例して回答の質感も変わる。クリスマスのご予定はと訊かれた芸能人は大抵「お仕事ですね〜」とボンヤリ答えるのみだが、クリスマスケーキのご予定はと訊かれた私は「まず、今年のトレンドから説明したいんですけど」と姿勢を正す。私にクリスマスケーキのご予定を訊いたからには、十分ほどお時間をいただきます。

さて、先述した章にある通り二〇二〇年に有名ホテルやパティスリーのクリスマスケーキに開眼した私だが、それ以降は〝十九日間でホールケーキ五つ〟などという無茶な行程は組んでいない。脂質異常症を経て〝適量〟という概念を学んだので、クリスマスケーキは多くともホール単位で三つ程度に収めるようにしている。大進歩である。

そんな中、ある日私は、某パティスリーのケーキをクリスマスに絶対に仕留めたいと、固く決意することになる。

というのも、たまに開催している【甘党仲間と集って思い切りスイーツを楽しむ会】において、素晴らしく好みのパティスリーに出会ったのだ。その店舗はもともと気になっていたものの、いつでも行列という噂を耳にしていたので、若干敬遠していた。でも行列も友人と並べば楽しいということで、その会で訪問することにしたのだ。結局、三人合わせて二十個弱テイクアウトし、私の自宅でたっぷり時間をかけて味わったのだが、本当にどれも噂に違わぬ美味しさで感激しっぱなしだった。

唯一納得いかなかったのは、シャンティフレーズ、いわゆる苺と生クリームのショートケーキが直方体にカットされていた点だ。私は、特に生クリームが使用されているケーキに関しては断然、扇形派だ。だってあの形じゃないと、最背面の生クリームたっぷりゾーンをじゅうぶんに楽しめないではないか。こと生クリームのケーキに関してはあのゾーンを楽しむために選んでいる節もある。断固として扇形派！

そのパティスリーのシャンティクリームは甘みとコクが豊かなのにふわっと軽い食感

で、本当に私の好みだったのだ。でも直方体だったのだ。てか初めにこの形に切ったやつ誰? オシャレって理由でこうしてるなら考えを改めてもらいたいねェとコーヒーが日本酒にすり替わったくらい管を巻いていると、会のメンバーの一人が「じゃあホールで買えばいいじゃん、クリスマスに」と言った。調べてみると、そのパティスリーのクリスマスラインアップのメインは、ホールのシャンティフレーズだった。

その年のクリスマスケーキが決まった瞬間だった。

ただそのパティスリー、なかなか硬派な姿勢を貫いており、電話でもウェブでもクリスマスケーキの予約を受け付けていなかった。店頭受付のみなのだ。加えて、予約開始日さえも事前には明かしてくれない。つまり、予告なしで始まる予約をチェックし、なるべく早く店頭に赴く必要があるのだ。ちなみに、会計はもちろん現金のみ、である。

クラシカル〜! このやり方でも客が離れないクオリティ〜!

十一月某日。ふとそのパティスリーのSNSを覗いてみると、クリスマスケーキの予約の開始を告げる投稿を見つけた。カレンダーを確認すると、偶然にも翌週その近辺で用事があったので、私はその帰りに店舗に寄ることを決めた。その時期はちょうど根詰めて取り掛かっていた原稿があり、ホールケーキの予約というイベントはそれを終えたご褒美としてもちょうどよかった。

売り切れていた。

何が〝それを終えたご褒美としてもちょうどよかった〟だ。そんな余裕、このパティスリーに限って抱くべきではなかったのである。しかし、この硬派な予約方法で即売り切れはないだろうと高を括っていたのも事実。その日私は完全に予約できるつもりでいたため、事前に電話で確認などもしていなかった。そのため、店舗の入口にあった〝売り切れを報せる張り紙〟に徐々に顔を近づけ、数秒後「……えっ⁉」と声を漏らすというあまりにもベタなリアクションを繰り出してしまった。屈辱である。そして、手に入らないとなると、対象への欲求は膨らむものだ。私は、来年は必ずこのケーキを予約すると神に誓った。来年のクリスマスは、あのシャンティフレーズの生クリームたっぷりゾーンを絶対に堪能してやる！

月日は流れ、再び十一月がやってきた。

その年の私は、昨年とは別人だった。まず、過去のデータを遡り、大体どれくらいの日程で予約が始まるのかを調べ上げた。SNSが普及して以降、この世の全ての情報はアーカイブ化されたといっていい。様々な見知らぬ人の証言を分析し、どうやら十一月の第三日曜日に予約が始まる可能性が高い、ということがわかった。流石の大人気店でも、平日に急に予約戦争を始めるほど鬼畜ではないようだ。というわけで私は、該当日は一日フリーでいられるよう、前日までにあらゆる仕事を一段落させるべく諸々スケジュールを調整した。油断しまくっていた去年の私とは違うのだ。

十一月の第三金曜日。つまり、予約が始まる二日前。私は昼食を摂りながら、なんとなしにそのパティスリーのSNSを覗いた。

予約が始まっていた。

走り出しなさい――。

アッ、スイーツの神！　単行本ぶり～！

今すぐ、この家から飛び出しなさい。

さっき〝流石の大人気店でも、平日に急に予約戦争を始めるほど鬼畜ではないようだ〟とか書いちゃったよ～。これじゃその店のこと鬼畜って言ってるようなもんだよね？　それに、明後日予約に行くつもりだったから今日とか明日は結構やること詰め込んじゃっててさあ。

バカッ！　去年の失敗を繰り返すわけ!?

バカって言われた……わかった、わかったよ。じゃあまずは部屋着から着替えてっと。

着替えてる時間なんてないでしょう！　そのまま行きなさい！　早く!!

私は部屋着のまま家を飛び出した。実際は、SNSを見て一秒で財布を摑み、立ち上がっていた。そのときの私は、物語のクライマックスで主人公が大切なもののためにひた走っているシーン、つまり会社員時代の私がトイレを求めて銀座を疾走していたときと全く同じ表情をしていた。

店に着いたころには既にとんでもない長さの行列が発生していたが、遂にこの日、私はシャンティフレーズ（七号・直径約二一センチ）の予約に成功した。手続きを終え、落ち着いたあとで行列を見返してみたが、誰一人として部屋着のまま駆けつけたような人間はいなかった。皆どうやってあの突然の開戦に対応したのだろう。このへんに住んでんの？

夢にまで見た生クリームたっぷりゾーン（円周約六六センチ）は、想像を超えて素晴らしかった。改めて、あの部分が生まれ得ないカットの仕方には納得がいかない。あの直方体カットの合理的な理由を知っている人がいたら、ぜひ教えて欲しいものである。

ロスト・イン・パーソナルトレーニング

文庫書き下ろし

本編に収録されている「脱・脂質異常症への道」は、「いよいよあのパーソナルジムに入会すべきか、悶々と悩む日々である」という一文で終わっている。

入会してもう二年になる。

体重と体脂肪、そしてLDLコレステロール値をどうにか基準値に戻したものの、気を抜けば元通り待ったなしの食生活であるため、運動習慣を身に着けるべくジムへの入会を決めたのだ。筋肉量を増やして、目指せ、代謝の良い身体！（ちなみにコレステロール値に関しては、基準値自体が変わったり、その数値だけ見たところで意味がない等様々な言説がありますので、気になる方は各自調べてみることを推奨いたします）

ただ、あの章に出てきた〝トレーニング機器が個人の筋力等を記憶し、勝手に負荷を調整してくれる〟ジムに入会したわけではない。そちらのほうが気恥ずかしさがなくていいかと思っていたのも過去のこと、今は十歳以上年下の若者に「何でそこで諦めちゃうんですか？」と真っ直ぐな目でガン詰めされたりしている。この前は、浅いスクワットで何回か誤魔化そうとしたところ、「知ってます？　スクワットの深さがその人の人間性の深さ、とも言われているんですよ」と告げられ、俯いて黙りこくるほかなかった。気恥ずかしいどころか精神的に凌辱される日々である（いつもありがとうございます）。

二年間通ってみた結果、入会する前に感じていた「パーソナルトレーニングって、東京カレンダーに出てくるような一部の人たちのものでしょ……？」みたいな考えは勝手な妄想だったと痛感している。私の通っているジムは客層が老若男女バラバラで、大学生くらいの利用者も多い。それはそれで「アンタこの料金をどうやって捻出してるんだい？」と低俗な勘繰りが発動しかけるものの、想像以上に通いやすい雰囲気だった。ただ、今の私は、これまた想像とは違った形で、狭いジムの中で迷子になってしまっている。

順を追って、今の状況を説明したい。

通い始めて半年くらいまでは、ビギナーズラックというか、全てのことが新鮮に感じられてとても楽しかった。入会早々「この区で一番の巻き肩です」と衝撃の宣告を受けたのだが、スミスマシンを紹介されれば「これが『我が友、スミス』の～！」とテンションが上がったし、自分の身体が現時点でどれくらいのものなのか把握していくだけでワクワクした。どの姿勢でどれくらいの重量のものをどう動かせば身体のどの部位にどれほど負荷がかかるのか、一つ一つ体感していくのは自分自身を冒険していくような日々だった。

それに、担当トレーナーのことも何も知らなかったので、休憩中の会話も弾みやすかった。意外な前職、全く重ならない趣味嗜好、今の二十代の生活様式など、一時間のトレーニングで身体も脳もしっかり使い切っている感覚があった。

半年から一年ほどの期間では、負荷を上げていく喜びを知った。正しい動作と姿勢を叩き込まれることで腰や肩を痛める危険性も減り、どんどん重量を更新したくなる内なる自分が顔を出したのだ。大人になると、やった分だけ見返りがあるという営み自体が珍しい。順調にできることが増えていく快感に浸るたび、こりゃ筋トレにハマる人も多いわけだと深く納得した。

様相が変わってきたのはこの辺りからだ。

私は食事管理ナシのコースを選択しているので、当然、食事管理をしていない。それどころか、先述した通り、部屋着でパティスリーに駆け込み約六六センチに亘るシャンティクリームの生け垣にダイブしたりしている。その影響もあるのか、通い始めて一年が過ぎた辺りから、挙げられる重量の数値も自分自身に関する数値もびくともしなくなってきた。そんな状況が続くと、たとえばウォーミングアップのプランクの際、プラスの負荷として私の腰の上にトレーナーが座ってきたときに（どうして私はそれなりの料金を支払って四つん這いみたいな体勢になり十歳以上も年下の若者のベンチと化しているのだろうか……）と我に返りかけたり、「久しぶりにインボディ測定しましょうか！」とウキウキ顔のトレーナーにどの数字も全く改善していない、寧ろ体脂肪が微増し筋肉量が微減しているような最悪の結果を突きつけ「……とりあえずもっと水分摂りましょうか」とだけ呟かせてしまったりと、物悲しい瞬間が増えるようになった。最近ではもう、「ほら、トレーニングしていただいてなかったらもっと悪い数値になってたってことですよっ」等と、なぜか私のほうがトレーナーの能力をフォローしたりしている。

それから絵に描いたような停滞が半年ほど続いたある日、担当トレーナーが「気付きましたか？ 最近、ボードを設置したんです」と言ってきた。

彼が指すほうを見ると、確かにこの間まで何も飾られていなかった壁に、見慣れぬコルクボードが設置されていた。

「お客さんと撮った写真を貼っているんです」

確かにそのボードには、インスタントカメラで撮ったのだろう写真がたくさん貼られていた。ほとんどが利用者と担当トレーナーのツーショットで、余白の部分には〝○月の結婚式までにマイナス○キロ！〟とか、〝○月の大会で入賞する！〟とか、そういう文言が書かれていた。

「ああやって目に見える形で目標を書くことで、モチベーションアップに繋がるんです。リョウさんも写真撮って目標書いて、あそこに貼りましょう！」

「嫌です」

シーン。

いつも溌剌としているジムが、険悪な空気に包まれた。

「私は大丈夫です。ご提案ありがとうございます」

大丈夫じゃないから言ってんだろという声が聞こえてきそうだったので、私は「あ〜喉渇いたなァ」等とほざき華麗に話を逸らした。だって、私が目標を決めたところで、達成できなかったなァ、という経験を積み重ねるだけだ。そんなトラップに引っかけようなんて、百年早い。

私は水分を摂りながら思う。思い返してみれば、入会当初、区イチの巻き肩と讃えられると同時にこんなことを言われた気がする。

「正しいフォームやトレーニングの習慣が身に着いたら、一人でもジムに行けるようになりますからね」

私はそのとき、この人は何を言ってるんだろうと訝《いぶか》った。一人でジムに行くなんてできないよ、予約してるから来られてるんだよ、ずっとあなたが教えてよ——そう思ったのだ。そもそも、ある程度の期間で卒業することを前提に営業していいの？　会員である状態をできるだけ引き延ばすのが資本主義ってもんじゃないの⁉　と、それくらいのことまで思ったのだ。

というか、他の利用者は皆、卒業を前提に通っているのか——そう気付いたとき、摂取していた水分が腹の底でバキッと凍った気がした。

確かに店舗のSNSなどを見ていても、笑顔で登場しているのは、明確な目標を立て、期間を決め、見事達成しました！　みたいな人たちばかりだ。あのボードに貼り付けられている人たちも、結婚式や大会などの目標を達成したら無事このジムを卒業し、自力でトレーニングを続けているのだろう。一方私は、殆どそのジムが開店したと同時に入会しており、利用者の中でも最古株みたいな存在になっていた。大した変化もないのにずっといるのだ。もはや、ちょっとしたマイナスプロモーションである。

ボードへの参加をピシャリと断り、着替えを終えた私は、ありがとうございましたァとジムの出入り口へと向かった。その際ちらりとトレーナーを確認すると、その表情からは（今後、こいつをどうすればいいんだろう）という気持ちが読み取れた。

帰り道、私は独り思った。パーソナルトレーニングにクビってあるのかな、と。あそこまで（こいつ、一体どうすれば……）という瞳で見つめられたのは、人生初のアルバイトでわけのわからないミスを連発したとき以来のことだった。あれは単発の仕事だったのでクビを切られる前に離れられたが、今回はそうはいかない。私が現れる限り、担当トレーナーは新しいメニューを差し出し続けなければならないのだ。目標すら立てようとしない私に。

ゲームやファンタジーの世界に存在する〝謎の長老〟は、その経験値からくる重要な情報を持っているから謎の長老でいられる。私は今、そのジムにとって、マジでただの謎の長老に成り果てている。そんなやつフィクションでは即お役御免となるはずだが、さて現実ではどうなるのか――もはやその問いを追うことが今の私のモチベーションになっているといっても過言ではない。さ、明日も頑張りますか～！

単行本　二〇二二年八月　文藝春秋刊

「ホールケーキの乱、その後」「ロスト・イン・パーソナルトレーニング」は文庫書き下ろしです。

DTP制作　言語社

文春文庫

そして誰《だれ》もゆとらなくなった

定価はカバーに表示してあります

2025年７月10日　第１刷
2025年11月１日　第４刷

著　者　朝井《あさい》リョウ

発行者　大沼貴之
発行所　株式会社　文藝春秋

東京都千代田区紀尾井町 3-23　〒102-8008
ＴＥＬ　03・3265・1211㈹
文藝春秋ホームページ　https://www.bunshun.co.jp
落丁、乱丁本は、お手数ですが小社製作部宛お送り下さい。送料小社負担でお取替致します。

印刷製本・大日本印刷
Printed in Japan
ISBN978-4-16-792386-0

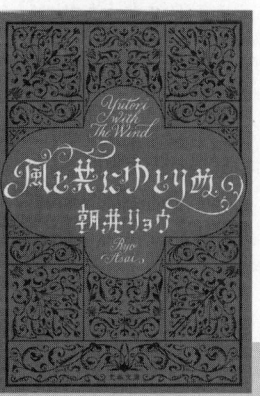

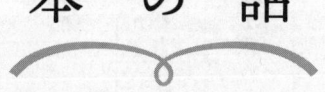